통과의례

통과의례

2022년 11월 1일 초판 1쇄

지은이 아놀드 반 제넵
옮긴이 김성민
펴낸곳 월정분석심리학연구원/도서출판 달을 긷는 우물

등록 2021년 02월 16일 제 566-10-01643호
주소 서울시 서초구 강남대로 365 대우도씨에빛 1차 1005호
전화 070-8100-3319
e-mail souyou67@gmail.com
홈페이지 https://blog.naver.com/puitsdelalune

ISBN 97911 91335 132 93380

값 21,000원

Les rites de passage d' Arnold Van Gennep

Les rites de passage ⓒ Éditions A. et J. Picard, France, 1969/1981
Korean translation copyright ⓒ 2022 by Éditions Puits de la Lune

이 책의 한국어판 저작권은 Éditions A.et J. Picard와 독점 계약한 도서출판 달을 긷는 우물 에 있습니다. 저작권법에 의하여 한국 내에서 보호를 받는 저작물이므로 무단 전재 및 복제를 금합니다.

통과의례

아놀드 반 제넵 지음
김성민 옮김

달을 긷는 우물

역자 서문

현대 사회에 들어와서 그 중요성이나 수가 많이 줄어들었지만 그래도 사람들은 세상을 살면서 수많은 예식들과 의례들을 행한다. 아이의 돌잔치, 결혼식, 장례식은 사람들이 제일 많이 행하는 예식들이고, 그밖에도 사람들에 따라서 취임식, 개업식, 세례식, 성직 수임식 등을 행한다. 그러나 과거 사회에서는 그런 의례들이 지금보다 훨씬 더 많았고, 훨씬 더 번거롭게 치러졌다. 그러면 과거의 사람들은 왜 그렇게 번거로운 절차들을 행하였고, 현대인들은 왜 그런 것들을 행하지 않는가? 그리고 그렇게 된 결과 현대인들의 삶은 어떻게 달라졌는가?

답변을 먼저 하자면, 과거에 사람들이 그런 의례를 행했던 것은 그들이 인간의 삶에는 여러 가지 단계와 상황들이 존재하는데 하나의 단계에서 다른 단계나 하나의 사회적 상황에서 다른 사회적 상황으로 넘어가려면 그냥 넘어갈 수 없고 반드시 일정한 예식과 의례를 행해야 한다고 생각했기 때문이다. 그렇지 않으면 그 다음 단계나 상황 사이에 악한 세력이 작용하여 해를 끼쳐서 사람들이 달라진 상황에 제대로 적응하지 못한다고 여겼던 것이다. 그래서 사람들은 태어나는 날부터 죽는 날까지 여러 가지 형태의 의례들을 거행했는데, 그것을 가리켜서 아놀드 반 제넵은 통과의례(rite de passage)라고 이름붙였다.

우리는 옛날 사람들의 이런 생각의 밑바닥에서 두 가지 중요한 생각을 찾아볼 수 있다. 하나는 그들이 세상의 모든 것들 속에서 신적인 것(또는 영적인 것)이 작용한다고 생각했기 때문이고, 다른 하나는 그들이 동물―인간―신은 서로 단절되어 있지 않고 이어져 있으며, 개인―사회―우주 역시 서로 단절되어 있지 않고 이어져 있고, 삶과 죽음, 대지와 인간도 서로 다른 것이 아니라 연속된 것으로 보았던 것이다. 그래서 그들은 세상 어디에나 존재하고, 시간 어디에서나 작용하는 신적인 힘의 작용을 믿으면서 그 힘과 조화를 이루면서 살려고 하였다.

그러나 현대인들은 지성이 발달하면서 세상에 존재하는 모든 신적인 것들의 개입을 불편하게 생각하면서 거부하였다. 탈-성화(脫聖化)시킨 것이다. 그 결과 물질적으로는 상당한 발전을 이룩했지만 정신적으로는 매우 궁핍해졌다. 사람들은 그 전까지 그들의 실존에 영속성을 느끼게 해주었던 사회, 세계, 우주와의 연결이 끊어져서 파편화된 것이다. 그뿐만 아니라 그들의 존재의 기반이었던 대지와의 관계가 단절돼서 불안해졌고, 죽음이라는 필연적 종말 앞에서 분쇄될 수밖에 없었다. 고대인들은 저녁에 해가 지지만 아침에 다시 뜨는 것을 보거나 달이 기울었다가 차는 것을 보면서 그들의 삶에도 그렇게 주기적으로 기울었다가 차는 것이 있다고 생각하여 아무리 어렵고, 혹독한 죽음과 같은 상황에서도 재탄생의 희망을 가질 수 있었는데, 이제는 세상의 모든 것을 그의 취약한 힘만 가지고 맞서느라고 당황해하는 것이다. 삶의 거룩함과 그 거룩함을 확인시켜주는 의례를 상실한 결과 삶이 궁핍해진 것이다.

이 책의 저자 아놀드 반 제넵(Arnold van Gennep)은 프랑스의 민속학자, 종교인류학자로 동양어학교(Ecole des langues orientales) 등에서 이집트학, 원시종교, 이슬람문화 등을 공부하였고, 스위스 뇌샤텔 대학교에서 민속학을 가르쳤으며, 프랑스 민속학회를 창립한 민속학, 종교인류학 연구의 개척자 가운데 한 사람이다. 그리고 이 책은 『현대프랑스 민속학 개론』과 함께 그의 대표작이며, "통과의례"(rites de passage)라는 개념은 그의 대표적인 학설로 인간의 정신에 관한 가장 중요한 통찰 가운데 하나이다. 그래서 "통과의례"라는 용어는 이제 민속학이나 종교인류학 분야 이외에 모든 인문학 연구에서 사용되는 중요한 핵심 용어(key word)가 되었다.

이 책에서 제넵은 사람들은 삶의 중요한 고비마다 입문식, 약혼식, 결혼식, 장례식은 물론 임신과 출산, 이방인을 맞는 의례, 여러 가지 종류의 첫 번째로 행해지는 의례들을 행하면서 사는데, 그 의례들이 서로 다르게 보일지 모르지만 그 형식이나 구조적인 측면에서 볼 때 똑같이 하나의 상태에서 다른 상태로 이행할 때 거행하는 "통과의례"라고 주장하였다. 그런 의례를 거행하지 않으면 사(邪)가 끼기 때문이다. 제넵은 모든 통과의례에는 분리(séparation), 전환(marge), 가입(agrégation) 등 세 가지 단계가 있다고 주장하였다. 사람들이 한 단계에서 다른 단계, 하나의 상황에서 다른 상황으로 넘어갈 때는 그 전 단계와의 분리가 확실하게 이루어져야 하지만, 그것이 쉽지 않아서 다소 긴 기간의 전환기를 보내면서 전환의례들을 행하고, 그 다음 단계에 적응할 수 있도록 충분히 준비하며, 그 다음의 새로운 단계나 상황에 가입한다는 것이다. 그래야 그 단계를 넘어가는 사람은 물론 신입자(novice)를 맞는 집단의 구성원들도 더 잘 받아들일 수 있기 때문이다. 그래서 옛날에는 모든 통과의례에는 이 세 가지 의례가 정확하게 구분돼서 치러졌다. 예를 들어서 말하자면, 결혼식을 하기 전에도 오랜 기간 동안의 약혼 기간이 있었던 것이다. 그러나 현대 사회에는 그런 개념조차 없고, 결혼식도 너무 세속적(世俗的)으로 치러진다. 그래서 이혼이 많은 것인지 모르는데, 그것은 비단 결혼뿐만 아니라 현대인의 삶 어느 곳에서나 마찬가지다. 삶에 거룩한 영역이 없어졌으며, 그 경계들도 분명하지 않게 되었다. 그에 따라서 같이 잃어버리는 것이 "의미"인데, 현대인들은 지금 삶은 많은 영역에서 의미도 없이 "소비하듯이" 치르고 있다. 삶을 사는 것이 아니라, 삶을 소모하고 있는 것이다.

제넵의 주장 가운데서 재미있는 것은 모든 통과의례는 본래 사회적인 목적에서 치러지는데, 거기에 심리적, 상징적 성격이 함께 담겨있다는 것이다. 사람들은 한 단계에서 다른 단계, 한 상황에서 다른 상황으로 넘어갈 때 물질적 "영역의 통과"도 같이 이루어진다는 것이다. 즉 사람들은 어떤 마을이나 집으로 들어가고, 이 방에서 저 방으로 지나가는 것이다. 그래서 통과의례에서는 문, 문지방, 주문(柱門)을 넘어가거나 기둥 아래를 통과하는 절차들이 있다. 사람들은 자기도 모르게 상징적인 행동을 하는 것이다. 이렇게 "넘어가는 행동"에 심리적으로 통과하는 것과 물질적으로 통과하는 것이 합쳐져 있는 것이다. 이런 방식으로 이루어지는 통과의례는 사람들이 그 전 단계에서는 죽고, 새로운 단계에서 새로운 존재로 다시 태어나게 한다. 인간은 언제나 상황이 바뀔 때마다 새로운 존재로 태어나면서 우주의 새로움에 참여하는 것이다.

   역자는 이 책을 번역하면서 저자의 날카로운 통찰력은 물론 방대한 자료들을 수집해서 인류의 정신 속에 있는 사고체계를 추출해낸 치밀한 성격에 대해서 감탄하지 않을 수 없었다. 제넵은 수많은 민족들의 생활사에 대한 기록들을 살펴보면서, 그 안에 담긴 구조(構造)를 꿰뚫어 보았던 것이다. 다른 한편으로 이 책은 현대인들이 마치 우물가에 앉아서 옛날이야기를 듣는 것처럼 지금은 많이 잊어버린 옛날의 습속들과 모습들을 떠올리면서 때로는 재미있게, 때로는 놀라움과 함께 다시 살펴볼 수 있는 계기를 마련해 줄 수 있을 것 같다는 생각이 든다. 우리 조상들의 이야기이면서 동시에 우리 무의식에 있는 이야기이기 때문이다.

                                                      2022. 9. 20.
                                                         月汀.

차례

역자서문   5
서언   12
제1장 의례의 분류   14
세속적인 세계와 거룩한 세계 – 개인적인 삶의 단계 – 의례에 대한 연구 – 정령숭배학파와 전염학파 – 역동학파 – 의례의 분류: 정령숭배자 또는 역동주의자, 공감주의자 또는 전염주의자, 긍정성 또는 부정성, 직접성 또는 간접성 – 통과의례의 도식 – 성(聖)의 개념 – 종교와 주술

제2장 영역의 통과   28
국경선과 경계 — 통과의 금기 — 신성한 영역 — 문, 문지방, 현관 —통과의 신성 —입문의례 —창립의 희생제 — 출구의례

제3장 개인과 집단   39
상향가 이방인의 성격 — 이방인의 가입의례 — 공동 식사 — 가입의례로서의 교환 — 넘어감 — 인사의례 — 성적인 가입의례 — 이방인의 주거 — 여행자: 출발의례와 귀환의례 — 입양 — 주인의 교체 — 전쟁, 복수, 평화

제4장 임신과 출산   56
칩거 — 금기 — 예방 의례들과 감응 의례들 — 전환의 기간으로서의 임신 — 재통합 의례들과 사회적 자리로의 복귀 — 출산의례의 사회적 성격

제5장 출생과 아동기   65

탯줄의 절단 — 출생 이전의 주거 — 분리의례와 가입의례 — 인도, 중국 — 작명 — 세례 — 해와 달에게 바치고, 보여주기

제6장 입문식 의례   81

신체적 사춘기와 사회적 사춘기 — 할례 — 신체적 상해 — 토템 부족 — 주술적-종교적 우애 — 비밀 결사 — 정치적 결사와 전투적 결사 — 고대의 신비 — 보편적 종교, 세례 — 종교적 형제애 — 동정녀들과 사원의 창녀들 — 계급, 카스트와 직업 — 사제와 주술사의 안수 — 추장과 왕의 즉위 — 파문과 축출 — 전환 기간

제7장 약혼과 결혼   134

전환기로서의 약혼 — 약혼 예식과 결혼 예식을 구성하는 의례의 범주들 — 결혼의 경제적, 사회적 성격 — 칼믹 족, 토다 족, 보티아 족의 전환 — 분리의례들 : 소위 납치와 약탈 — 제한된 성적 연대 의례들 — 혈족에 기반을 둔 연대 의례들 — 지역의 연대 의례들 — 분리의례들 — 가입의례들 — 전환 기간의 길이와 의미 — 동시적인 수많은 결혼들 — 결혼 예식과 입양 예식, 즉위 예식, 입문 예식들 사이의 유사성 — 이혼의 예식들

제8장 장례식   165

장례식에서 분리, 전환, 가입의례들의 상대적 중요성 — 분리와 전환의례로서의 상례 — 장례식의 두 단계 — 이 세상에서 저 세상으로의 여행 — 죽은 자들의 통과에 반하는 물질적 장애물들 — 죽은 자들의 세계의 지도 — 고대 이집트에서 죽은 자들의 매일의 재생 — 죽은 자들의 세계의 다양성 — 죽은 자들의 일반적인 세계에 가입할 수 없는 죽은 자들 — 재생과 환생의 의례들 — 죽은 자들의 거처가 그의 집, 무덤, 공동묘지일 때의 의

례들 — 분리와 가입의례들의 목록

제9장 다른 종류의 통과의례들   186
따로 따로 검토되는 통과의례들: 1) 머리카락, 2) 베일, 3) 특별한 말들, 4) 성에 관한 의례들, 5) 때리기와 채찍질, 6) 첫 번째로 하는 것 — 매년 하는 예식, 계절별 예식, 월별 예식, 매일하는 예식 — 죽음과 재탄생 — 희생제, 순례, 맹세 — 전환기 — 고대 이집트에서 체계화된 의례들과 비슷한 것

제10장 결론   210

찾아보기   217

서언

지난 몇 년 동안 주술적-종교적 행동들과 관련된 자세한 기술들과 개별 논문들이 상당히 많이 발표되어서 우리는 이 행동들에 대한 분류를 시도할 수 있게 되었다. 다시 말해서, 과학의 발달에 맞는 의례들을 분류할 수 있게 된 것이다. 여러 가지 의례의 범주들은 이미 잘 알려져 있다. 나는 다른 수많은 의례들도 똑같이 하나의 특별한 범주로 정리할 수 있을 듯하다고 생각한다. 우리가 앞으로 살펴볼 테지만, 그것들은 수많은 예식들에서 발견된다. 그러나 여태까지 사람들은 그 내적인 관계나 존재 이유를 찾아내지 못하고 있으며, 그것들의 유사성의 동기들도 이해하지 못하고 있는 듯하다. 특히 사람들은 그것들이 왜 어떤 특정한 순서를 따라서 실행되는지에 대해서도 설명하지 못하고 있다.

이렇게 광범위한 주제를 살펴보는데 있어서의 어려움은 그 자료들 속에 빠져버리지 않는 데 있다. 나는 가능한 한 최근에 발표된 개별 논문들을 참고하기 위하여 내가 수집한 것들의 일부만 참고하였다. 그리고 다른 사실들, 특히 참고 문헌들을 위해서는 광범위한 비교 문헌들을 사용하였다. 그렇게 하지 않았더라면, 이 책의 각 장(章)들은 각각 하나의 책들이 되었을 것이다. 그러나 나는 내가 기술한 것들이 충분하다고 믿으며, 독자들이 자신의 연구 영역에서 나온 사실들에 "통과의례의 도식"(schéma des rites de passage)을 적용하면서 확인하기를 바란다.

이 책의 한 부분은 거의 이 형태로 지난 9월 옥스퍼드에서 개최되었던 "종교사학회"에서 발표되었고, 하르트랜드(Sidney Hartland), 프레이저(J.- G. Frazer), 알판데리(P. Alphandéry)와 함께 토론되었다.

나는 나의 친구이자 편집자인 누리(E. Nourry)에게 감사드리는데, 그는 필명으로 민속학자들 사이에서는 잘 알려져 있다. 그는 이 책의 분량이 늘어나는 것에도 개의치 않았으며, 나에게 자료들을 제공해 주면서 이 책을 내 마음대로 고칠 수 있게 해 주었다. 말하자면, 그는 나의 친구이자 학자로서 희생을 아끼지 않은 셈이다. 나는 그것이 적어도 독자들에게는 손해가 되지 않기를 바란다.

1908년 12월 클라마르에서,
아놀드 반 제넵

제1장
의례의 분류

세속적인 세계와 신성한 세계 – 개인적인 삶의 단계 – 의례에 대한 연구 – 정령숭배학파와 전염학파 – 역동학파 – 의례의 분류: 정령숭배자 또는 역동주의자, 공감주의자 또는 전염주의자, 긍정성 또는 부정성, 직접성 또는 간접성 – 통과의례의 도식 – 성(聖)의 개념 – 종교와 주술

일반적으로 모든 사회에는 자율성이 큰 여러 개의 특별한 집단들이 있으며, 그 집단들 사이의 경계는 그 사회보다 덜 문명화된 사회에 있는 일반적인 사회들 사이의 경계보다 훨씬 더 분명하다. 현대 사회에서 세속 집단과 종교 집단, 성과 속의 구분은 분명한 것이다. 르네상스 시대 이래 이 특별한 집단들 사이의 관계는 여러 민족들과 국가 안에서 상당히 많이 흔들렸다. 그러나 이제 유럽의 모든 국가에서는 이런 구분이 확실하게 이루어졌고, 그에 따라서 한편으로는 세속 집단, 다른 한편으로는 종교 집단이 그 나름대로의 본질적인 기반을 따라서 서로 분리돼서 존재한다. 마찬가지로 귀족사회, 금융계, 노동자 계급은 각 국가와 민족을 통하여 적어도 이론적으로는 국경과 상관없이 살고 있다. 이 범주들 안에는 그 나름대로 더 작은 범주들이 존재하여 상류 귀족과 시골 귀족, 거대 자본가와 소규모 자본가, 전문직종과 수공업자 등 다양하게 나누어져 있는 것이다. 그래서 하나의 집단에서 다른 집단으로 넘어갈 때, 즉 농부가 노동자로 되거나 보조 석공(石工)이 석공으로 될 때는 반드시 거기에 공통적으로 들어 있는 어떤 조건, 말하자면 그 토대가 경제적인 것이든지 지적인 것이든지 그 조

건을 충족시켜야 한다. 또한 평민이 사제로 되거나 사제가 평민으로 될 때도 어떤 의식, 다시 말해서 어떤 감각과 정신적 경향이 담긴 특별한 종류의 행위들을 거행해야 한다. 세속 세계와 거룩한 세계 사이에는 공존 불가능한 것이 있고, 그런 의미에서 하나의 세계에서 다른 세계로의 이행에는 중간 단계가 필요한 것이다.

문명이라는 개념을 좀 더 폭넓게 생각하면서 문명이 덜 발달한 사회를 살펴보면, 우리는 신성한 세계가 세속적인 세계를 지배하는 것을 본다. 우리가 아는 발달이 가장 늦은 사회들에서는 신성한 세계가 거의 모든 것에 개입되어 있는 것이다. 태어나고, 양육하고, 사냥하는 것들은 모두 대부분 성(聖)의 영역과 관계되는 활동들인 것이다. 거기에서도 특별한 집단은 주술적-종교적 기반 위에 서 있어서 하나의 영역에서 다른 영역으로 이행(移行)하는 것에는 특별한 이행의 측면이 있다. 우리가 세례를 받거나 성직 수임을 할 때 특정한 의례를 하는 것과 마찬가지이다. 거기에서도 특별한 집단은 일반적인 여러 집단들을 가로질러 간다. 그래서 오스트레일리아의 토템 집단은 여러 부족들과 상관없이 같은 통합체를 구성하고 있으며, 모든 가톨릭 사제들은 그들이 어디 사는지 하는 것과 상관없이 서로를 형제라고 생각한다. 카스트의 경우는 좀 더 복잡한데, 그 이유는 친족이라는 개념에 직업적 전문성이 덧붙여지기 때문이다. 현대 사회에서는 성적(性的)인 상호 의존성이 이론적으로 최소화되어 있지만, 문명이 발달하지 않은 사회에서는 성이 경제적, 정치적, 특히 주술적-종교적으로 엄격히 구분되어 있어서 상호 의존성이 심했다. 그 사회에서 가족은 우리 사회에서보다 더 가깝거나, 더 광범위한 바탕 위에 서 있지만, 어떤 경우에나 엄격하게 규정되어 있다. 한 부족이 국가로까지 뻗어가는 하나의 정치 연합체의 일부가 되든지, 그렇지 않든지 간에 그리스의 도시 국가가 그랬듯이 그 부족들은 엄격한 개체성을 지니고 있었던 것이다. 마지막으로, 그 모든 집단의 형태에는 우리 사회와 완전히 똑같지 않지만 세대 집단이나 연령 집단이 덧붙여져 있었다.

 그 사회의 유형이 어떻든지 간에 개인적인 삶은 어떤 나이에서 다른 나이, 어떤 일에서 다른 일로 이어지면서 이행된다. 나이가 엄격하게 분리되어 있든지, 아니면 일이 엄격하게 분리되어 있는 사회에서 그 사이를 지나가는 데는 특별한 행동들이 동반된다. 예를 들어서 말하자면, 우리 사회에 견습 기간이 있는 것처럼 문명화가 덜 된 사회에서는 의식(儀式)이 치러졌던 것이다. 그들 사회에서는 그 어떤 행동도 신성한 것과 완전히 독립적이지 않았기 때문이다. 이런 사회에서 개인적 상황의 모든 변화에는 성(聖)과 속(俗)의 작용과 반작용이 작동해서 사회 전체가 어떤 혼란이나 해를 입지 않으려면 그 전에 조절되고, 경계되어야 하는 것이다. 사람이 산다는 사건에는 하나의 사회에서 다른 사회, 하나의 상황에서 다른 상황으로의 연속적 이행이 필연적인 것이다. 따라서 개인적인 삶은 시작과 끝이 전체적으로 출생, 사회적 사춘기, 결혼, 아버지가 되는 것, 계급의 상승, 일의 전문화, 죽음 등과 같은 질서로 된 연속적 단계로 이루어져 있다. 그 하나하나의 사건들에서는 의식이 행해지는데, 목적들은 똑같다: 개인을 어떤 특정한 상황에서 다른 특정한 상황으로 보내주는 것이다. 목표가 같기 때문에 거기에 도달하는 방법들은 세부적인 부분에서는 똑같지 않을지 몰라도 비슷할 것이다. 그에게는 여러 개의 단계가 있고, 여러 개의 경계를 뛰어넘었기 때문에 그는 변화될 수밖에 없는 Z것이다. 여기에서 출생, 아동기, 사회적 사춘기, 약혼, 결혼, 임신, 아버지 되기, 종교 결사체에의 입문, 장례 의례들의 일반적 유사성을 살펴볼 수 있다. 더 나아가서 한 개인이나 사회는 자연이나 우주와 독립되어 있지 않고, 우주 역시 그것이 인간의 삶에 미치는 리듬들을 따른다. 우주에서도 이행의 단계들과 순간들이 있으며, 앞으로 나아가고, 상대적으로 멈추며, 유보되는 시기도 있는 것이다. 또한 우리는 인간의 이행(移行)에 우주의 이행에서 나타나는 것들을 연관시켜야 한다: 한 달이 지나가는 것(예를 들어서 말하자면, 보름달에 관한 의식), 계절이 변하는 것(하지와 동지 의식), 일 년이 지나가는 것(설날의 의식) 등을 말이다.

  그 세밀한 작업이 쉬운 것은 아니지만, 도식을 따라서 이 모든 의식들을 분류하는 것이 필요할 것 같다는 생각이 든다. 사실 근년에 의례에 대한 연구가 많이 진전되었지만, 우리는 아직 그것들의 존재 이유와 기제(mécanisme)에 대해서는 그것들을 정확하게 범주화할 수 있을 정도로 정확하게 알지 못한다. 우리가 얻은 최초의 성과는 의례를 두 가지 종류로 나눈 것이었다: 하나는 감응(感應)의례(rite sympathique)[1]이고, 다른 하나는 전염(傳染)의례(rite contagionniste)이다.

  감응의례는 비슷한 것에 대한 행위는 비슷한 것에 이루어지고, 반대되는 것에 대한 행위는 반대되는 것에 이루어지며, 포함하는 것에 대한 행위는 포함되는 것에, 부분에 대한 행위는 전체에, 유사한 것에 대한 행위는 실제의 대상이나 존재에, 말에 행해진 것은 행동에 각각 그대로 행해진다는 믿음 위에서 이루어지는 것을 말한다. 타일러(E. B. Tylor)가 그것을 주장하였고, 랭(A. Lang)[2], 클로드(E. Clodd)[3], 하르트랜드(E. S. Hartland)[4]

---

[1] 프레이저(Frazer), 위베르(H. Hubert), 해돈(Haddon) 등은 비록 전염주술(magie contagionniste)과 유사주술(magie homéopathique)을 하위 구조로 나누면서 감응주술을 받아들이지만, 나는 감응적이라는 용어를 고수할 것이다. 그렇게 되면, 역동적 주술(magie dynamiste)에는 특별한 분파가 만들어져야 하며, 유사주술에는 대증적(allopathique) 주술도 덧붙여져야 한다(프레이저의 *Lectures on the early history of the Kingship, Rev. Hist. Rel.* 1906, t. LIII, 396-401에 대한 나의 논평을 참조하시오). 마찬가지로 위베르와 모스가 *Esquisse d'une théorie générale de la magie*, 62쪽 이하와 p. 66 이하에서 말한 것은 너무 작위적인 듯하다. 그들은 마나(mana)이기도 한 성(聖)이라는 개념의 "세 가지 측면은 유사성, 인접성, 대립성이라는 비인격적이고, 추상적인 표상"이라고 하면서 "그것은 다시 성(聖)이라는 종의 범주이다"라고 하였다.

[2] E. B. Tylor, *Primitive culture*, 2vol., Londres, 1er éd., 1871; A. Lang, *Myth, Ritual and Religion*, 2 vol., Londres, 1er éd., 1891; trad. fr. 1 vol., Paris, 1898; *The Making of Religion*, Londres, 1er éd., 1899; 2e éd., 1900; *Magic and Religion*, 1901.

[3] E. Clodd, *Tom Tit Tot,* Londres, 1898.

[4] E. Sidney Hartland, *The Science of Fairy Tales*, Londres, 1891; *The Legend of Perseus*, 3 vil., 1895-1896의 몇 장.

같은 정령숭배 학파가 그것의 여러 가지 형태들에 대해서 연구하였다. 프랑스에서는 레비유(A. Réville)[5]와 마리예(L. Marillier)[6] 등이 연구하였고, 독일에서는 리브레히트(Libebrecht)[7], 안드레(R. Andree)[8], 코흐(Th. Koch)[9], 슐츠(F. Schulze)[10] 등, 네덜란드에서는 틸레(Tiele)[11], 빌켄(A. Wilken)[12], 크루이트(Kruijt)[13] 등, 벨기에에서는 몽쉬(E. Monseur)[14]와 콕(Cock) 등, 미국에서는 브린튼(Brin1ton)[15] 등이 연구하였다. 그런데 정령숭배학파는 그들이 규정한 의례들과 신앙들을 엄격하게 분류하지 않았고, 여기에 속한 연구자들의 저서에는 의례의 연속에 관한 것보다 환경들에서 이루어졌다고 생각되는 자료들만 수집하고, 체계적인 연구가 별로 이루어지지 않은 점이 특기할 만하다. 거기에서는 아마 젊은 시절 '민속관념'(Voelkergedanke)을 찾아냈고, 평생 동안 그것을 천착(穿鑿)했던 바스티안(A. Bastian)의 영향이 있었을 것이다. 이 영향은 타일러의 『원시문명』(*Primitive Civilization*)에도 미쳤는데, 그 책은 30년 동안이나 그에 관한 모든 종류의 보충적인 연구에 틀을 제공해 주었다.

---

5   A. Réville, *Prolégomenes de l'histoire des religions*, Paris, 1881; *Les religions des peuples non-civilisés*, Paris, 2 vol., 1883; 같은 관점에 관한 것이 M. Revon, *Le shintoisme*, Paris, 1905-1906에도 있다.
6   L. Marillier, *La survivance de l'âme et l'idée de justice*, Paris, 1894; nombreuses analyses dans la *Revue de l'Histoire des Religions* jusqu'en 1906.
7   Libebrecht, *Zur Volkskunde*, 1879.
8   R. Andree, *Ethnographische Parallelen*, deux séries, Leipzig, 1878 et 1889.
9   Th. Koch, *Zum Animismus der Suedamerikanischen Indianer*, Leyde, 1900.
10 F. Schulze, *Der Feitischismus*, Leipzig, 1871; *Psychologie der Naturvoelker,* Leipzig, 1900.
11 Tiele, *Histoire des Religions*, etc.
12 A. Wilken, *Het animisme bij den volken van den Indisschen Archipel,* Indische Gids, 1885-1886, etc.
13 Kruijt, *Het animisme in den Indisschen Archipel*, La haye, 1907.
14 E. Monseur, *L'âme pupilline*, Rev. Hist. Rel. t.XLI.,(1905), 1-23 et *L'âme poucet*, ibid., 361-375.
15 Brinton), *The Religion of primitive peoples,* New-York, 1897, etc.

또 다른 방향에서의 연구는 만하르트(Mannhardt)[16]에 의해서 시도되었는데, 그것은 그를 이은 프레이저(J.-G. Frazer)[17]가 그에게서 연구의 새로운 방향을 찾아낼 수 있다고 말하기 전까지 알려지지 않았다. 만하르트와 프레이저는 하나의 학파를 만들었는데, 스미드[18]는 성과 성스러운 것, 정(淨)과 부정(不淨)에 대한 연구의 광맥을 가져왔다. 이 학파에는 다른 학자들과 함께 영국의 하르트랜드(E. Sidney Hartland)[19], 크롤리(E. Crawley)[20], 쿡[21], 해리슨(E. Harrison)[22], 제본스(Jevons,)[23]와 독일의 디터리히(A. Dieterich)[24], 프로이스(K.-Th. Preuss)[25], 프랑스의 레나크(S. Reinach)[26], 위베르와 모쓰(H. Hubert et M. Mauss)[27]가 속해 있고, 스위스의 크레이어(H. Krayer)[28] 등이 속해 있다. 사실, 한편으로 바스티안과 다

---

16   Mannhardt, *Antike Wald-und Feldkulte*, 1re éd., 1877; 2e éd., 1905; *Mythologische Forschungen*(posthume), 1984.
17   J.-G. Frazer, *The Golden Bough*,1re éd., 2 vols., Londres, 1890, 2e éd., 3 vols., 1900; 3e éd. 1905 et suiv., *Lectures on the early history of the kingship*, Londres, 1905; Adonis, Attis, Osiris, Londres, 1890, 1re éd., 1906, 2e éd., 1907.
18   Robertson Smith, The Religion of the Semites, Londres, 1re éd., 1889, 개정판 1907.
19   E. Sidney Hartland, *The Legend of Perseus*의 몇 개의 장과 런던에서 출판된 *Folk-Lore*에 수록된 수많은 분석들.
20   E. Crawley, *The Mystic Rose,* Londres, 1903.
21   A.-B. Cook, *The European Sky-god, Folk-Lore*, 1905-1908 및 *The Classical Review*에 수록된 논문들.
22   E. Harrison, *Prolegomena to the study of greek religion*, Oxford, 1903.
23   Jevons, *Introduction to the history of religion*, Londres, 1896.
24   A. Dieterich, *Eine Mithras-Liturgie,* Leipzig, 1903; *Matter Erde*, Leipzig, 1905.
25   K.-Th. Preuss, *Phallische Fruchtbarkeitsdaemonen als Traeger des altmexikanischen Dramas,* Archiv fuer Anthropologie, 1904.
26   S. Reinach, *Cultes, Mythes et Religions*(1892년부터 발표된 논문들을 묶어서 출판), 3 vols., Paris, 1905-1908.
27   H. Hubert et M. Mauss, *Essai sur la nature et la fonction du sacrifice,* Année sociologique, t. II, 1898.
28   H. Krayer, *Die Fruchtbarkeitsriten in der Schweiz*, Archives, 스위스의 민중 전승 문고. 1908.

른 한편으로 타일러 학파와 만하르트, 스미드, 프레이저의 학파는 서로 밀접하게 연결되어 있다.

그 다음에 역동학파(école dynamiste)라는 새로운 학파가 탄생했는데, 영국의 마레트(R.-R. Marret)[29]와 미국의 휴이트(J. N. B. Hewitt,)[30]는 틸레가 제안한 정령론(동물숭배)[31]의 불충분성을 지적하고, 거기에 반대되는 입장을 분명히 하면서 역동론을 설립하였다. 이 이론은 그 다음에 독일의 프로이쓰[32]와 영국의 파넬(L. R. Farnell)[33], 해돈(A. C. Haddon)[34], 하르트랜드[35], 프랑스의 위베르와 모쓰[36], 아놀드 반 제넵[37] 등에 의해서 발달하였고, 오늘날 더욱더 많은 학자들이 추종하고 있다.

이 두 가지 흐름은 감응의례와 정령론에 기초를 둔 의례 곁에서 전염의례와 역동론(비인격적인 힘의 개념)에 기초를 둔 의례가 행해졌음을 확인할 수 있다. 전염의례들은 물질 위에 기초해 있으며, 접촉에 의하거나 멀리 떨어져 있을지라도 자연스럽거나 학습에 의해서 전이될 수 있다. 감응의례가 반드시 정령론적인 것은 아니고, 전염의례가 반드시 역동론적인 것은 아니다. 중요한 것은 이 네 가지 범주들이 서로 독립적이지만, 주술

---

[29] R.-R. Marret, *Preanimistic Religion*, Folk-Lore, t. XI(1900), 162-182; *From spell to prayer*, ibid., t. XV(1904), 132-165.

[30] J. N. B. Hewitt, *Orenda and a definition of religion*, American Anthropologist, New ser., t. IV(1902), 33-46.

[31] C.-P. Tiele, *Religion*(Encycl. Brit)와 그의 저서 여기저기.

[32] K.-Th. Preuss, *Der Ursprung der Religion und Kunst,* Globus, 24 nov. 1904 to 29 juin 1905.

[33] L. R. Farnell, *The evolution of religion,* Londres, 1905.

[34] A. C. Haddon, *Magic and Fetischism,* Londres, 1906.

[35] E. Sidney Hartland, *Address to the anthrop, sect. Brit. Ass. Adv. Sc.,* York, 1906, in 16, 14p.

[36] H. Hubert et M. Mauss, *Esquisse d'une théorie générale de la magie*, Ann. Soc., t. VII(1904), 1-146.

[37] A. van Gennep, *Tabou et Totémisme à Madagascar*, P. 1903-1904; *Mythes et Legendes d'Australie*, P.. 1906; *Animisme en dynamisme*, De Beweging, 1907,394-396.

적-종교적 현상들을 서로 다른 관점에서 연구하는 두 학파가 나누어져 있다는 점이다.

더 나아가서 하나의 의례는 직접적으로나 간접적으로 작용할 수 있다. 직접적 의례는 주술이나 저주처럼 자율적 요소의 개입 없이 즉각적으로 영향을 미치는 의례이다. 그와 달리 간접적 의례는 자율적이거나 인격화된 힘 또는 그 계열에 속한 일련의 힘들을 움직이게 하는 우선적인 자극 같은 것이다. 예를 들어서 말하자면, 그 제의를 드리는 사람을 대신하여 악마나 잡신이나 신에게 서원하고, 기도하며, 일반적인 의미에서의 예배를 드리는 것이다. 직접적 의례의 효과는 자동적으로 나타나지만, 간접적 의례의 효과는 자동적으로 나타나지 않는다. 간접적 의례가 반드시 정령론적인 것은 아니다. 예를 들어서 말하자면, 중부 오스트레일리아의 원주민은 어떤 돌에 화살을 문지르면서 거기에 소위 아룽킬타(arungquiltha)의 주술적 힘을 불어넣고, 적이 있는 방향으로 쏜다. 그리고 화살이 적에게 맞을 때, 아룽킬타가 화살이 날아가는 곡선을 따라가서 적을 쓰러트린다고 생각한다.[38] 이것은 힘이 화살의 도움으로 옮겨진 것이라고 할 수 있으며, 그때 의례는 간접적 전염을 역동적으로 일으킨 것이 된다.

또한 우리는 긍정적 의례와 부정적 의례를 구분할 수 있는데, 긍정적 의례는 의지를 행동으로 전환시키는 것이다. 그러나 부정적 의례는 흔히 금기(tahou)라고 부르는 것인데, 그것은 금지, 즉 "하지 말라", "움직이지 말라"고 하는 명령이다. 심리학적으로 말해서, 긍정적 의례가 의지에 반응하는 것이라면, 금기(禁忌)는 반(反)-의지에 반응한다. 다시 말해서, 금기 역시 어떤 방식으로 의지이며, 행위를 부정하는 것이 아니라, 하나의 행위이다. 그러나 삶이 계속적인 행위 부재로 이루어지지 않듯이, 금기만으로 의식(儀式)이 될 수 없고, 주술 역시 마찬가지이다.[39] 이런 의미에서, 금기는

---

38 cf. *Mythes, Lég. Austr.*, LXXXVI.
39 부정적인 의례로서의 금기에 대해서는 A. van Gennep, *Tabou Tot. Mad.*, 1904, 26-27, 298, 319; Hubert et Mauss, *Esquisse*, 129쪽을 참조하시오. 부정적 주술로서의 금기에

자율적인 것이 아니라 긍정적 의례의 반대 짝으로서만 존재한다. 다른 말로 해서, 우리가 그 자체만 고립시켜서 생각할 때 부정적 의례들은 그 자체로서 개별성을 지니고 있는 것이다. 그러나 일반적으로 금기는 의식과 공존하는 "능동적" 의례들과의 관련 아래서만 이해할 수 있다. 그런데 제본스(Jevons), 크롤리(Crawley), 레나크(S. Reinach) 등은 이 상호의존적인 관계에 대해서 인식하지 못하였다.

그러므로 하나의 의례는 동시에 네 가지 범주에 속할 수 있으며, 그에 따라서 다음 표에서 보는 것처럼 의례는 열여섯 가지 분류가 가능해진다.

정령론적 의례
감응의례   전염의례
긍정적 의례 부정적 의례
직접적 의례 간접적 의례
역동론적 의례

그래서 임신한 여성은 아이가 불구가 될까봐 오디를 먹어서는 안 되는데, 그것은 역동적이고, 전염적이며, 직접적 의례를 수행하는 것이다. 그리고 죽음의 위험에 봉착했던 선원은 선원들의 수호성인인 보호의 성모(Notre Dame de la Garde)에게 작은 배를 헌물로 바치는데, 그것은 정령론적이고, 감응적이며, 간접적이고, 긍정적인 의례를 수행하는 것이 된다. 우리는 이밖에도 이와 비슷한 것을 많이 찾아볼 수 있을 것이다. 그러나 이것들은 이미 수많은 것들을 그 안에 담고 있다. 각각의 경우 의례를 어

대해서는 J. G. Frazer, *Kingship*, 52, 54, 56, 59와 *Rev. de l'Hist. des Rel.*, 1906, t. LIII, 396-401에 있는 이 책에 대한 나의 논평을 참조하시오. 또한 Marret, *Is taboo a negative magic?* Anthrop. E. B. Tylor에게 제출된 논문, Oxford, 1907, 219-234. 무엇을 해야 하거나 무엇을 할 수 있다는 것보다 무엇을 해서는 안 된다는 것을 열거하기가 더 쉽기 때문에 이론가들은 모든 민족들에서 일련의 금기, 금지, 방어 등을 찾으면서 그것들의 중요성을 과대평가하였다.

떻게 해석할 것인가를 명확하게 인식하는 것은 어려우며, 그것은 같은 의례를 다양하게 해석할 수 있기 때문에 더욱더 그러하다. 더구나 형태가 아주 다른 의례들을 똑같이 해석해야 하는 경우도 비일비재하다. 어려움은 특히 어떤 특정한 의례가 본질적으로 정령론적인 것인가, 아니면 역동론적인 것인가를 구별하는 것에 있다. 예를 들어서 말하자면, 병을 쫓아내려는 의례에서 그것이 속성으로서의 병을 쫓아내려는 것인지, 아니면 환자의 몸에서 의인화된 병, 즉 악마나 병의 정령을 쫓아내려는 것인지를 구별하기가 쉬운 것은 아니다. 구체적으로 말하자면, 무엇인가를 지나가거나, 거쳐서 가는 의례에서 우리가 나중에 살펴볼 테지만 어떤 사람은 정령론적이고 간접적인 것으로 설명하지만, 다른 사람은 역동론적이고 직접적인 것으로 설명하는 것이다. 그러므로 저자에게 실제로 유용했던 자료들만 제시되었던 일반적인 보고서들은 거의 체계화되지 않았다는 사실을 알아야 한다. 더구나 거기에서 의례들은 그것들의 기제(機制)를 따르기보다는 형식적인 유사성을 따라서 분류되었다. 그것은 민속학자들의 작업에서 뚜렷하게 나타난다.

같은 예식들 속에서 의식의 중요하고, 세밀한 부분은 같은 범주에 속한다. 따라서 대부분의 임신의례는 역동론적이고, 전염적이며, 직접적이고, 부정적이다. 그러나 출산의례는 대부분 정령론적이고, 감응적이며, 간접적이고, 긍정적이다. 설사 나에게 기회가 주어질지라도, 나는 각각의 경우 그 의례의 자세한 것이 어디에 분류되는지 그 범주를 판정할 수는 없었다. 그러나 우리는 적어도 내가 여기에서 살펴보았던 수많은 의례들은 그 기제들을 천편일률적으로 설명한 것이 아니라는 사실을 상기해야 한다.

그 의례들의 기제가 일단 분류되면, 예식의 순서들의 존재 이유(raison d'être)를 이해하기는 비교적 쉬워진다. 우리는 여기에서도 이론가들은 이 순서들을 분류하려고 하지 않았다는 사실을 지적할 수 있다. 예식의 이런 순서나 저런 순서에 대해서는 훌륭한 연구들이 행해졌지만, 순서 전체에 대해서 끝까지 살펴본 것은 거의 없으며, 그 순서들을 서로 비교해서 연구한 것들은 더욱더 드물다(제10장을 참조하시오). 이 책이 관심을 기울이는 것은 그 절차에 관한 시도이다. 여기에서 나는 하나의 상황에서 다른 상황, 하나의 세계(우주적이거나 사회적)에서 다른 세계로 통과(passage)하는데 따르는 예식의 순서들을 모두 유형화하려고 한다. 이런 통과가 매우 중요하기 때문에 나는 통과의례(rite de passage)를 특별한 범주로 구별해야 한다고 생각한다. 그런데 통과의례는 분석에서 분리의례(rite de séparation), 전환의례(rite de marge), 가입의례(rite d'agrégation)로 나누어진다. 그러나 이 세 가지 하위 범주들은 같은 민족은 물론 같은 예식에서도 전체적으로 똑같이 나타나지는 않는다. 분리의례들은 장례식에서 더 뚜렷하게 드러나고, 가입의례들은 혼례식에서 뚜렷하게 드러난다. 전환의례들은 임신, 약혼, 입문식에서 중요한 부분을 구성하거나 입양, 두 번째 출산, 재혼, 두 번째나 세 번째 나이로 넘어갈 때 축소되어 나타난다. 따라서 통과의례의 완전한 도식에 이론적으로 사전(事前)의례(분리의례), 전환의례, 사후(事後)의례(가입의례)들이 포함되어 있다면, 실제로 이 세 가지 의례들은 똑같이 중요하게 생각되어야 했거나 똑같이 공들여서 행해졌어야 한다.

더 나아가서 어떤 경우, 그 순서들이 중복되기도 했는데, 그것은 전환이 자율적 과정으로 될 정도로 발달되어 있을 때 그렇게 나타났다. 약혼식은 청년기와 결혼 사이의 전환기라서 그렇게 행해졌던 것이다. 그러나 청년기로부터 약혼식으로의 통과를 위해서는 그 안에 분리의례, 전환의례, 결혼으로의 가입의례 등 특별한 일련의 의례들이 포함되어 있다. 그리고 약혼식으로부터 결혼식으로의 통과에는 다시 그 이전 기간으로부터의 분리의례와 두 번째의 전환의례, 결혼으로의 가입의례 등이 행해졌다. 이렇게 복잡한 것들은 임신, 분만, 출산의례들에서 전체적으로 이루어졌던 것들로도 확인된다. 나는 이 모든 의례들을 가능한 한 가장 명료하게 분류하려고 할 것이다. 그러나 이것들이 인간의 행동을 다루는 것이기 때문에 그 분류가 식물학자들이 하는 것처럼 엄밀하게 행해질 수 없다는 점을 감추지는 않으려고 한다.

나는 모든 출산의례, 입문의례, 혼인의례 등이 통과의례라고 주장하려고 하지는 않는다. 왜냐하면 이 모든 예식들은 신분의 변화나 하나의 주술적-종교적 또는 세속적 사회에서 다른 사회로의 통과를 안전하게 해주는 일반적인 목적 이외에 각각 그 나름대로의 목적을 가지고 있기 때문이다. 혼인예식에는 다산의례들도 내포되어 있는 것이다. 또한 출산예식에는 보호와 예언의 의례가 포함되어 있고, 장례식에는 방어의례, 입문예식에는 화해의례, 성직 수임예식에는 신에의 귀속의례가 포함되어 있는 것이다. 어떤 특별하고, 실제적인 목표를 가진 이 모든 의례들은 통과의례와 병치되거나 결합되어 있고, 그것들은 때때로 너무 밀접하게 연결돼서 그 의례가 보호의례인지, 분리의례인지 잘 알 수 없을 정도이다. 이런 문제는 다른 것들과 더불어 소위 정화의례라고 하는 다양한 형태들에서도 찾아볼 수 있다. 그것들은 단순히 금기를 제거하고, 그에 따라서 부정한 속성을 없애는 것일 수도 있고, 그렇지 않으면 정(淨)한 속성을 부여하는 적극적인 의례일 수도 있다.

이것은 곧 나에게 성(聖)의 관념의 이가성(二價性, bivalence)에 대해서 말하게 하는데, 신성한 것(le sacré)의 표상과 거기 대응하는 의례들에는 교대로 일어나는 특성이 있다. 사실 신성한 것에는 절대적 가치가 있지 않고, 각각의 상황에 따라서 달라지는 것이다. 예를 들어서 말하자면, 자신의 나라에서 그의 부족과 함께 사는 남성은 세속의 영역에서 살지만, 그가 여행을 떠나 외국인으로 낯선 곳에 가자마자 신성하게 되는 것이다. 모든 여성들은 선천적으로 부정하지만 모든 성인 남성들에 비해서는 신성하다. 게다가 그녀가 임신하였다면, 그녀는 가까운 친척을 제외한 그 부족의 모든 여성들보다 더 신성하다. 그때 그 여성에 비해서 세속 세계를 구성하는 것은 다른 여성들인데, 거기에는 어린아이들과 성인 남성들도 포함된다. 모든 브라만들은 태어날 때부터 거룩한 세계에서 산다. 그러나 브라만 가족에도 계급이 있어서 어떤 가족은 다른 가족보다 더 신성하다. 마지막으로, 방금 출산한 여성은 소위 정화제의를 마치고 사회에 복귀하면서 그녀의 성(性) 집단과 가족 등 특정한 사회로 복귀한다. 그런데 그녀는 입문식을 거친 남성들이나 주술적-종교적 예식을 한 사람들에 비해서 신성하게 여겨진다. 이렇게 사람들이 사회에서 이 자리나 저 자리에 있는 것에 따라서 차례차례 "마법의 원"도 자리를 바꾼다. 이런 자리바꿈을 통해서 지나가는 사람들은 이 세상을 사는 동안 어떤 특정한 순간, 일정한 개념과 분류 절차에 의해서 그 자신이 도는 것을 알게 되고, 그 전에는 세속적이었던 것이 신성하게 되거나 그 반대 상황들도 보게 된다. 상태의 이런 변화는 개인적인 삶이나 사회적인 삶에 혼란을 야기하지 않을 수 없는데, 수많은 통과의례들이 하려는 것은 해로운 영향을 감소시키려는 것이다. 이런 변화가 실제적이고 중요하게 여겨진다는 사실은 매우 다양한 민족들의 중요한 예식 속에서 그 전 세계에서의 죽음과 새로운 세계에서의 부활의례가 반복된다는 사실에서 볼 수 있다. 우리는 제9장에서 통과의례의 가장 극적인 형태에 대해서 살펴볼 것이다.

  나는 여기에서 사용된 단어의 의미에 대해서 간단하게 밝히고자 한다. 우리는 역동론(dynamisme)은 마나(mana) 같은 힘을 인격화시킨 이론으로 사용하고, 정령론(animisme)은 하나나 다수의 영혼을 인격화시킨 힘, 즉 동물이나 식물의 힘(토템)을 인격화시킨 것이나 신인동성론적이거나 형태가 없는 힘(신)을 인격화시킨 이론으로 사용한다. 이런 이론들은 종교를 만들며, 나는 그 기술들, 즉 예식들과 의례들과 예배를 주술이라고 부른다. 이 이론들은 실천과 분리될 수 없기 때문에 실천이 없는 이론은 형이상학이 되고, 다른 이론 위에 기초를 둔 실천은 과학으로 되므로 나는 언제나 주술적-종교적이라는 형용사 형(形)을 사용하려고 한다.

그래서 우리는 다음과 같은 도표를 만들 수 있다.

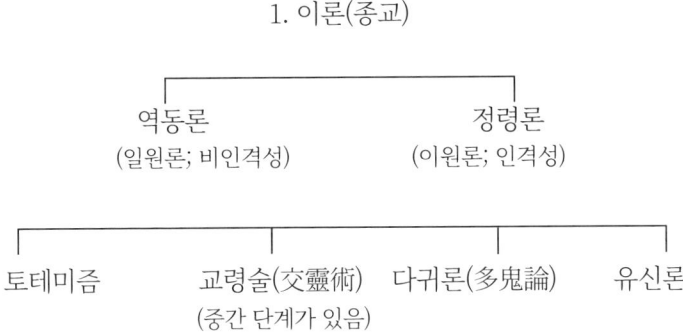

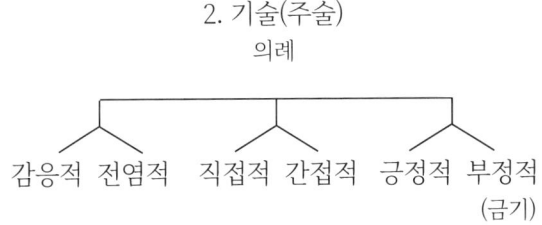

제2장
영역의 통과

국경선과 경계 — 통과의 금기 — 신성한 영역 — 문, 문지방, 현관 — 통과의 신성 — 입문의례 — 창립의 희생제 — 출구의례

나는 생각들을 가다듬으려고 영역의 통과에 대해서 말하려고 한다. 오늘날 여권 제도를 실시하는 몇몇 나라들을 제외하고 문명화된 지역에서 여행은 자유롭게 이루어지고 있다(반 제넵은 20세기 초에 이 책을 저술하였다—역자 주). 과장해서 말한다면, 나라와 나라의 경계 사이에 그은 이상적인 선(線)인 국경선은 오직 지도에서만 볼 수 있다. 그러나 한 나라에서 다른 나라로 가거나 한 나라의 내부를 지나가거나, 한 지방에서 다른 지방으로 가거나, 심지어 그 전에는 한 영지(領地)에서 다른 영지를 지나가려면 여러 가지 절차를 받아야 했던 시대도 그리 멀리 떨어져 있지 않다. 이런 절차들은 정치적, 법률적, 경제적 규율에 속한 것이지만, 주술적-종교적 규율에 속한 것들도 있었다. 예를 들어서 말하자면, 기독교인들, 모슬렘인들, 불교도들은 그들의 종교를 받아들이지 않은 지역에 들어가서 머무르는 것을 금지하였던 것이다.

여기에서 우리에게 중요한 것은 주술적-종교적 요소이다. 그래서 이것과 관계되는 것을 모두 살펴보려면, 오늘날 세속의 영역에 있는 것들이 과거에는 주술적-종교적 영역에 속해 있었던 시대로 거슬러 올라가야 한다.

일반적으로, 반쯤만 문명화된 부족이 점유한 땅은 자연적인 지질의 단층(斷層)에 의해서 결정되었지만, 그 주민들과 이웃에 사는 사람들은 토지

의 경계 안에서만 그들의 권리와 특권이 유지된다는 사실을 잘 알고 있었다. 그러나 자연적인 경계는 보통 바위, 나무, 강 또는 거룩한 호수가 되는데, 초자연적 제재의 위험을 감수하지 않고서는 그것들을 건너가거나 통과할 수 없었다. 그런 경우는 거의 없는 것이다. 그 경계는 종종 어떤 물체, 즉 말뚝, 주문(柱門), 선돌(표지석이나 경계표 등) 등으로 표시되었는데, 그것들은 그곳에 축성의례와 함께 세워졌다. 금지의 시행은 즉각 이루어지거나, 바빌로니아의 쿠두루(Kuduru), 헤르메스, 프리아푸스(Priapus)[1] 등 경계를 나타내는 신들의 매개로 이루어질 수도 있다. 어느 특정한 집단이 예식을 통하여 땅의 특정한 공간에 쟁기나 동물의 가죽을 잘라서 만든 끈을 놓거나 도랑을 만들어서 경계표나 경계로 삼기도 하는데, 그것은 이 방인이 보존된 공간에 침입하는 것을 마치 세속인이 신성한 숲이나 사원에 침입하는 것 같은 신성모독이라는 것을 보여 주려는 것이다. 사람들은 종종 이렇게 획정한 영토의 신성함을 대지모(Terre-Mère)[2]로서의 땅 전체의 신성함과 혼동한다. 가장 오래된 문서들에 의하면, 중국에서 대지(大地)는 신으로 여겨지지 않았지만 토지의 일부분은 거주자와 자손들에게 매우 신성한 것이었다.[3] 내 생각에는 로앙고(Loango)나 그리스의 도시 국

---

1 나중에 더 자세히 언급할 테지만, 경계와 남근상(男根像) 사이의 거의 보편적 연상에 대한 나의 설명은 다음과 같다. 첫째로 말뚝이나 서있는 돌은 발기된 남성 성기와 동일시되고, 둘째로 성행위에서 연상되는 결합의 관념에는 주술적 보조의 의미가 있으며, 셋째로 끝이 뾰족한 물체(뿔과 손가락 등)는 불길한 영향이나 악한 영을 "꿰뚫는" 힘을 가졌다고 믿어져서 보호에 대한 생각을 불러일으키고, 넷째로 아주 드물지만 그 영토와 거주민들이 다산하게 한다는 생각을 불러일으킨다. 따라서 경계표에 있는 남근적 요소에는 소위 말하는 성적인 의미는 거의 들어 있지 않다.
2 나는 디터리히의 저서(*Mutter Erde*, Leipzig, 1905)에 출생과 육아에 대한 여러 가지 잘못된 해석이 논의되고 있다고 생각한다.
3 중국의 고대 종교에서는 각 구역(약 25개 가족)에 토지 신(土地神)이 있었다. 왕에게는 그의 백성들을 위한 토지 신 하나와 그 자신을 위한 토지 신 하나가 있었다. 그것은 각각의 봉건 영주, 가족 집단, 그 이후 각각의 제국에서도 마찬가지였다. 이 신들은 징벌로 여겨지는 전쟁을 주관하였다. 이 신들은 나무로 만든 목상(木像)이었고, 수확의 신으로 생각되었다. 대지-여신(déesse-terre)은 나중에 여러 가지 종교들이 혼합되어서 만들어진 것 같다. cf. Ed.

가들과 로마에서도 마찬가지였을 것이다.[4]

따라서 그런 영토에의 침입을 금지하는 것은 엄밀하게 말해서 주술적-종교적 금지라는 성격이 들어 있다. 고대 세계에서는 경계석, 성벽, 동상 등을 이용해서 경계선을 나타냈고, 반쯤만 문명화된 사회에서는 더 단순한 방식으로 금지를 표현하였다. 물론 이런 표시들이 우리의 말뚝처럼 모든 경계선에 설치되는 것은 아니다. 단지 길이나 교차점 같은 통과 지점에 설치되었다. 가장 단순한 방식으로는 길의 가운데나 길을 가로 질러서 한 다발의 풀이나 나무 조각 또는 풀을 묶은 말뚝을 놓았다.[5] 이것들보다 좀 더 복잡한 것은 자연물[6]이나 다소 거친[7] 상(像)을 달거나 그것들 없이 주문(柱門)을 세우는 것인데, 그 다양한 절차에 대해서는 여기에서 자세하게

Chavannes, *Le dieu du sol dans l'ancienne religion chinoise*. Rev. de l'Hist. des Rel., 1901, t. XLIII, 124-127, 140-144.

4 cf. W. Warde Fowler가 *Anthropology and the Classics*, Oxford, 1908, 173-178에 있는 *lustratio pagi*에 대해서 재미있게 논의한 것을 참조하시오. 나는 이 책을 읽는 사람들이 대(大)제계(*lustratio*)가 영토, 우주, 인간의 분리의례일 뿐이라는 사실을 받아들이기를 바란다. 그것은 전쟁으로부터 귀환하는 것이라는 말이다.

5 전거(典據)로는 H. Grierson, *The silent trade*, Edinburgh, 1903, 12-14, 주4를 참조하시오(불행하게도 저자는 전유의례를 통과의례와 혼동하고 있다). 또 다른 것들로는 다음과 같은 자료들이 있다. Dennett, *loc. cit.*, 90, 153 주 192; Pechuel-Loesche, *loc. cit.*, 223-224, 456, 472; Buttikofer, *Reisebilder aus Liberia*, Leyde, 1890, t. II, 304; A. van Gennep, *Tabou, Tot. Mad.*, Paris, 1904, 183-186(통과의 금기); Van der Burgt, *l'Urundi*, Bar-le-Duc, 1904, s. v. Inviheko, etc. 길이나 토지에 출입을 막기 위하여 말뚝을 박고, 그 주위에 풀을 쌓아 놓는 관습이 유럽에 널리 퍼져 있다.

6 Du Chaillu, *L'Afrique sauvage*, Paris, 1868, 38: 성스러운 식물들이나 침팬지의 해골 등을 장식한 주문(柱門)이 콩고에 있고, 코트디브와르에는 땅에 박은 두 개의 말뚝으로 만들어졌고, 그것을 가로지르는 막대에 해골과 알들을 매단 주문(柱門)이 종종 발견된다. 그것들은 통과의 금기와 정령으로부터의 보호를 위한 것이다. Pechuel-Loesche, *Volkskunde von Loango*, Stuttgart, 1907, fig. de la 224, 472.

7 cf. 수리남의 것으로는 K. Martin, Bijdr. Taal-Land-Volkenkunde Ned. Indie, t. XXXV(1886), 28-29를 참조하시오. 또한 야누스처럼 얼굴이 두 개인 상은 Rev. Trad. pop., 1907, 97-98에서 볼 수 있다. 이것은 J. G. Frazer의 *Kingship*, Londres, 1906, 289의 이론을 확증해 준다.

설명하지 않겠다.[8]

　현대 사회에서 각 나라는 다른 나라들과 실제로 접해 있다. 그러나 기독교 국가가 유럽의 일부 지역에만 있었던 옛날에는 그렇지 않았다. 그 땅 둘레에는 부분들로 나누어진 중립지대인 변방(marche)들이 있었으나 변방들은 조금씩 물러나서, 마침내 완전히 사라졌다. 사냥 허가서(lettre de marche 또는 lettre de marque)라는 용어라는 말에는 중립지대(즉 marche)를 거쳐서 하나의 영역에서 다른 영역으로 통과한다는 의미가 들어 있다. 이런 종류의 지역은 고대, 특히 그리스에서 중요한 역할을 하였다. 그 지역은 시장이나 전장으로 사용되었던 것이다.[9] 우리는 반쯤만 문명화된 사회에서도 이런 지역과 똑같은 제도(制度)들을 볼 수 있다. 그러나 그들에게 속한 영토들이 아직 많지 않고, 인구도 많지 않아서 경계들이 분명하지는 않다. 그런 지대는 보통 사막, 늪지대, 특히 처녀림 등인데 사람들은 자유롭게 그 지역들에 가거나 사냥을 할 수 있다. 신성함에 대한 관념이 유동적이기 때문에 이 두 영역들은 그 지대에 사는 사람들에게 거룩하지만, 중립지대도 그 두 영역에 사는 사람들에게 거룩하다. 어느 한 영역에서 다른 영역으로 지나가는 사람은 누구나 다 어느 정도 긴 기간 동안 영역적으로, 또 주술적-종교적으로 특별한 상황에 있게 된다. 그는 두 세계 사

8　로앙고(Loango)에서는 종종 촌락의 영역 안으로 질병이 들어오는 것을 막기 위하여(Buttikofer, *loc. cit.*, 304) 길을 가로질러서 말뚝을 세웠다(Du Chaillu, *loc. cit.*, 133). 오스트레일리아와 뉴기니에서 발견되는 니뭇기지나 풀을 엮어서 만든 울타리도 이런 작용을 한다. 그것은 흔히 생각하는 것처럼 그곳을 지나가는 세속인들로부터 보이지 않게 하려는 것이 아니다.

9　신성한 영역과 중립지대를 위해서는 H. Grierson, loc. cit, 29, 56-59을 참조하시오. 팔레스타인과 앗시로-바빌로니아의 국경선이나 거룩한 변경(邊境)을 위해서는 H. Gressmann, "Mythische Reste in der Paradieserzaehlung", Archiv für Religionswissenschaft, X(1907), 361-363의 주를 참조하시오. 로마의 테르미날리아(Terminalia) 축제에 대해서는 Warde Fowler, *The Roman Festivals,* Londres, 1899, 325-327을 참조하시오. 카피톨린(Capitolin) 산은 본래 내가 말한 팔라틴(Palatin) 시와 퀴리날(Quirinal) 시 사이의 국경선으로 중립지대였던 것 같다. cf. Roscher's Lexikon, s. v. Iuppiter, col. 668 & W. Fowler, *Anthropology and the Classics,* Oxford, 1908, 181 이하.

이를 떠도는 것이다. 내가 "변경"(marge)이라고 말한 것은 이 특별한 상황이고, 이 책을 쓴 목적 가운데 하나도 이 변경이 하나의 주술적-종교적 또는 사회적 상황으로부터 다른 상황으로 통과할 때 거행되는 모든 예식들 속에 어느 정도 두드러지게 발견된다는 사실을 지적하려는 것이다.

이제 영역의 통과에 관한 예식의 기술을 몇 가지 살펴보자. 스파르타의 왕은 전투에 임할 때 제우스에게 희생제를 드렸다. 만일 징조가 좋으면, 제단에서 성화를 채화하여, 그것을 국경에 이를 때까지 군대보다 앞세운다. 왕은 그곳에서 다시 희생제를 드리고 징조가 또 다시 좋으면, 왕은 국경에까지 가고, 성화는 계속해서 군대보다 앞서게 한다.[10] 우리는 여기에서 중립지대로 들어서는 순간 한 개인을 그의 영토로부터 분리하는 분리의례가 행해지는 것을 분명하게 본다. C. 트룸불[11](Clay Trumbull)은 국경을 넘어가는 통과의례에 관해서 많은 연구를 하였는데, 그는 다음과 같이 말하였다. 그랜트(Grant) 장군은 국경인 아시우트(Assiout)에 도착해서 짐을 부릴 때, 황소 한 마리를 희생제로 드렸다. 그리고 머리는 선교(船橋)의 한쪽에 놓았고, 몸통은 선교의 다른 쪽에 놓았다. 그 다음, 그랜트 장군은 피가 흥건한 사이를 지나갔다.[12] 둘로 나누어진 대상이나 두 개의 지류(支流)나 어떤 것 사이를 지나가는 의례는 많은 경우 새로운 세계로 진입하기 위하여 과거의 세계에서 나오는 직접적인 통과의례로 해석되어야 한다.[13]

여태까지 언급되었던 절차들은 나라나 영토는 물론 마을, 도시, 도시의 한 구역, 사원(寺院), 저택과의 관계에서도 적용된다. 그러나 그때 중

---

10   cf. J. G. Frazer, *The Golden Bough*, 2e éd., Londres, 1900, t. I, 305.
11   H. Clay Trumbull, *The threshold covenant*, New York, 1986, 184-196. 구하기가 아주 어려운 이 책을 나에게 빌려준 S. 레나크에게 이 자리를 빌어서 감사드린다.
12   트룸불의 논문에서 말하는 주제는 이 흥건한 피가 결합의 요소가 아니라면 하나의 상징이라는 것이다.
13   이런 의례들을 모은 것은 *Mélusine*에 나와 있다. 어떤 것들은 병이 낫는 것을 말하기도 하지만, 우리가 보통 "정화" 의례라고 하는 것은 부정 상태에서 정한 상태로 넘어가는 관념을 의미한다. 이런 모든 관념들과 거기 상응하는 의례들은 흔히 같은 예식 속에 포함되어 있다.

립지대는 신전의 입구(pronaos), 성당 정문 안의 현관(narthex), 현관(vestibulum)을 제외하고는 단순한 돌이나 기둥, 문지방 같은 것들로 점차 축소된다.[14] 여기에서 통과의 금기를 의미하는 주문(柱門)은 성벽의 문, 구역의 협문(挾門), 집의 문으로 된다. 또한 신성함은 단지 문지방에만 국한되지 않고, 벽의 위를 가로지르는 횡목인 상인방(上引坊)이나 현관의 문틀 머리(architrave) 등도 모두 거룩하다.[15] 문틀은 모두 전체를 형성한다. 특별한 의례들이 다르다면, 그것은 거기에서 직접 수행된 기술적 동기 때문이다. 문지방에는 피가 뿌려지고, 물로 정화된다. 또한 사람들은 문지방에 피를 모두 바르고, 향도 바른다. 사람들은 문틀 머리처럼 문지방에 성물(sacra)을 매달거나 못으로 고정시킨다. 트럼불은 그리스의 청동 문지방에 대해서 이미 집필을 했었음에도 불구하고 이것을 알지 못했기 때문에 "문지방 연맹"에 대해서 다룬 논문에서 "이것은 영적 영역의 외부의 한계에 대한 고대의 동의어이다"라고 하면서 자연적 해석을 간과하였다. 엄밀하게 말하자면, 문은 일상적인 주거에서는 내부세계와 외부세계의 경계이고, 사원에서는 속적인 세계와 신성한 세계의 경계이다.[16] 그러므로 "문지방을 넘는 것"은 새로운 세계에 통합되는 것이다. 또한 이것은 결혼, 입양,

---

14 문지방과 관련된 통과의례의 자세한 것들을 위해서 나는 트럼불의 저서를 참고하였다. 문지방을 지나가기 전에 어떤 사람은 엎드리고, 어떤 사람은 키스하며, 어떤 사람은 문지방을 만지고, 어떤 사람은 그 위를 밟으며, 어떤 사람은 신발을 벗는다. 또 다른 사람은 성큼 넘어서 가고, 어떤 사람은 다른 사람에 의해서 넘어간다. cf. W. Crooke, *The lifting of the bride*, Folk-Lore, t. Xiii(1902), 238-242. 이런 의례는 민족에 따라 다르며, 만일 문지방이 집이나 가족의 영 또는 문지방의 신이 있는 곳이라면 의례는 더 복잡해진다.

15 문과 관련된 중국의 관습에 대해서 자세한 것은 J. Doolittle, *Social life of the Chinese* (Fou-Tchou), N-Y. 1867, t. I, 121-122와 W. Grube, *Pekinger Volkskunde*, Berlin, 1902, 93-97을 참조하시오. 문의 틀에 있는 주술적 장식에 관해서는 Trumbull, *loc. cit.*, 69-74와 323을 참조하시오.

16 우리는 문지방은 원시적 제단이고, 제단은 문지방을 옮겨 놓은 것이라는 트럼불의 견해에 찬성할 수 없다. 문지방과 관련된 의례에서 피를 흘리는 것이 물을 사용하거나 단순히 접촉만 하는 것보다 더 중요하다는 견해에도 찬성할 수 없다. 이런 모든 것들은 가입의례나 결합의례이다.

성직 수임, 장례 예식에서 중요한 행위이다.

나는 다음 장에서 더 많이 기술할 것이기 때문에 여기에서는 문을 넘는 의례에 대해서 더 강조하지 않으려고 한다. 우리는 다만 문지방에서 이루어지는 의례들은 전환(轉換) 의례임을 지적하려고 한다. 그 전의 환경과 분리하는 의례로는 씻고, 청소하는 "정화" 의례들이 있고, 그 다음에 소금을 뿌리거나 같이 식사하는 통합의례가 있다. 따라서 문지방의 의례들은 엄밀하게 말해서 "결합"(alliance) 의례가 아니라 그 자체로 가장자리에서 준비하는 결합 준비의 의례이다.

그러므로 나는 그 전 세계와 분리되는 의례들을 전(前)-역치 의례, 전이 단계 동안 이루어지는 의례들을 역치 의례, 새로운 세계와의 통합 의례를 후(後)-역치 의례로 부를 것을 제안한다.

아프리카의 조악한 주문(柱門)은 극동 지역에서 매우 발달되었고,[17] 외따로 떨어진 주문(柱門)의 원초적 형태일 가능성은 매우 크다. 극동 지역에서 그것들은 그 자체로 건축학적 가치를 지닌 독립적 기념물(신이나 황제나 미망인을 위한)일 뿐만 아니라, 적어도 신도(神道)나 도교(道敎)에서는 예식을 위한 수단으로 사용되었다(아동의 의례에 대해서 참조하시오). 주문(柱門)으로부터 기념물로의 이런 발달은 로마의 개선문에서도 볼 수 있는 것 같다. 승리자가 개선문을 통과하여 로마 세계로 다시 들어올 수 있으려면 일련의 의례를 통하여 먼저 적의 세계로부터 분리되어야 한다. 여기에서 가입의례는 로마를 보호하는 신들과 쥬피터에게 희생제를 드리는 것으로 이루어진다.[18]

여태까지 말했던 의례에서 주문(柱門)은 직접적으로 작용하는 것이었

---

[17] 중국에 대해서는 Gisbert Combaz, *Sépultures impériales de la Chine,* Bruxelles, 1907, 27-33; Doolittle, loc. cit., t. II, 299-300; 일본에 대해서는 W. E. Griffis, ap. Trumbull, *loc. cit.*, 부록, 320-324; B. H. Chamberlain, *Things Japanese,* Tokyo Londres, 1890, 356, s. v. *torii*; R. Munro, *Primitive culture in Japan,* Tokyo, 1905, 144.

[18] 승리의 의례의 순서를 위해서는 Montfaucon, *Antiquités expliquées,* Paris, 1719, fol., t. IV, 152-161를 참조하시오.

다. 그러나 다른 경우들에서 주문은 특별한 신들의 거처가 될 수도 있다. 이 "문지방의 수호자들"이 이집트, 앗시리아-바빌로니아[19](날개 달린 용, 스핑크스, 모든 종류의 괴물 등), 중국(동상)에서처럼 기념물의 역할을 수행할 때, 그것들은 문과 문지방을 뒤로 떠민다. 기도와 희생제는 그들에게만 드려지는 것이다. 그때 영역에 대한 통과의례는 정신적 통과의례로 된다. 그때 지나가는 것은 통과하는 행위가 아니다. 통과를 정신적으로 보장해주는 것은 인격화된 힘이다.[20]

그런데 이 두 가지 의례가 서로 떨어져서 일어나는 법은 거의 없다. 거의 대부분의 의례에서 이 두 가지 의례는 결합되어 있다. 많은 예식들에서 역동론적 의례는 정령론적 의례, 직접적 의례는 간접적 의례와 결부돼서 행해지는 것이다. 그것은 통과를 저지하는 데 장애가 될 수 있는 것을 피하거나 통과 자체를 원활하게 하려는 것이다.

영역의 통과에 관한 의례 가운데서 고개(col)를 넘는 의례에 대해서 이야기할 필요가 있는데, 거기에는 여러 가지 물체(돌, 옷 조각, 머리털 등)를 놓고, 공물(貢物)을 바치며, 그곳과 관계된 영(靈)에게 기원하는 것이 포함된다. 그것들은 모로코의 케르쿠르(kerkour), 몽골과 티베트의 오보(obo), 아삼, 안데스, 알프스의 예배당(chapelle)들이 해당된다. 강을 건너

---

19 이와 관계되는 신들과 의례들에 대해서는 E. Lefebure, *Rites Egyptiens; construction et protection des édifices*. Publ. Ec. Lettres d'Alger, Paris, 1890 ; 앗시리아의 날개 달린 황소를 위해서는 cf. 62를 참조하시오.

20 문지방의 신에 대해서는 Trumbull, op. cit., 94 뿐만 아니라 그 이하를 참조하시오. Farnell, *Anthropological Essays pres. to E. B. Tylor*, Oxford, 1907, 82; J. G. Frazer, *ib.*, 167; 중국에서는 보통 Shen-Shu와 Jü-Lü로 나타나지만(cf. De Groot-Chavannes, *Les fetes annuellement célébrées à Emouy*, Paris, 1886, 597 이하), 북경에서는 Ch'in-Ch'iung와 Yü-chih-kung로 나타난다(Grube, Pek. Volks나., 93-94); 일본에서는 Ls. Bird, *Unbeaten Tracks in Japan*, Londres, t. I, 117, 273; Michel Revon, Le Shinntoism, Rev. de l'Hist. des Rel., 1905, t. LI, 389, 390; Munro, *Primitive culture in Japan*, Tokyo, 1906, 144. Domaszewski, Archiv f. Rlgwft, XII, 72-72, 82.

는 것에도 종종 예식들이 거행된다.[21] 왕이나 사제가 이 강이나 저 강 또는 보통의 물이 흐르는 곳을 건너지 못하게 한 곳에서는 이에 대응하는 부정적인 의례가 있는 것이다.

마지막으로, 집에 정초(定礎)를 놓거나 건축할 때의 희생제도 통과의례의 범주에 넣을 수 있을 것이다. 그것들이 그것들과 비슷한 예식 전체, 즉 주거지를 바꾸는 예식들에 속해 있지만, 그것을 따로 연구했었다는 것은 이상한 일이다.[22] 새로 지은 모든 집은 적절한 의례에 의해서 노아(noa)가

---

[21] 다른 것들과 함께 H. Gaidoz, *Le dieu gaulois du soleil*, Paris, 1886, 65; 나는 다리를 건설하고, 처음 사용할 때 거행했던 예식을 기억한다(cf. pontifex). 어떤 것의 아래나 사이를 지나가는 의례는 Mélusine과 거의 모든 민속학자들에 의해서 많이 수집되어 있다. 나는 여기에서 새로운 것들에 대해서만 논의하려고 한다. 따라서 나는 다음과 같이 Krascheninnikov, *Histoire et description du Kamtchatka*, Amsterdam, M. M. Rey, 1760, t. I, 130-131과 136에 의거해서만 언급할 것이다.

"곧 바로 사람들은 가족의 숫자에 따라서 유르트(Iourte) 안에 자작나무 가지들을 가져다 놓는다. 캄차카 사람들은 그들의 가족을 위하여 그 가지들 가운데 하나를 취해서 둥글게 구부리고, 그들의 아내와 아이들이 그 원 사이를 두 차례 지나가게 한다. 그 원을 통과한 사람들은 둥글게 원을 그리면서 돈다. 그들에게 그것은 그들이 잘못한 것을 정화하는 것이다." 크라쉐니니코프(Krascheninnikov)의 자세한 기술에 의하면 자작나무는 캄차카 사람들에게 거룩한 나무이며, 대부분의 예식에서 의례적으로 사용된다. 따라서 그것에 대한 해석은 다음과 같다. 1) 정(淨)한 자작나무의 영향 때문에 성화(聖化)가 직접 일어날 수 있다. 2) 사람들의 부정(不淨)을 자작나무에 전이시킬 수 있는데, 그것은 다음과 같은 예식에서 볼 수 있다. "모든 것이 정화되면, 캄차카 사람들은 이 나뭇가지를 들고 주파나(Joupana)나 처음 열린 문을 통하여 유르트에서 나오고, 그들의 부모들이 뒤를 따른다. 그들이 유르트에서 나왔을 때, 그들은 자작나무 가지로 만든 원을 두 번째로 통과한다. 그렇게 한 다음, 그들은 이 막대기나 작은 나뭇가지의 끝이 동쪽을 향하도록 해서 눈 속에 쳐 박는다. 캄차카 사람들은 거기에 그들의 모든 통치체(Tonchitche)를 던지고, 옷을 털은 다음, 주파나가 아닌 진짜 문을 통해서 유르트로 들어간다." 다른 말로 해서 그들은 부정한 것들을 모두 떼어 버린 것이다. 그들의 옷에 붙었던 부정한 것들을 털어 버린 것이다. 제의에 쓰이는 물건 가운데 가장 중요한 통치체는 "달콤한 풀"로 되어 있는 일종의 성물(聖物)이다. 그리고 나뭇가지는 그 신성함을 담는 용기이다. 성호(聖弧)의 통과는 자동적으로 그것을 지나가는 사람들이 복잡한 예식 거행을 통해서 얻었던 성스러운 특성을 제거해 주는데, 그것은 마지막 의례이며, 이 활 모양의 것은 거룩한 세계와 속적인 세계를 나누는 주문(柱門)이다. 이 예식의 거행자들은 속적인 세계에 들어온 다음 다시 오두막의 커다란 문을 사용할 수 있게 된다.

[22] 건축에 대한 희생제를 위해서는 P. Sartori, Über das Bauopfer, Zeitschrift für

주어지기 전까지 금기시된다.[23] 이에 대한 금기의 해제를 위한 형식들과 기제는 신성한 영토나 여성을 위한 것들과 같다. 씻거나, 윤을 내거나, 공동 식사가 필요한 것이다. 그밖에 다른 형태의 의례들을 거행하는 목적도 집이 온전하게 유지되고, 무너지지 않게 하려는 것이다. 사람들은 이런 많은 의례들에서 인신 공희(供犧)의 흔적이나 왜곡을 찾으려고 했는데, 그것은 잘못된 일이다. 금기를 해제하거나 보호령을 확정하거나 죽은 이를 천도(薦度)히거나 가입의례에 수반되는 모든 절차의 안전을 도모하려는 의례들에는 헌주(獻酒), 예식적 방문, 여러 부분들의 봉헌, 빵과 소금과 음료의 나눔, 공동의 식사 등이 덧붙여진다(프랑스에서는 집들이가 글자 그대로 솥을 걸다는 의미이다). 예를 들어서 말하자면, 약혼자나 새 신랑이 그의 아내나 가족의 도움을 받아서 집을 지을 때, 의례는 건축을 시작할 때부터 시작된다.

집이나 사원(寺院)에의 입문의례는 그에 해당되는 출구의례와 같거나 반대로 이루어진다. 무함마드의 시기에 아랍인들은 집으로 들어갈 때나 집에서 나갈 때, 가족의 신을 손으로 만졌는데, 똑같은 동작을 가입의례나 분리의례에서도 했다. 마찬가지로, 경건한 유대인들은 대문을 지나갈 때, 오른손의 손가락으로 문기둥에 달려 있는 작은 상자인 마주자(mazuza)를 만졌는데, 그 안에는 신(샤다이)의 거룩한 이름이 쓰여 있거나 수놓아진 종이나 리본이 들어 있다. 그리고 그는 손가락에 입을 대면서, "주님이 지

Ethnologie, 1898, 1-54를 참조하시오. 어떤 사람들은 그것을 전유(專有) 의례로 보지 않았다. 프랑스에서의 의례를 위해서는 Sébillot, *Le Folk-Lore de France*, Paris, 1907, t. IV, 96-98을 참조하시오. 그밖에 다른 이론들을 위해서는 다음을 참조하시오. Trumbull, *loc. cit.*, 45-57, Westermarck, *The origin and development of moral ideas,* Londres, t. I, 1906, 461 이하. 이 의례들은 내가 "첫 번째 의례"라고 부른 더 큰 범주에 속한다(제9장 참조). 코시카 수트라(Kausika Sutra)의 주문 43, 3-15는 건축과 입문과 관계될 뿐만 아니라 사람들과 가축들의 주거가 변경되는 것과도 관계된다(W. Caland, *Altindisches Zauberritual,* La haye, 1900, 147-148).

23 전형적인 예식을 위해서는 Hildburgh, *Notes on sinhalese magic,* Journ. Anthrop. Inst., t. XXXVIII (1908), 190을 참조하시오.

금부터 영원까지 네가 들어오고, 나가는 것을 지켜주실 것이다"라고 말한다.[24] 여기에는 말을 통한 의례가 손을 통한 의례와 합쳐져 있다.

우리는 어떤 특별한 의례에 의해서 거룩하게 되었거나, 길(吉)한 방향으로 나 있기 때문에 대문만이 출입(出入)을 위한 의례의 장소가 되는 것을 볼 수 있다. 다른 문들은 대문만큼 외부세계와 가족의 세계 사이의 접점으로서의 성격을 지니지 못하는 것이다. 그래서 도둑들은 문 이외의 다른 것을 통하여 들어가기를 좋아한다(나는 우리나라 이외의 다른 문명국들에서도 이렇다는 이야기를 들었다).[25] 시체도 뒷문이나 창을 통해서 내보내는 관습이 있고, 임신 중이거나 생리 중인 여성도 대문 이외의 문으로 출입해야 한다. 거룩한 동물의 시체도 창문이나 구멍을 통해서 들어올 수 있다. 이런 관습은 어떤 것이 특별한 의례에 의해서 일단 정화되면, 계속해서 정화된 상태를 유지하기 위한 것이다. 오염을 막기 위해서 이루어지는 것이다. 마찬가지로 침을 뱉거나, 발을 올려 놓아서도 안 된다.

문지방의 신성함은 때로로 집에 있는 모든 문지방에도 해당된다. 나는 러시아에서 모든 방의 문지방에 가죽 장화의 뒤꿈치를 보호하려는 작은 쇠 조각((鞭子)이 못으로 박혀 있는 것을 보았다. 더구나 모든 방에는 이콘(icone)이 있었다.

어쨌든 문지방과 관련된 모든 의례들을 이해하려면 문지방이 문의 한 요소이며, 이 의례들의 대부분은 들어오고, 나가며, 멈추고, 나가는 것과 관련된 직접적이고, 실제적인 의례, 말하자면 통과의례로 받아들여져야 한다는 사실을 잊지 말아야 한다.

---

24 Clay Trumbull, *Threshold Covenant*, 69-70(Syrie).
25 Helbig.

제3장
개인과 집단

상황과 이방인의 성격 — 이방인의 가입의례 — 공동 식사 — 가입의례로서의 교환 — 넘어감 — 인사의례 — 성적인 가입의례 — 이방인의 주거 — 여행자: 출발의례와 귀환의례 — 입양 — 주인의 교체 — 전쟁, 복수, 평화

   일반적으로 사회는 방들, 두꺼운 벽이 있는 복도들, 더 넓으면서 닫히지 않은 소통을 나눌 수 있는 문들로 이루어진 일종의 집처럼 생각될 수 있다. 이런 사회에서 문명의 형태는 우리가 사는 집들과 아주 비슷하다. 그와 반면에 반쯤만 문명화된 사회에서 그 구획들은 서로 조심스럽게 떨어져 있고, 이곳에서 저곳으로 이동하려면 우리가 방금 이야기한 영역의 통과의례와 매우 유사한 형식들과 예식들이 거행되어야 한다.

   출생에 의해서나, 아니면 습득한 특별한 특성에 의해서 어느 특정한 가문에 들어가서 하나의 분족(分族)으로 자리 잡을 수 있는 권리를 얻지 못한 모든 개인이나 집단은 고립된 상태에 있게 된다. 그리고 그 상태는 분리되어 있을 수도 있고, 결합되어 있을 수도 있다. 그런 사람들은 이 특별하거나 일반적인 사회의 외부에 있기 때문에 약하지만 기존 집단의 성원들과 비교할 때 기존 집단은 세속적 영역에 있고, 고립된 개인은 신성한 하나의 세계에 있기 때문에 강하다. 결과적으로, 사람들은 다양한 행동들을 하는데, 어떤 이들은 이방인을 아무 절차도 없이 죽이거나 물건을 빼앗거나 학대하지만[1], 다른 이들은 그를 두려워하거나 애지중지하거나 강력

---

1 예를 들어서 말하자면, 대상(隊商)을 강탈하는 조직적인 강도 집단이나 난파된 배를

한 존재로 여기고, 그에 대해서 주술적-종교적 방어책을 강구하기도 한다.

상당히 많은 사람들에게 이방인은 초자연적으로 이롭거나 해로운 주술적-종교적 능력을 가진 신성한 존재였다. 그 점에 대해서는 특히 프레이저[2], 크롤리[3] 등이 여러 차례 연구하였다. 그들은 모두 사람들은 이방인에게 주술적-종교적 두려움을 가지고 있어서 그들에 대해서 의례를 거행한다고 설명하였다. 그 의례들에는 이방인을 중화시키거나 이롭게 만들거나 "탈-주술화"(désenchanter)하려는 목적이 있는 것이다. 그리어슨(H. Grierson)도 같은 관점에 동의하지만, 그는 그밖에도 이방인의 경제적, 법적 상황에도 많은 관심을 가지고 있어서 거기에 관한 많은 자료들을 보여주었다.[4] 또한 웨스터마크(Westermarck)[5]도 더 많은 자료들을 제시하였는데, 그는 더 나아가서 이방인에 대한 행동(느낌, 긍정적이거나 초자연적인 관심)을 조건 지을 수 있는 동기들에 대해서 열거하였다. 그리고 그는 다른 더 밀접한 이론을 제시하기 위하여 이방인과 관계되는 의례들은 단지 "개인적 고립의 금기"를 벗기려는 수단일 뿐이라고 주장하는 크롤리의 전염론을 배척하였다. 이 의례들은 이방인들에게 선험적으로 있는 "조건적 저주"와 악감(mauvais oeil)을 없애려는 것이라고 주장하였다.[6] 다른 한편 제본스(Jevons)는 이 의례들의 의미가 이방인 자신에 대한 것이 아니라 그의 옷과 그의 물건들을 정화하기 위한 것이라고 의미를 제한하였다.[7]

약탈하는 것은 특히 경제적인 것이고, 법률적으로도 저촉되지 않는다. 그것은 주술적-종교적으로도 상관이 없다. 그러나 피지(Fiji)에서는 난파선의 선원들을 그 부족의 땅에 들어오게 하는 것은 주술적으로 위험해서 들어오지 못하게 한다.

2 J. G. Frazer, *The Golden Bough*, 2e éd., Londres, 1900, t. I, 297-304. Trumbull, *loc. cit.*, 4-5. 트럼불은 단지 문지방과 피와 관련된 입문의례에 대해서만 살펴보았다.

3 E. Crawley, *The Mystic Rose*, 141, 239, 250 이하.

4 H. Grierson, *The Silent Trade*, 30-36, 70-83.

5 E. Westermarck, *The origin and development of moral ideas*, t. I, Londres, 1906, 570-596.

6 특히 586-592와 390쪽의 간단한 결론을 참조하시오.

7 F, B. Jevons, *Introduction to the history of religion*, 1896, 71. 우리는 이방인의 옷과

이 각각의 관점들은 어느 정도 중요한 일련의 사실들에 적용될 수 있다. 그러나 우리는 이방인에 관한 의례들에서 수행되는 절차의 존재 이유를 이해할 수 없고, 그 의례들의 절차와 아동기, 청년기, 약혼식, 결혼식 절차 사이의 유사성이 있는지에 대해서도 이해할 수 없다.

이방인 한 사람이나 이방인들의 집단(대상들이나 과학적 탐사자들 등)에 대해서 행해지는 예식을 정확하게 기술한 문서들을 살펴보면, 우리는 형식들이 아주 다양하지만 그 절차들에는 놀랄 만한 통일성이 있는 것을 볼 수 있다. 수많은 이방인들의 침입은 지역 사회의 결집을 강화하는 반동을 낳는다. 모든 거주자들은 마을을 비우고, 산이나 숲속 같은 방어하기가 좋은 장소로 피하는 것이다. 그렇지 않으면, 문들을 닫아걸고, 무장하며, 불을 붙이거나, 나팔을 불고, 북을 치면서 모이라는 신호를 보내거나 추장이 홀로, 아니면 몇 사람의 전사(戰士)들과 함께 그 사회의 대표자로서 이방인들을 만난다. 그는 다른 사람들보다 그런 접촉에 더 면역이 되어 있기 때문이다. 다른 곳에서는 특별한 중개자나 대표를 뽑아서 보내기도 한다. 다른 한편 정치적인 면에서 예외적인 경우도 있을 수 있지만, 이방인들은 부족의 영토나 마을에 즉시 들어올 수 없다. 이방인들은 멀리서 그들의 의도를 밝혀야 하고, 아프리카 식의 길고, 지루한 교섭 방식으로 알려진 과정을 거쳐야 한다. 그것은 어느 정도 긴 기간 동안의 예비적 단계이다. 그 다음에 전환기가 오는데, 그때 선물과 공물(貢物)이 교환되고, 거주자들에 의해서 음식이 제공되고, 거주지[8]가 마련된다. 마침내 가입의례를 통해서 예식은 끝난다. 웅장하게 입장하고, 공동의 식사를 나누며, 악수를 한다.

이방인과 원주민 사이에서 이루어지는 접촉의 절차는 부족에 따라서 기

여러 가지 소지품들이 그것을 가지고 온 소유자 자신이 그렇지 않은데도 불구하고 부정하고, 위험하며, 금기시될 수 있는지 이해하지 못한다.

8 이 집은 젊은이들이나 전사들의 "공동 가옥"이나 추장이나 귀족에게 속한 특별한 장소 또는 많은 사람들이 숙식하는 장소일 수 있다. 마지막에는 가족이 사는 집에 붙은 다른 집일 수도 있는데, 그때 그 이방인은 그 가족과 사회에 전체적으로 받아들여진다.

간이나 복잡성이 서로 다르다.⁹ 그 기제는 개인이나 집단에 있어서 언제나 똑같다. 그 의례들을 자세하게 살펴보면, 손으로 때리거나 악수하는 등 직접적 접촉을 하고, 음식물과 귀중품을 교환하며, 같이 먹고, 마시며, 긴 담뱃대로 담배를 피우고, 동물의 희생제를 지내며, 물과 피를 뿌리거나 기름을 바르고, 서로 접촉하며, 같은 천으로 덮고, 같은 자리에 앉는 등의 행동들로 이루어질 수 있다. 간접적 접촉은 "대변인"에 의해서 이루어지는데, 거기에는 성물(聖物), 지역의 신상(神像), "페티쉬 기둥" 등을 동시에 만지거나 이어서 만지는 것이 포함된다. 이런 것들을 더 많이 열거할 수 있지만, 여기에서는 이 의례들의 어떤 것들만 살펴보려고 한다.

공동의 식사나 같이 먹고, 마시는 것은 이 책에서 종종 다시 언급할 텐데, 분명히 가입의례, 즉 물질적으로 결합하는 의례¹⁰이다. 그것은 교회에서 "성례전"¹¹이라고 부른다. 이렇게 이루어진 통합은 결정적인 것이다. 그러나 그 기간은 흔히 소화되는 시간 동안만 지속된다. 리용(Lyon) 대위는 에스키모인들이 그를 24시간 동안만 손님으로 여겼다고 보고하였다.¹² 공동의 식사가 자주 이루어지기도 하는데, 그때 음식물이 나누어지고, 서로의 관계를 강화한다. 때때로 공동의 식사 없이 음식물만 나누어지기도 하는데, 그것은 넓은 범주에서 선물의 교환에 속한다.¹³

이런 교환들은 직접적인 효과를 나타내면서 구속(拘束)하는 행동이다. 어떤 사람에게 선물을 받는 것은 그와 관계를 맺는 것이다. 크롤리는 이것

---

9   내가 쓴 *Tabou, Tot, Mad,* 40-47에 이것들을 비교한 것이 있다. 대사의 신임장 접수의 프로토콜도 이 범주에 속할 것이다. 나는 특히 중부 오스트레일리아 사람들의 "환영"과 관계된 의식에 대해서 말하고 싶다. cf. Spencer & Gillen, *The northern Tribes of Central Australia*, Londres, 1905, 568-579.
10 E. Crawley, *The Mystic Rose*, 157 이하, 214, 456 이하.
11 Rob. Smith, *Die Religion der Semiten*, 206-210; Sidney Hartland, *The Legend of Perseus* 3 vol 여기저기.
12 *The private journal of capt. G. F. Lyon*, Londres, 1824, 350.
13 참고 자료를 위해서는 H. Grierson, *loc. cit.*, 20-22 & 71 및 Westermarck, *Orig. of moral ideas*, t. I, 593-594를 보시오.

을 부분적으로 알았다.[14] 그러나 발칸 반도와 러시아 등지에 사는 슬라브인들의 형제 유대에 관한 논문을 쓴 키제프스키(Ciszewski)는 그것을 이해하지 못하였다.[15] 그는 가입의례를 "상징적인" 것으로 보면서, 기기에서 네 가지 중요한 점을 지적하였다. 공동의 식사(먹고, 마시는 것), 함께 하는 행동, 입을 맞추는 행동, "자연스럽게 모방하는 상징" 등이 그것이다.[16] 감응적 계열에 속한 이 마지막의 것(출산을 가장하기)을 제외하면, 키제프스키의 연구에서 묘사된 의례들은 다음과 같이 분류될 수 있다: 개인적이거나 집단적인 공동의 식사, 동시에 행해지는 기독교적 영성체, 같은 끈이나 혁대로 엮기[17], 손을 서로 잡기[18], 서로의 가슴으로 둘러싸기(포옹하기)[19], 아궁이 위에 같이 발을 놓기[20], 천과 옷 등의 선물을 교환하기[21], 무기[22], 금화나 은화[23], 부케[24], 화환[25], 파이프[26], 가락지[27], 키스[28], 피[29], 기독교의 성물(십자가, 촛대, 이콘)[30]을 교환하기, 같은 성물에 입을 맞추기(이콘, 십

---

14 E. Crawley, *The Mystic Rose*, 237. 그는 터부의 해제와 통합의례를 오직 개인적인 관점에서만 보는 오류를 범하였다.
15 Stan. Ciszewski, *Künstliche Verwandschaft bei den Südslaven*, Leipzig, 1897.
16 *Ibid.*, 141.
17 *Ibid.*, 3, 38, 40.
18 *Ibid.*, 35.
19 *Ibid.*, 46, 54, 55.
20 *Ibid.*, 45, 47.
21 *Ibid.*, 27, 33, 34, 45, 46, 55.
22 *Ibid.*, 32, 57, 69.
23 *Ibid.*, 43-45.
24 *Ibid.*, 43-46.
25 *Ibid.*, 41.
26 *Ibid.*, 57.
27 *Ibid.*, 42.
28 *Ibid.*, 27, 33, 37, 38, 41-43, 45.
29 *Ibid.*, 27, 45, 60-69.
30 *Ibid.*, 37, 56-57.

자가, 복음서)³¹, 맹세하기³² 등이다. 그런데 키제프스키의 논문을 보면, 우리는 각 지역의 특별한 예식들에는 언제나 몇 가지 결합의 절차들이 조합되어 있고, 하나 또는 여러 개의 교환 의례가 나타나는 것을 볼 수 있다. 따라서 앞으로 살펴보겠지만, 이런 의례는 결혼의례에서처럼 중심적인 자리를 차지한다. 여기에서 중요한 것은 인격의 상호 전이의 절차인데, 그것은 같은 코트나 베일로 서로를 덮는 것처럼 서로를 연결하는 단순한 기제이다. 더 나아가서 피를 교환하는 것은 더 거칠고, 잔인할지라도 옷의 일부를 교환하거나 가락지를 교환하거나 키스를 교환하는 것보다 더 원시적인 것은 아니다.³³

위에서 말한 교환에 아이의 교환(예를 들어서 말하자면, 중국), 누이와 아내의 교환(오스트레일리아 등), 의복 전체의 교환, 신의 교환, 탯줄과 같은 성물(聖物)의 교환들을 덧붙일 수 있다.³⁴ 어떤 북아메리카 인디언(Salish족)들에게 이런 교환은 "포틀라치"(potlatch)라는 제도의 형태를 띠어서 각자 주기적으로 시행한다.³⁵ 마찬가지로, 반쯤만 문명화된 사회에서 왕가의 의무 가운데 하나는 신하들에게 강제로 "선물"을 다시 나누어 주

---

31   *Ibid.*, 34, 37, 39, 55, 56.

32   *Ibid.*, 41, 33. 키제프스키는 세 단계(소, 중, 대)로 된 형제 유대의 예를 들고 있는데, 그것은 연령 집단에의 입문과 통합을 상기시킨다.

33   형제 사이의 유대에 대해서는 *Revue des Traditions Populaires et de Mélusine*의 조사를 참조하시오. G. Tamassia, *L'Affratellamento*, Turin, 1886; Rob. Smith, *Die Religion der Semiten*, 239-248; J. Robinsohn, Psychologie der Naturvoelker, Leipzig, 1896, 20-26. 키제프스키의 증언에 의하면(Ciszewski, 94), 사회적 형제 유대는 자연적인 혈연관계보다 더 강력하다.

34   Taplin, *The Narrinyeri*, 2e éd. Adelaide, 1878, 32-34. 이런 교환은 크롤리가 "개인 사이의 상호 전파"라는 이론을 만들었을 때 기초가 된 소위 응기아 응기앙페(ngia ngiampe)라는 관계를 만드는데, 그는 모든 형태의 교환에 똑같이 이런 면이 있다는 사실을 간과하였다. 형제 유대의 사회적 의미를 위해서는 Ciszewski, *Künstliche Verwandschaft bei den Südslaven*, 여기저기와 특히 29쪽을 보시오. 형제 유대는 결정적일 수도 있고, 일시적일 수도 있다. 또한 갱신될 수도 있다. Ciszewski, *loc. cit.*, 7, 45, 49 등.

35   cf. G. Hill Tout, *Journal of the Anthropological Institute*, t. XXXVII(1907), 311-312.

는 것이 있다. 간단히 말해서, 이렇게 특정한 집단을 구성하는 사람들 사이에서 물건을 주고받는 것은 개인들 사이의 사회적 관계를 유지시켜 준다. 마치 "성찬식" 같은 것이다.

형제 유대와 같은 성격을 가진 결합의례로 같은 예식적 행위가 이루어지는 것은 대부모(代父母) 예식이나 순례 의식 등이 있다. 이런 결합은 특별한 분리의례를 통해서 밖에는 해지될 수 없다.

이방인에 대한 가입의례의 직접적이고, 단순한 매커니즘은 톰슨(Thomson)이 마사이(Massai) 족의 영토에 들어갈 때 베풀어졌던 예식에서 분명히 드러난다: "그 다음 날, 오랫동안 보지 못했던 수아헬리(Souahéli)의 친구가 평화를 나누고, 그 지역의 추장과의 우정을 나누려고 나에게 찾아왔다. 사람들이 염소 한 마리를 끌고 왔고, 나는 그 염소의 귀를 잡았다. 모두에게 내 여행의 목적을 말한 다음, 나는 어느 누구도 해치려고 하지 않으며, 흑(黑) 주술(ou-tchaoui)을 하지 않는다고 선언하였다. 술탄의 사자(使者)는 다른 쪽 귀를 잡고 그의 주인을 대신하여 그가 우리를 해치지 않을 것이며, 음식물을 제공할 것이라고 약속하였다. 도난이 있을 경우, 없어진 물건을 보상하겠다고 하였다. 그 다음에 희생제를 하였다. 그리고 염소의 이마로부터 가죽을 벗기고, 그 위에 두 개의 칼자국을 냈다. 그 수아헬리 사람은 그것을 손 사이에 잡고, 내 손가락들을 아래 구멍에 다섯 번이나 들어가게 하였고, 마침내 관절에까지 닿았다. 나는 그것을 보았고, 위의 구멍까지 그가 하는 예식처럼 똑같이 반복하였다. 이런 행동이 끝나자, 가죽은 둘로 잘라졌고, 반쪽들이 우리 손가락에 끼워졌다. 그 다음에 쉬라(Chira)의 술탄은 백인 여행자와 형제가 되었다."[36] 와자로모(Wazaromo), 와제구라(Wazegura), 와사가라(Wasagara) 등지에서는 두 사람이 다리를 꼬고 마주 앉아 있을 때 피의 교환이 이루어진다. 그때 제3의 사람은 그들의 머리 위로 칼을 휘두르면서 우정의 관계를 깨는 자에게 저주가 있을 것

---

36 J. Thomson, *Au pays des Massai*, Paris, 1886, 101-102.

이라는 주문을 외운다.[37] 여기에서 피의 교환이 이루어지면서 동시에 접촉이 생기고, 그 다음에 선물 교환이 행해진다.[38] 나는 이 마지막 문서는 사람들이 가입 예식에서 피가 사용되는 의례를 자의적으로 제외시키는 것이 잘못임을 보이기 위하여 언급하였다. 사실 이 특별한 의례들이 전체 예식을 구성하는 경우는 거의 없다. 거의 대부분의 경우 접촉의례, 공동 식사의례, 교환의례, 결연의례, "정화"의례들이 동시에 이루어진다.

직접적 접촉에 의한 다양한 가입의례의 조합은 아랍 부족인 샤마르(Shammar) 족에게서 뚜렷하게 보인다. 거기에 대해서 레이아드(Layard)는 다음과 같이 말하였다. "샤마르 족에서는 어떤 사람이 그의 적이 다른 쪽을 잡고 있는데, 그가 그 끈의 꼭대기나 끝을 잡을 수 있다면, 그는 즉시 그의 피보호자(dakil)가 된다. 그가 텐트의 덮개를 만지거나 텐트를 향해서 막대기를 던질 수 있다면, 그는 거주민들의 피보호자가 된다. 그가 어떤 사람에게 침을 뱉거나 그의 이로 다른 사람의 물건을 물 수 있다면, 그것이 적어도 도둑질하려는 것이 아닌 경우 그의 피보호자가 된다. … 샤마르 사람들은 그들의 주거지에서 눈에 보이는 거리에 온 대상(隊商)들은 결코 약탈하지 않는다. 이방인이 그들의 텐트를 볼 수 있는 한, 그들은 그를 피보호자로 생각하기 때문이다."[39] 여기에서 말하는 것은 보는 것만으로도 접촉이 이루어진 것이라고 하는 것이다. 이런 계열의 의례들은 피난의 권리와 관계된 예식에서도 중요한 역할을 한다.[40] 그와 마찬가지로, 단순히 말 한 마디를 던지거나 이슬람교도들이 살람(salam)이라는 형식의 인

---

37 R. Burton, *The Lake Regions in Central Africa*, Londres, 1860, t. I, 114,
38 *Ibidem*, 115.
39 Layard, *Discoveries in the ruins of Nineveh and Babylon*, Londres, 317. "피보호자"(dakil)에 관해서는 Rob. Smith, *Kingship and marriage in early Arabia*, nouv. éd., Londres, 1907, 48-49, 각주.
40 피난권에 대해서는 Trumbull, *loc. cit.*, 58-99를 참조하시오. Hellwig는 반쯤만 문명화된 사회에서의 피난권과 관계된 금기와 가입의례 사이의 연계나 주술-종교적 측면을 간과하고 있다. *Das Asylrecht der Naturvoelker*, Berlin, 1903, Smith, *Rel. der Semiten*, 53-57, 206-208과 Ciszewski, *loc. cit.*, 71-86도 같은 관점에서 연구하였다.

사를 하는 것도 적어도 잠시 동안 연합을 만든다. 그래서 이슬람교도들은 언제나 기독교인들에게 살람을 하지 않으려고 피한다.[41]

또한 다양한 형태의 인사들도 가입의례의 범주에 속한다. 인사는 새로 오는 사람이 그 집의 거주자나 그가 만나는 사람들과 어느 정도 낯선 사람인가 하는 것에 따라서 다르다. 우리가 슬라브 족들의 나라에서 보는 것처럼 다양한 고태적인 기독교식 인사들은 각각의 경우 같은 종교를 믿는 사람들에게 신비한 관계를 다시 맺게 한다. 그것은 이슬람교도들 사이에서도 마찬가지이다. 이에 관한 기록들을 자세하게 읽어보면, 우리는 반쯤만 문명화된 사람들에게서 이런 인사법들은 다음과 같은 효과를 가지고 있다는 것을 알 수 있다.

첫째, 그 사람이 부모, 친척, 이웃, 같은 부족의 구성원일 경우 어느 정도 긴밀한 같은 사회의 소속감을 새롭게 하고, 강화시킨다.

둘째, 그 사람이 이방인일 경우 먼저 그를 제한된 사람들에게 소개하고, 그 다음에 그가 원할 경우 다른 제한된 사람들에게 소개하며, 그 다음에 전체 구성원들에게 소개한다. 여기에서도 사람들은 악수하고, 서로 코를 비비며, 그들의 신발과 외투와 모자를 벗으면서 외부세계와 분리시키고, 같이 먹고, 마시며, 가정의 신(神)에게 정해진 의례들을 행하면서 입회된다. 간단하게 말해서, 사람들은 이런 저런 방식을 통하여 그들이 만난 사람들과 잠시 동안만이라도 동일시하는 것이다. 예를 들어서 말하자면, 아이누(Ainos) 족 사람들에게 인사를 하는 것은 송교석 행위이다.[42] 이와 같은 의례의 절차들은 본질적으로 이미 상호 방문을 통하여 유대를 공고히 하려는 것에서도 찾아볼 수 있으며 오스트레일리아 원주민들의 부족 사이에서는 관례적으로 이루어진다.

---

41 Doutté, *Merrakech*, t. I, 35-38.
42 자세한 것들을 보려면, J. Batchelor, *The Ainu and their folklore*, Londres, 1891, 188-197. cf. Chamberlain, *The Japanese*, 1890, 333-339. 다레식: Hutter Kamerun, 135-136, 417-418. 이것들은 대체로 예절, 태도, 인사, 접대에 관한 민족학적 자료들이다.

직접적 전염의 성격을 지닌 가입의례의 범주에는 아내를 교환하는 성적 의례들도 포함된다. 이 의례가 일방적인 경우에는 손님에게만 여자들(아내, 딸, 누이, 친척, 접대녀, 자기 부족이나 다른 부족의 비슷한 여성)을 들여보낸다.[43] 어떤 경우에는 이렇게 여성을 빌려주는 것에 더 재능이 있고, 강한 아이를 얻으려는 목적(모든 이방인에게 mana가 있기 때문에)[44]이 있지만, 일반적으로 그 의례에는 여성을 빌려줌으로써 그를 어느 정도 긴밀한 그 집단에 가입시키려는 의미가 있다. 사실, 그것은 같이 식사를 하는 것과 같은 것이다. 중부 오스트레일리아에서는 사자(使者)로 그들의 임무를 나타내는 앵무새의 깃털이나 코뼈(코의 가운데를 뚫어서 끼우는 것) 뭉치를 든 남성 한 명과 여성 한 명이나 남성 두 명과 여성 두 명을 보낸다. 이 사자들과 거주민들 사이에서 협상이 끝난 다음, 사자들은 두 여성을 데리고 조금 멀리 떨어진 곳에 가서 그 여성들을 두고 온다. 그 거주민들이 협상을 받아들이면, 거주민들은 그 여성들과 성관계를 맺지만, 그렇지 않으면 그들은 그 여성들에게 가지 않는다. 마찬가지로, 복수를 하기 위해서 떠난 전사(戰士) 집단이 그들이 죽이려는 사람이 속한 거주지에 가까이 오면, 사람들은 그들에게 여성들을 보낸다. 그들이 그 여성들과 성관계를 맺으면 다툼은 종결된다. 그 여성들을 받아들인 것이 친교의 표시이기 때문이다. 그러나 여성들을 받아들이고, 복수를 계속하는 것은 부족 사이의 관습에 중대한 위반이 된다.[45] 이 두 가지 경우, 성교는 결합과 동일시의 명백

---

43 이것과 관계되는 이론들이나 참고자료들을 위해서는 E. Westermarck, *The origin and development of moral ideas,* Londres, 1891, 73-75; Crawley, *Mistic Rose,* 248, 280, 285, 479; Marco-Polo, éd., *Yule et Cordier,* Londres, 1905, t. I, 214; t. II, 48, n 4, 53-54; Potter, *Sorab and Rustem,* Londre, 1902, 145-152. Doutté, *Merrakech,* t. I, Paris, 1905, 149-150. 알제리의 카빌에서도 모로코에서처럼 딸을 제공하는데, 그것은 단지 "공동체의 손님"을 위해서가 아니라 "텐트의 손님"을 위해서이다.

44 이 경우는 다산의례의 일반적인 범주에 속한다. 예를 들어서 말하자면, 마르코-폴로의 보고에 의하면 여성들을 빌려주는 것은 "거대한 물질적 번영"과 풍년을 보장하려는 목적이 있다. Marco-Polo, *loc. cit.*, II, 53.

45 B. Spencer와 F. J. Gillen, *Native Tribes of Central Australia,* Londres, 1899, 98.

한 행위이다. 내가 다른 책에서 언급했던 다른 사실들과 일치하고,[46] 그것은 중부 오스트레일리아에서 성 행위는 출산을 위한 의례가 아니라 주술의 보조적 행위인 것을 입증한다. 또한 신성한 창녀들이 있는 수많은 성창(聖娼)들은 분명히 종교 관계에 의해서 결속된 집단에로의 가입의례로 설명될 수 있다. 그것은 이방인들을 위해서 규정된 것인데, 여기에서 이방인이라는 말은 어느 정도 "아직 입문식을 거치지 않은 이들"이나 "신성한 창녀가 속한 집단의 신을 믿지 않는 이들"을 의미할 것이다.[47]

이방인을 받아들이는 의전(protocole)은 흔히 흥미 있는 규칙들을 따라서 정해져 있다. 예를 들어서 말하자면, 이방인은 종종 마다가스카르에서는 라파(lapa)라고 하는 "공동 가옥"에 맞아들이는데, 그것은 "젊은이들의 집"이나 "어른들의 집", 또는 "전사들의 집"이다.[48] 그것을 보면, 그것은 사실 일반 사회에 가입되는 것이 아니라 그 나름대로 활동적이고, 강력한 사람에 더 맞는 특별한 집단에 가입되는 것을 알 수 있다. 이런 환대(歡待)는 이방인에게 어떤 군사적, 성적, 정치적 권리를 부여한다. 이런 형태는 특히 인도네시아와 폴리네시아, 아프리카의 일부 지역에 널리 퍼져 있다. 반면에 다른 지역에서는 이방인이 거룩한 존재인 추장이나 왕으로부터 주거를 할당 받는다. 그 다음 단계는 동양의 대상들의 숙소인데, 고대의 가입의례는 다양한 성격의 공물(貢物)들로 대체되었으며, 그것은 순전히 경제적인 형태가 시작된 것이다.

우리는 여태까지 이방인을 그런 측면에서만 살펴보았다. 개인이나 집단이나 간에 그가 접촉해 오는 관점에서만 살펴보았던 것이다. 그러나 모든 이방인에게도 역시 일반적으로 그의 집이 있을 것이고, 우리가 지금까

---

46 *Mythes et legendes d'Australie,* Paris, 1906, LVI-LVII; 오스트레일리아에서 여성의 제공에 관해서는 *Nat. Tr.*, 74, 106, 108, 267을 참조하시오. *Nothren Tribes,* Londres, 1904, 133-139.

47 cf. Sidney Hartland, *At the temple of Mylitta*, Anthrop. Essays pres. to E. B. Tylor, 189-202; 그 다음에 Dulaure와 Frazer 등의 책들.

48 특히 공동의 집과 그것의 발달에 대해서는 H. Schurtz, *Altersklassen und Maennerbuende*, Berlin, 1902, 203-213을 참조하시오.

지 말했던 가입 예식과 정반대되는 예식을 그가 하지 않고 떠날 수는 없었을 것이다. 더구나 이방인이 어떤 집단에 가입한다면, 그는 이론상 그 전 집단을 떠나면서 분리의례들을 했을 것이다. 사실 우리는 실제로 이 둘 사이에 완전한 균형이 이루어지는 것을 확인할 수 있다. 도착의례에는 방문, 마지막 선물 교환, 공동 식사, "이별 주", 기원과 서원, 때때로 희생제를 드리는 "배웅" 등이 포함되는 출발의례가 대응하는 것이다. 우리는 대부분의 탐험 이야기에서 이런 절차들을 찾아볼 수 있다. 그 가운데 이런 것도 있다. "특히 이슬람교도들에게 그들의 종교는 여행에 관해서 많은 훈계를 한다. 하디스(hadiths, 무함마드와 교우들의 언행록—역자 주)와 아답(adab, 조상으로부터 이어 받은 행동 규범—역자 주)의 한 장은 전체가 다 여행자에 대해서 다룬다. 북아프리카에서는 떠나는 사람의 발에 물을 뿌린다. 1902년 우리가 내지(內地)를 순회하려고 모가도르(Mogador)를 떠날 때, 나의 이슬람교도 동료의 가족 중 한 사람이 그의 집을 나와서 그 사람의 말의 발에 물 한 동이를 쏟아 부었다."[49] 그것은 두테(Doutté)가 프레이저[50]의 해석을 따라서 생각하듯이, "정결의례"나 "지나갔거나 다가올 마법(maléfice)를 파괴하려는" 의례가 행해진 것일 수 있다. 내가 생각하기에 그것은 오히려 분리의례 같다. 여행자는 인공적으로 "루비콘 강을 건너는 것이다." 중국에서 이런 분리의례는 지방 관리가 교체되거나 여행을 떠날 때 다른 것들과 함께 매우 정성스럽게 행해진다.[51] 나에게는 이 모든 여

---

49 Doutté, *Merrakech*, t. I, 31, 91.
50 Frazer, *Golden Bough*, t. I, 303; cf. H. Grierson, *Silent Trade*, 33-34; Westermark, *Moral ideas*, t. I, 589, 594.
51 "관리가 떠나는 순간 모든 거주자들은 성문이나 대로로 나와서 성문으로부터 그 관리가 지나가는 길을 따라 3-5킬로미터 정도 죽 늘어선다. 어느 곳에서나 보일 수 있도록 비단으로 덮고, 과일이나 술, 차를 차려 놓은 좋은 상을 준비한다. 각 사람은 관리가 지나갈 때, 그의 의사와 관계없이 멈춰서, 앉아서 먹고, 마시게 한다. ... 제일 즐거운 부분은 모든 사람이 그에게 어떤 것을 달라고 하는 것이다. 몇 사람은 관리의 구두, 모자, 겉옷을 갖는다. 그러나 이것은 다른 사람의 것으로 대체되기도 한다. 따라서 그가 군중 속을 빠져 나갔을 때, 구두를 30번이나 바꿔 신기도 한다." Le P. Le Comte, *Nouv. Mém. de la Chine*, Paris, 1700, t. II, 53-

행의 출발의례들은 분리가 너무 급격하지 않고, 점진적으로 일어나게 하고, 마찬가지로 가입도 보통 같은 정도로 이루어지게 하려는데 목적이 있는 것 같다.

여행에서 돌아온 사람들을 위한 의례는 여행에서 묻어온 부정한 것들을 제거하는 의례(분리)들과 점진적인 가입의례들이 포함된다. 그런 의례들로는 마다가스카르에서 행하는 동물과의 성교의례와 신명재판(ordalie, 물이나 불 따위의 시련으로 판결을 내림―역자 주)이 있다.[52] 이런 의례들은 특히 어떤 사람, 예를 들어서 말하자면 남편이 주기적으로 부재할 때 뚜렷하게 행해진다.

그런데 여행자의 출발은 여행자를 그가 속했던 사회와 완전히 분리시키거나 여행 중에 있는 사회에 완전히 가입시키지는 않는다. 여기에서 그 가족들에게는 부재중인 사람에게 감응적으로나 (텔레파시에 의해서) 직접적으로 해를 끼칠 수 있는 모든 행동들을 그가 부재중인 동안 금지하는 행동 규칙이 생긴다.[53] 또한 여기에서 여행자가 출발할 때마다 다른 특별한 사회에 자동적으로 가입되도록 식별하는 징표(지팡이, 증서, 상아패)를 부착하는 관습이 생겼다. 보티악(Votiak) 족에서는 병이 돌거나 동물의 전염병이 생겼을 때 샤먼이나 우스토-투노(usto-tuno, 샤먼의 일종)의 도움을 받으려고 할 때도 같은 것이 행해진다. "그 어떤 사람도 알지 못하도록, 사람들은 그를 멀리서 부른다. 필요에 따라서 그를 이 마을이나 저 마을로 데리고 온다. 그가 그의 집을 나섰을 때, 그는 그를 부른 마을의 '서낭물'을

---

54. 더 현대적인 것을 자세히 알려면, Doolittle, *Social Life of the Chinese* (Fou-Tchéou), t. II, 235-236, 302-303.

52   *Tab. Tot. Mad.* 249-251, 169-170; 일반적인 귀환의례를 위해서는 Frazer, *Golden Bough*, t. I, 306-307을 참조하시오. 전사들을 위해서는 Lafitau, *Moeurs des Sauvages Amériquains*, Paris, 1724, t. II, 194-195, 260을 참조하시오. 고대 인도의 여행 의례를 위해서는 Caland, *Altindisches Zauberritual*, La Haye (Ac. Néerl, des Sc.), 1908, 46, 63-64.

53   어부, 사냥꾼, 전사들의 부재중에도 마찬가지이다. cf. Frazer, *Golden Bough*, t. I, 27-35. *Tab. Tot. Mad.* 171―172. Ellis, *Hist. of Mad*, t. I, 167. Borneo, Fl. E. Hewitt, *Some Sea-Dayak tabus,* Man, 1908, 186-187.

요구한다. 그 저당물은 각 가정의 가장이 그의 씨족과 재산을 표기한 탐가(*tamga*)를 쓴 나무 조각이다. 우스토-투노는 그의 아내가 그의 남편을 데려다 주도록 요구할 수 있게 그 나무 조각을 그의 집에 남겨 둔다. 이런 형식은 우스토-투노가 다른 마을로 갈 때마다 똑같은 방식으로 반복된다. 그 다음 마을의 탐가를 쓴 나무 조각이 언제나 우스토-투노가 떠난 집의 안주인의 손에 들려 있는 것이다."[54] 마찬가지로 오스트레일리아의 씨족들이나 부족들 사이를 다니는 사자(使者)들에게도 의례들이 행해지고[55], 중세 유럽과 동방에는 상인의 도착과 출발이 규정되어 있다.

이와 같은 절차는 입양의례에서도 다시금 새롭게 찾아볼 수 있다. 그것은 로마에서, 첫째로 "성스러움으로부터의 결별"(*detestation sacrorum*), 즉 부계 계급, 사람들, 과거의 가족 예배, 과거 가까웠던 가족과의 분리의례 전체를 하고, 둘째로 "성스러움으로의 이행"(*transitio in sacra*), 즉 새로운 환경에의 가입의례를 행한다.[56] 또한 중국의 제의에는 새로운 가족을 위해서 과거의 가족 예배와 씨족에 대한 포기가 포함된다. 입양의례의 자세한 것들은 앞에서 말했던 것들과 같다: 즉 피나 선물 등의 교환, 같이 묶기, 같이 앉기, 실제로나 흉내로 젖을 먹이기, 아이를 낳는 척하기 등이다. 분리의례들은 많이 보이지 않았다. 나는 남부 슬라브 지역에서 같은 달에 태어나서 비슷하게 보인다고 해서 사람들을 떼어 놓는 것을 기록하였다. 인도의 샤마르(Chammar)에서는 입양할 때, 씨족의 구성원들이 모두 모였을 때, 입양하는 소년의 아버지는 이렇게 말한다: "너는 과거에는 악

---

54 I. Vasiliev, *Obozrienie, iazytcheskikh obriadov, suevierü u vierovanü Votiakov Kazanskoi i Viaskoi gubernii*, Kazan, 1906, 14. cf. 여기에 대해서는 메신저의 막대기에 써있는 것을 보시오.

55 B. Spencer와 F. J. Gillen, *Native Tribes*, 97, 159, 274. *Northern Tribes*, 139, 551; A. W. Howitt, *The Native Tribes of South East Australia*, Londres, 1904, 678-691.

56 Daremberg & Saglio, *Dictionn, des Antiq. grecques et romaines, s. v., adoptio, consecratio, detestatio,* etc.; 반쯤만 문명화된 사회의 입양에 대해서는 Sidney Hartland, *The Legend of Perseus*, t. II, 417을 참조하시오. 또한 Frazer, *Golden Bough*, t. I, 21 이하. 슬라브족의 것을 위해서는 Ciszewski, *loc. cit.*, 103-109.

귀(pap) 때문에 나의 아들이었지만, 이제는 거룩한 행동(dharm) 때문에 이 가운데 한 사람의 아들이다." 씨족의 구성원들은 그 아이에게 쌀을 뿌리고, 입양자는 거기 참석한 모든 사람들에게 예식의 식사를 베푼다.[57] 마지막으로, 어떤 아메리카 원주민들에게 입양 제의는 마나(오렌다, 마니투 등)와 환생(réincarnation)에 대한 생각과 관련된다. 여기에서 명명(命名)은 중요한 역할을 하는데, 그 이유는 한 개인을 씨족의 한 분파에 속하게 하고, 모계적 차이를 나타내는 것은 이름이기 때문이다. 더 나아가서 입양된 아이는 가공의 연령 집단에 속하게 된다. 오네이다(Oneida) 족에 입양된 투스카로라(Tuscarora) 사람들은 "아이들"로 여겨지고, 다섯 부족 연맹에게 입양된 델라웨어(Delaware) 사람들은 "요리사들"로 여겨진다. 그래서 그들은 여성의 특별한 옷을 입게 되고, 경제적 활동도 바뀌게 된다.[58]

신민(臣民)이나 노예에게 주인이 바뀌는 의례들도 같은 방식으로 이루어진다. 여자 노예가 주인의 아이를 낳으면, 그녀의 사회적 지위는 바뀔 뿐만 아니라 그런 변화는 어떤 경우, 결혼 예식을 상기시키기도 한다. 여기에서 가입의례들은 피난권 의례들과 결합되어 있다. 나는 가입의례로 로앙고(Loango)에서는 새로운 주인이 노예가 준 막대기로 그를 세게 때리는 것[59]과 킴분다(Kimbunda)에서 톰비카(tombika) 또는 쉼비카(shimbika)라고 부르는 예식을 말하고 싶다.[60] 그 다음에 씨족, 카스트, 부족과 국적을 바꾸는 예식들이 생각나는데, 그 메카니즘에는 분리의례, 전환의례, 가입의례가 똑같이 포함된다. 그 특별한 경우들은 나중에 연구될 것이다.

이와 똑같은 메카니즘은 개인의 경우나 집단의 경우에서도 이루어진다.

---

57   W. Crooke, *Census of India 1901*, Ethnographical Appendices, Calcutta, 1903, 171.
58   Hewitt, *Handbook of American Indians*, Bull. Bur. Am. Ethnol., no. 30, t. I. 1907, s. v. *Adoption*, 15-16.
59   Pechuel-Loesche, *Volkskunde von Loango*, Stuttgart, 1907, 245-246.
60   Post, *Afrik, Jurisprudenz*, Leipzig, 1887, t. I, 102-105.

여기에서 분리의례들은 부족 간이나 가족 간의 선전포고도 포함된다. 유럽과 셈족의 복수 의례들에 대한 연구는 많이 되어 있다. 따라서 나는 오스트레일리아의 복수 의례에 관한 자세한 기술에 대해서만 이야기하려고 한다.[61] 거기에서 작전을 책임 진 집단은 먼저 그들만의 개체성을 얻으려고 일반 사회와 분리되는데, 그들은 의례들에 의해서 그들의 잠정적인 개체성이 모두 제거되지 않으면 다시 들어오지 못해서 일반 사회와 다시 통합되지 못한다. 다른 모든 입양의례와 마찬가지로 복수에는 어떤 충격에 의해서 파괴된 사회적 통일성을 재생시키려는데 목적이 있다. 거기에서는 통과예식들에 의해서 여러 가지 요소들의 합체가 이루어진다. 전쟁의 중지처럼(평화의 의례)[62] 복수의 중지는 친교의례[63]나 이방인이었던 집단을 받아들이는 의례들과 비슷한 의례들에 의해서 이루어진다.

마지막으로, 우리는 이 장(章)에서 신이나 신들의 집단과의 결연의례들도 말해야 한다. 유대인의 유월절[64](그 말 자체가 통과를 의미한다)은 일종의 가입예식이다. 그것은 집중의 과정에 의해서 한편으로는 하나의 계절에서 다른 계절로 넘어가고, 다른 한편으로는 이집트에서 나와서 바빌

---

[61] B. Spencer & F. J. Gillen, *Northern Tribes*, 556-568.

[62] 이 의례들에 대해서는 Hartland, loc. cit., 250-251; E. Crawley, *The Mystic Rose*, 377, 239-246; Hutter Kamerun, 435-438을 참조하시오.

[63] 개인적인 화해로는 다음과 같은 것이 있다: 보르네오에서는 "아주 심각한 갈등에 있는 두 사람이 한 집에서 만났을 때, 그들은 가축을 잡아서 피가 서로에게 튈 때까지 서로 쳐다보지 않는다. 그리고 두 부족이 화해하려면, 엄숙한 약속을 한 다음 돼지를 죽여서 그 피로 친교의 관계를 공고히 한다." Spencer Saint John, *Life in the forests of the Far-East*, Londres, 1862, t. I, 64. "공고히 한다"는 말은 흔히 하는 말처럼 상징적인 의미로가 아니라 물질적인 의미로 받아들여져야 한다. 이 의례는 트럼불이 믿는 것처럼 문지방과는 아무 관련이 없다. Trumbull, *loc. cit.*, 21.

[64] 나는 이 간단한 해석이 전에도 이미 행해졌는지는 알지 못한다. 이것은 유대인의 유월절 의례 절차들에 대해서 설명한다. 이것이 반드시 아도니스(Adonis) 의례에서 차용한 것이라고 할 것은 없지만 그 다음에 기독교의 부활절에 죽음과 재생의 관념이 통합되어 있음을 말한다. 이 축제는 처음부터 통과예식이지만 거기에 점점 더 다른 민족들에게 아직 독립적이었던 요소들을 끌어들이면서, 흡수하였다.

론을 거쳐서 예루살렘으로 돌아오는 통과예식들인 것이다. 따라서 이 축제의 제의는 이 책에서 연구한 여러 가지 종류의 통과의례들이 조합되어 있다.

제4장
임신과 출산

칩거 — 금기 — 예방의례들과 감응의례들 — 전환의 기간으로서의 임신 — 재통합의례들과 사회적 자리로의 복귀 — 출산의례의 사회적 성격

임신과 출산의 예식들은 일반적으로 하나의 전체적인 예식이다. 그리고 그것은 종종 분리의례가 먼저 행해지는 방식으로 이루어진다. 그래서 임신한 여성은 일반 사회, 가족 사회, 그리고 때때로 여성들의 사회에서 배제된다. 그 다음에 비로소 임신의례라고 할 수 있는 일종의 전환 기간이 주어진다. 마지막으로 출산의례들은 그 여성을 그녀가 먼저 속했던 사회에 재통합시키거나 일반 사회에서 그녀에게 어머니라는 새로운 지위를 보장하려는 목적으로 행해진다. 특히 첫 번째 출산이나 아들을 낳았을 때는 더 그렇다.

이런 의례들 가운데서 가장 잘 연구된 것은 임신과 출산의례들이다. 적어도 프레이저와 크롤리[1]는 특히 특별한 오두막이나 보통 집에서 특정한 장소에 가둬서 음식, 사치, 성적인 금기를 지키게 하는 의례에 관해서 관심을 기울였다. 마지막으로 소위 말하는 "정화"에 관한 의례와 때로는 금기를 해제하는 의례, 때로는 재통합되게 하는 의례에 관심을 기울였다. 여성은 그때 부정하거나 위험하게 느껴지거나, 임신해서 생리적으로나 사회적으로 잠시 비정상이기 때문에 소외된 상태에 있어야 하도록 규정되

---

[1] Frazer, *Golden Bough*, t. I, 326-327과 t. II, 462; E. Crawley, *The Mystic Rose*, 213, 414-416, 432; Ploss-Bartels, 뒤에서 구절들을 소개할 것이다.

었다. 그녀가 환자나 이방인처럼 취급되는 것보다 더 자연스러운 것은 없었다.

더구나 출산의례처럼 임신의례에는 수많은 직접적이거나 간접적이고, 감응적이거나 전염적이며, 역동론적이거나 정령론적인 의례들이 포함되는데, 거기에는 출산을 쉽게 하고, 산모와 아기는 물론 종종 아버지나 친척, 또는 모든 가족이나 씨족 전체를 비인격적이거나 인격화된 좋지 않은 영향들로부터 보호하려는데 목적이 있었다. 이런 의례들은 숫자가 가장 많고, 가장 뚜렷하게 보이기 때문에 아마 수차례 연구되었을 것이다.[2] 나는 여기에서 그것들에 대해서 다루지는 않았고, 단지 이 모든 의례들을 통과의례의 범주 안에 포함시키지 않았다는 사실을 지적하기 위해서만 말하였다. 각각의 특별한 경우에 그것이 통과의례인지, 아니면 보호의례인지, 그것도 아니면 감응의례인지를 분명하게 구분하기는 종종 쉽지 않다.

인도의 토다(Toda) 족의 임신과 출산의례의 절차는 다음과 같다.[3] 1) 임신한 여성은 마을과 성소(聖所)에 들어가지 못한다. 2) 다섯 번째 달에 "마을 떠나기" 예식이 행해진다. 임신한 여성은 특별한 오두막에서 살아야 하고, 토다족의 사회생활의 축이며 거룩한 산업인 낙농(酪農)과 제의적으로 분리된다. 3) 그녀는 두 신(神), 프린(Prin)과 프리(Piri)에게 간원 드린다. 4) 그녀는 두 곳에서 각각 손을 불에 그을린다. 5) 오두막을 떠나는 예식을 행하고, 그 여성은 신성한 젖(lait sacré)을 마신다. 6) 그녀는 일곱 번째 달까지 그녀의 집에 살려고 간다. 7) 일곱 번째 달에 아이의 아버지를 결정하는 "활과 화살의 예식"을 거행한다. 토다 족은 일부다처제이기 때문이다.

---

2   E.-B. Tylor, *Primitive Culture*, 4e éd., Londres, 1903, t. II, 305; Sidney Hartland, *The Legend of Perseus*, t. I, Londres, 1894, 147-181; V. Henry, *La magie dans l'Inde antique*, Paris, 1904, 138-144; W. W. Skeat, *Malay magic*, Londres, 1900, 320-352; Doutté, *Magie et Religion dans l'Afrique du Nord*, Alger, 1908, 233; P. Sébillot, *Le Paganisme contemporain chez les peuples celto-latins*, Paris, 1908, 16-33; 내가 *Rev. de l'Hist. des Rel.*, 1900, XLII, 453-464에 러시아, 시베리아, 코카서스 등지의 것을 모은 자료들.

3   H. Rivers, *The Todas*, Londres, 1906, 313-333.

8) 그 여성은 자신의 집으로 돌아간다. 이 두 예식은 그것이 첫 번째 임신이거나 그녀가 새 남편과 결혼했거나, 아니면 그녀의 아이들에게 그녀가 그 전에 선택했던 남편이 아닌 다른 아버지를 마련해 주고 싶어 할 때밖에는 거행하지 않는다. 9)그녀는 특별한 예식 없이 다른 사람의 도움으로 출산한다. 10) 어머니와 아이가 특별한 오두막에서 산 2-3일 후에 특별한 오두막에 살러 가는데, 집을 떠나고, 오두막을 떠나는 의례와 집에 돌아오는 의례들은 앞에서 했던 두 의례들과 같다. 11) 오두막에 도착했을 때, 아이와 어머니는 이츠칠(ichchil)이라고 부르는 부정(不淨)에 더럽혀졌다. 12) 악령인 케이르트(keirt)로부터 보호하려고 다른 예식들이 거행된다. 일상적인 삶으로의 귀환은 신성한 젖을 마시는 것으로 이루어진다. 우리는 리버즈(Rivers)가 이 의례들에 대해서 자세하게 기술한 것들을 읽으면서 임신한 여성을 그녀의 환경으로부터 잘 분리시키고, 그녀를 세 번이나 어느 정도 길게 주변부에 있게 하며, 절차에 따라서 일상적인 환경에 재통합시키려는데 목적이 있다는 것을 볼 수 있을 것이다. 예를 들어서 말하자면, 그녀는 금기시 되는 오두막으로부터 집에 오면서 두 가지 중간 단계의 집에서 사는 것이다.

격리, 성과 음식물의 금기, 경제 활동의 중단 등 임신 기간 동안의 분리 과정에 관한 세세한 사항들은 플로스-바르텔스(Ploss-Bartels)의 저서를 참고하기 바란다. 우리는 거기에서 임신 기간은 분명히 전환 기간이라는 것을 볼 수 있으며, 그 단계들은 어느 정도 중요하다고 생각되는 보통 세 번째 달, 다섯 번째 달, 일곱 번째 달, 여덟 번째 달과 아홉 번째 달에 전환이 이루어진다.[4] 일상생활로의 복귀는 단 번에 이루어지는 법은 거의 없고, 여기에서도 입문식을 연상시키는 단계들을 따라서 이루어진다. 또한 산모의 전환기는 출산으로 종결되지 않고, 그 기간은 민족들에 따라서 어

---

4 편잡 지역의 힌두교와 이슬람교의 의례들에 대한 기술로는 다른 것들과 더불어서 H. A. Rose, *Journ. of the Anthrop. Inst.*, XXV (1905), 271-282를 참조하시오.

느 정도 긴 시간 동안 이루어진다. 이 마지막 단계에 우리가 다음 장에서 살펴볼 아동의 첫 번째 전환기가 덧붙여진다.

이 점에 대해서 북미주 원주민들에게 두 가지 문서가 있다. 아리조나의 오라이비(Oraibi) 족[5]에서 출산은 "여성들에게 신성한 기간"으로 생각된다. 일반적으로 임산부는 집에 머물러 있으며, 그녀의 어머니가 일을 도와준다. 그러나 그녀가 출산할 때는 그녀의 어머니, 아이들, 남편 등 어느 누구도 그 옆에 있지 않는다. 아이를 낳자마자, 그녀의 어머니가 들어와서 태반을 꺼내고, 그것을 신성한 장소인 "태반의 언덕"에 피가 묻은 패드, 모래와 함께 묻는다. 어린 산모는 20일 동안 음식물의 금기를 지키고, 그것이 첫 번째 임신일 경우 임산부는 집 밖으로 나올 수 없으며, 이미 아이들이 있는 임산부는 5일째부터 나올 수 있다. 다섯 번째 날, 열 번째 날, 열다섯 번째 날에는 제의적으로 몸과 머리를 씻는다. 이 예식은 스무 번째 날에 산모, 아기, 그녀의 어머니, 남편, 친척들에게서 끝이 난다. 그 날 그 씨족의 여성들은 아기를 태양에게 바치면서 아기에게 이름을 지어준다. 그리고 아기에게 이름을 지어준 여성들은 모든 가족과 같이 식사를 하는데, 거기에는 특별히 사람들을 불러 모으면서 푸에블로에 사는 모든 거주민들을 초대한다. 그 날부터 산모, 아이, 모든 가족들은 집에서 정상적인 삶의 리듬을 찾는다. 따라서 그 절차들은 다음과 같다: 1) 분리, 2) 장벽을 점차 세거하는 전환기, 3) 일상적인 삶으로의 재통합 등이다. 우리는 무스카키 족(Musquakie, Outagami 족 또는 Renards 족이라고도 한다)의 예식들에서 성(性) 집단이 개입하는 것을 볼 수 있다. 임신한 여성은 다른 여성들과 분리되고, 출산한 다음 특별한 의례를 하면서 다시 여성들 집단에 통합되는 것이다. 다른 예식들에서도 중요한 역할을 하는 어떤 여성은 그 의례에서도 매개자로서 활동한다.[6]

---

5 H. R. Voth, *Oraibi natal customs*, Field Columbian Museum, Chicago, Anthr. ser., t. VI, fasc. 2(1905), 47-50.

6 M. Owen, *Folk-Lore of the Musquakie Indians*, Publ. Folk-Lore Soc., t LI, Londres, 1904,

통과의례는 보호의례와 가장 자주 혼동되는데, 그것은 통과의례가 마땅한 중요성을 부여받지 못한다는 사실을 잘 보여 준다. 예를 들어서 말하자면, 불가리아에서 대부분의 의례는 임산부와 태아를 대상으로 해서 이루어지고, 그 다음에 아이를 악한 힘으로부터 보호하고, 그들의 건강을 보장하려는 목적으로 행해지는 것이다. 그것은 모든 슬라브 족들과 대부분의 유럽 사람들에게서도 마찬가지다. 스트라우스(Strauss)[7]가 자세하게 기술한 바에 의하면, 불가리아의 예식들은 분리, 전환, 통합 의례들로 구별되면서 이루어졌다. 하지만 내가 예외가 없다고 할 수는 없겠지만 이 의례들은 통과의례가 아니다. 성 이냐시오의 날부터 새해 첫날까지(로마력의 Koliéda) 임신한 여성은 머리를 감거나 옷을 빨거나, 밤에 머리를 감아서는 안 된다. 그녀는 아홉 번째 달에 집을 떠나서는 안 되고, 그녀가 출산할 때 입었던 옷들은 일주일 내내 벗을 수 없으며, 아이가 세례 받을 때까지 불을 켜놓아야 하고, 침대에 줄을 둘러야 한다. 그리고 나서 과자를 구어서 산모가 첫 번째 조각을 먹어야 하며, 다른 조각들을 친척들과 나누어 먹는데, 그 과자를 집 바깥에 가지고 나가면 안 된다. 친척들은 선물을 가져오며, 각 사람은 산모와 아이에게 침을 뱉는데, 그것은 가입의례인 것이 틀림없다. 친척들은 주일의 첫 번째 날마다 산모를 보러 온다. 여덟 번째 날에 세례가 있고, 열다섯 번째 날에 산모는 과자를 굽고, 이웃들과 그녀가 아는 여성들을 불러서 같이 먹는다. 그때 여성들 각자는 밀가루를 가져온다. 산모는 40일 동안 집과 울타리 밖에 나갈 수 없으며, 남편과 성관계도 할 수 없다. 그날 산모는 은 조각들이나 아기를 첫 번째로 목욕시킬 때 성별하여 넣었던 견과(堅果)들을 가지고 아기와 그녀의 남편, 그녀의 어머니 및 산파 등과 함께 교회에 가고, 사제는 그들을 축복한다. 돌아오는 길에 산파, 산모, 아기는 새 집에 들르고, 사람들은 아기에게 밀가루를 뿌리

63-65. 아프리카에서의 출산의례들에 대해서 잘 기술한 것으로는 Jonod, *Les Ba-Ronga*, Neuchatel, 1898, 15-19 & Irle, Die Herero, Gütersloh, 1906, 93-99가 있다.
7   Strauss, *Die Bulgaren*, Leipzig, 1898, 291-300.

면서 선물을 준다. 그 다음 날 모든 친척들은 산모를 찾아오고, 산모는 그녀가 40일 동안 지냈던 집의 모든 곳과 마당에 성수(聖水)를 뿌린다. 이제 그녀에게는 정상적인 삶이 평상처럼 시작된다.

가족과 동성 집단에 재통합하게 하는 의례들에 슬라브 족의 "이웃 관계"(sosièdstwo)를 구성하는 제한된 사회에 재통합하는 의례들이 덧붙여진다. 이 "이웃 관계"는 논문으로 다룰 만한 가치가 있는 사회이다.

닐기리(Nilghiri)의 코타(Kota) 족의 재통합 단계들은 더 뚜렷하다. 산모는 출산하면 곧 특별한 오두막으로 옮겨져서 그곳에 30일 동안 머물고, 그 다음 달에 또 다른 특별한 오두막에 가고, 세 번째 달에 또 다른 오두막에 간다. 그 다음에 그녀는 남편이 그 가족의 집을 물과 거름을 뿌리면서 "정화시키는" 동안 친척의 집에서 얼마 동안 지낸다.[8] 이 분리 기간은 절대적인데, 민족들에 따라서 2일에서부터 40일, 50일이 되기도 하고 위의 사례에서처럼 100일이 되기도 한다. 여기에서 중요한 것은 물리적 자리[9]로의 복귀가 아니다. 사회적 결혼이 성적 결합과 다르고, 사회적 부모와 생식적 부모가 다른 것처럼 여기에서 중요하게 생각하는 것은 사회적 자리로의 복귀이다. 우리가 앞으로 살펴볼 것처럼 사회적 사춘기는 신체적 사춘기와 일치하지 않는 것이다.

우리 사회에서 사회적 자리로의 복귀는 물리적 자리[9]로의 복귀와 일치하는 경향, 즉 앞에서 열거한 여러 가지 제도들에서도 나타나는 듯한 경향이 있으며 우리에게 자연과 자연법칙에 대한 지식이 승가하는 것과 직접적인 관계에 있다. 그런 예식을 우리나라에서는 "산모의 산후 축성"(relevaille)라고 부르는데, 그 성격은 주술적-종교적이기보다는 세속적인 것임에도 불구하고, 아직도 중세 시대[10]에 산모가 그녀의 가정과 자신

---

8 Ploss-Bartels, *loc. cit.*, t. II, 403. 또한 다른 것들을 위해서는 414-418를 참조하시오..
9 *Mythes et Lég. d'Austr.*, LXIII; N. W. Thomas, *Kinship and marriage in Australia*, 1906, 6-8; Rivers, *The Toda*, 547.
10 이 주제에 대해서는 Ploss-Bartels, *loc. cit.*, t. II, 402-435를 참조하시오. 우리는 거기에서

의 성과 일반 사회에 재통합되었던 성격이 여전히 담겨 있다.

마지막으로 모든 통과의례들은 비정상의 경우, 특히 어머니가 쌍둥이를 낳을 때 복잡해진다. 콩고의 이쇼고(Ishogo) 족에서는 산모가 쌍둥이를 낳으면, 그녀는 그 아이들이 클 때까지 그녀의 오두막에서 지내야 하고, 그녀의 가족을 제외한 어느 누구에게도 말할 수 없으며, 그녀의 어머니와 아버지를 제외하고는 아무도 그 오두막에 들어갈 수 없다. 그곳에 들어간 모든 이방인은 노예로 팔리고, 그녀는 완전한 순결을 유지해야 한다. 그 쌍둥이들도 다른 아이들과 격리되고, 그들이 사용한 식기류들과 도구들은 금기시된다. 그들이 사는 집은 문 양쪽에 기둥을 세우고, 그 위에 천을 달아서 표시한다. 그리고 문지방에는 하얗게 칠해서 땅에 박은 수많은 작은 쐐기들로 장식되어 있다. 그것들은 분리의례이다. 전환의 기간은 그 아이들이 여섯 살이 넘을 때까지 지속되는데, 그때 행하는 재통합의 제의는 다음과 같다: "하루 종일 두 여성이 문 앞에 서 있는데, 얼굴과 다리에는 하얀 페인트를 칠한다. 하나는 쌍둥이의 어머니이고, 다른 하나는 치료사이다. 축제는 두 여성이 길을 따라서 산책하는 것으로부터 시작된다. 한 여성은 느린 속도로 북을 치고, 다른 여성은 거기에 맞춰서 노래 부른다. 그 다음에 춤들을 추고, 노래 부르며, 밤새도록 통음난무가 행해진다. 이런 예식이 끝나면, 쌍둥이들은 다른 아이들처럼 자유롭게 오갈 수 있게 된다." 일반 사회의 지경(地境)을 의례적으로 산보하고, 같이 식사를 나누는 것은 사회적 의미가 분명한 잘 알려진 가입의례의 유형이다.

더 나아가서 임신과 출산의례들을 자세하게 살펴보면, 그것들은 우리가 앞 장들에서 말하였고, 앞으로 말하게 될 것들과 수많은 유비적인 것들을 보여준다. 그것들은 희생제의와 공동의 기도를 행하거나, 그 제의와 기도들을 통해서 통과하는 것이다. 우리는 다른 예식들뿐만 아니라 여기에서

우리가 위에서 말했던 물질적 통과에 관한 금기와 같은 질서를 가진 방에의 출입 금지 기호들에 대해서 기술하고 있다.

도 부정(不淨)을 중화시키거나 마법을 잡아뗄 뿐만 아니라 실제로 상황의 변화를 돕는 다리, 고리, 관계로 사용되는 매개자의 역할에 대해서 주목하게 될 것이다. 그것은 격렬한 사회적 동요도 없고, 개인적이며, 집단적인 삶의 급격한 정지 없이 변화를 가져오게 하는 것이다.

첫 번째 출산은 사회적으로 매우 중요하다. 그래서 그것은 다양한 민족들에서 다양한 방식으로 나타난다. 필리핀의 봉톡-이고로(Bontoc-Igorrot)족과 또 다른 곳에서는 때때로 처녀가 아이를 낳지 않으면 결혼할 수 없다. 그것은 그녀에게 생식 능력이 있다는 징표인 것이다.

아이가 출생할 때까지 결혼의 유효성이 인정되지 않는 민족들에게 임신과 출산의례는 토다 족의 경우에서처럼 결혼예식의 마지막 행동들이 되고, 전환 기간은 여성들에게 약혼의 시작부터 첫째 아이의 출생에 이르기까지 연장된다. 그녀가 어머니가 되었다는 사실은 그녀의 도덕적이고, 사회적인 상황이 증가하였다는 것을 의미한다.[11] 그녀는 단순한 여성에서 부인이 되었으며, 노예나 첩으로부터 자유로운 여성이나 적법한 부인으로 된다. 이 경우, 일부다처제인 많은 민족에서는 이슬람교도이거나 아니거나 간에 첫 번째 상태에서 새로운 상태로의 통과의례가 행해진다. 마찬가지로, 이혼이 쉽게 이루어지는 민족들에서는 어느 여성에게 아이가 하나

---

[11] 많은 민족에게서 이것은 아버지에게도 마찬가지이다. 그것은 다른 것들과 함께 부모를 자녀의 이름을 따서 부르는 것으로 두드러진다. 그는 자신의 이름을 잃고, 누구누구의 아버지라고 불리는 것이다. 이름을 바꾸는 것은 세례와 입문식과 결혼, 대관식의 한 의례이다. 따라서 그것은 하나의 통과의례로서 새로운 집단으로 범주화되는 것과 같다. 자녀의 이름으로 불리는 것에 대해서는 E. Crawley, *The Mystic Rose*, 428-435; Merker, *Die Masai*, Berlin, 1904, 59; Webster, *Primitive secret societies*, New York, 1907, 90을 참조하시오. 이들은 자녀의 이름으로 불리는 것과 위에서 열거한 다른 요소들 사이의 관계를 파악하지 못하였는데, 이런 예는 콩고의 바벰바(Wabemba) 족에서 매우 뚜렷하게 나타난다: "첫 아이를 나을 때까지 아내는 남편의 이름을 부를 수 없다. 그녀는 그를 주인(bwana)이나 동료(mwenzangu)라는 범칭(汎稱)으로밖에 부르지 못한다. 아버지가 그의 자식임을 인정할 때부터 부인은 그의 남편을 아이의 이름과 함께 누구의 아버지를 의미하는 si를 붙여서 부르고, 그녀 자신도 새로 태어난 아이의 이름과 함께 누구의 어머니라는 의미의 na를 붙여서 불리게 된다. Ch. Delhaise, *Ethnographie congolaise; chez les Wabemba*, Bull. Soc. Belge de géogr., 1908, 189-190.

나 여럿일 경우 이혼하는 것이 금지되거나 어렵다.

이 모든 것으로부터 임신과 출산에 관한 의례들이 개인적으로나 사회적으로 중요한 의례인 것을 알 수 있다. 예를 들어서 말하자면, 보존의례들이나 출산을 촉진하는 의례(종종 아버지에 의해서 이루어지기도 한다) 및 사람들이 이동하는 의례들은 통과의례에서 두 번째 범주로 분류되는 것을 알 수 있다. 그것들은 장래의 아버지와 어머니가 사회의 특별한 부분, 말하자면 모든 것 가운데서 가장 중요하고, 영원한 핵(核) 같은 부분에 들어가게 하기 때문이다.

마지막으로 나는 다음의 것을 설명하려고 한다: 아삼(Assam) 지역의 응겐테(Ngente) 족의 루쉐이 힐스(Lushei Hills) 씨족은 매년 가을 3일 동안 그 해에 태어난 모든 신생아들을 위한 축제를 행한다. 처음 이틀 밤 동안 모든 어른들은 앉아서 술을 마시고, 음식을 먹는다. 셋째 날, 남자들은 여자나 이웃 씨족인 포이(Poi)로 변장하고 그 해에 출산한 여성이 사는 이집 저집을 방문한다. 그 여성들은 방문자들에게 마실 것과 작은 선물들을 주고, 방문자들은 그 대가로 춤을 춘다.[12] 그런데 이것은 매년 행하는 죽은 자들을 위한 축제와 똑같고, 재미있는 것은 거기에서 다산(多産)을 위한 축제는 어느 한 한정된 집단(가족)에 의해서만이 아니라 일반적인 집단 전체에 의해서 제의적으로 드려진다는 사실이다.

---

12 Drake-Brockmann, *Census of India 1901*, t. I, *Ethnographical Appendices*, Calcitta, 1903, 228.

제5장
출생과 아동기

탯줄의 절단 — 출생 이전의 주거 — 분리의례와 가입의례 — 인도, 중국 — 작명 — 세례 — 해와 달에게 바치고, 보여주기

  앞 장에서 살펴보았던 의례들은 산모들뿐만 아니라 아이들에게도 연관되어 있다. 임신한 여성을 부정하게 여기는 민족들에서 부정(不淨)은 자연히 그녀의 아이에게 전이되고, 그에 따라서 아이는 어떤 금기들을 지켜야 하며, 아이의 첫 번째 전환기는 산모가 "출생으로부터 사회적 복귀"에 앞서 행하는 마지막 전환기와 일치한다. 마찬가지로 사악한 눈, 전염병, 질병들, 모든 종류의 악마들로부터의 다양한 보존 의례들은 산모뿐만 아니라 아이들을 위한 것이기도 하다. 그렇지 않고, 그 의례들이 특히 아이들을 위한 것이라면 그것들은 같은 계열의 다른 의례들에 비해서 크게 특별한 것은 없다.

  여기에서도 우리는 분리, 전환, 가입의례들의 절차를 볼 수 있다. 그래서 두테(Doutté)는 모로코의 레함나(Rehamna) 족에게서 얼핏 보이는 것보다 훨씬 더 광범위하게 퍼져 있을 수 있는 견해를 발견하였고, 그것은 수많은 관습들을 설명할 수 있게 하였다. 거기에서 신생아는 "신성할" 뿐만 아니라 "그 아이는 모든 조력자들의 은혜를 받은 다음에라야 태어날 수 있다."[1] 거기에는 우리가 보는 것처럼, 한 집단이 이방인에게 대하는 것과 같은 종류의 방어적인 태도가 있다.

---

[1] Doutté, *Merrakech*, t. I, 343, 354.

그런데 아이는 이방인처럼 먼저 그의 그 전 환경과 분리되어야 하는데, 그 환경은 단순히 그의 어머니일 수 있다. 그러므로 나는 아기를 처음 며칠 동안 다른 여성에게 맡기는 것은 젖이 도는 시간과 아무 관련이 없을 것이라고 생각한다. 이런 계열에서 근본적 분리는 목도(木刀)나 석도(石刀)를 이용한 탯줄의 예식적 절단에 의해서 행해지는 것이라고 할 수 있다. 또한 탯줄이 여러 날에 걸쳐서 스스로 말라서 떨어지는 부분과 관련된 의례도 마찬가지다.[2]

나는 탯줄을 절단할 때 사용하는 도구는 때때로 각 성(性)의 특별한 활동에 따라서 다른 연장의 범주에 속한다고 생각한다. 그 아기가 사내아이라면, 펀잡 지방에서는 탯줄을 가족에서 나이가 많은 사람의 칼이나 자네오(*janeo*)로 자르고, 아리조나 주의 오라이비 족은 화살로 자른다. 그러나 여자아이라면, 펀잡 지방에서는 물레의 방추로 자르고, 오라이비 족은 절구 속에서 곡식을 빻는 공이로 자른다.[3] 마치 그때 아기의 성별을 결정적으로 정하는 것 같다. 그런 것은 사모아(Samoa)에서도 마찬가지다.[4] 수많은 경우에 있어서 탯줄을 자르는 것은 공동의 식사와 가족의 축제 대상이 된다. 그때 그것은 분명히 개인적으로는 물론 집단적 의미가 있는 의례가 된다. 탯줄을 다루는 방법은 서로 다르다. 때로는 아이가 그의 머리카락이나 손톱 깎은 것을 보관하는 것처럼 탯줄을 보관하는데, 그것은 그의 인격이 손상되거나 다른 사람이 그의 인격을 취하는 것을 방지하기 위해서이다. 그렇지 않으면 때때로 그것을 맡은 친척이 탯줄을 보관하는데, 그것 역시 아이의 인격을 보호하기 위해서(여기에는 영혼이 바깥에 존재한다는 이론 때문이다)이거나, 아이와 가족 사이의 친족 관계가 살아 있도록 하기

---

2 Le *Kalduke* des Narrinteri 등.
3 H. A. Rose, *Hindu birth observances in the Punjab*, Journ, Anthrop. Inst., t. XXXVII, 1907, 224; H. R. Voth, *Oraibi natal customs and ceremonies*, Col. Mus. Chicago, t. VI, no 2, 1905, 48. 자네오와 신성한 실에 대해서는 Ind. Antiquary, 1902, 216 & W Crooke, *Things Indian*, Londres, 1906, 471-473.
4 Turner, *Samoa a hundred years ago and long before*, Londres, 1885, 79.

위해서이다. 다른 경우에도 모든 것들로부터 보호하기 위해서 탯줄을 멀리 땅이나 문지방 아래나 방 속에 묻는데, 나는 이 경우에도 "인척관계"의 유지를 위한 직접적 의례가 있지 않은가 하는 생각이 든다. 탯줄을 다루는 것이 민족들에 따라서 다른 것처럼 할례를 한 다음에 포피(包皮)를 다루는 방식도 다르지만 결국은 마찬가지다. 그것들은 모두 적어도 당분간 조심함으로써 회복되어야 하는 분리를 나타내는 것이다. 영국과 독일의 어떤 학파는 이 의례들 가운데 어떤 것들은 아이가 그의 팔다리나 힘 또는 능력을 더 잘 사용할 수 있게 하려는 감응적 의례라고 주장하였다. 그러나 다른 의례들은 분명히 비(非)성적인 세계나 인간 사회 이전의 세계와 분리시키는 의례와 성적이고, 친밀한 가족 또는 더 넓게는 씨족이나 부족에 통합되게 하는 가입의례인 것이 틀림없다. 아이의 첫 번째 목욕과 머리를 감겨주는 것, 아이를 문질러 주는 것 등에는 위생적인 의미가 담겨 있지만, 그것들에는 동시에 어머니와 분리시키는 의례의 범주에 속할 뿐만 아니라 아이를 어떤 것의 위나 아래 또는 그것을 통해서 통과시키는 의례인 것처럼 보인다. 이와 더불어서 디터리히는 아이를 땅 위에 놓는 것은 대지모(Terre Mère)에게 가입시키는 의례라고 주장하였다.[5]

디터리히가 언급한 어떤 의례들은 실제로 대지와 관계되지만, 그것들 역시 분리의례인 것은 틀림없다.[6] 따라서 쿠로트로포스(*Kourotrophos*)라는 표현을 글자 그대로 받아들여야 한다. 땅은 아이들이 태어나기 전에 그들의 주거지이다.[7] 그것도 상징적으로가 아니라 물질적인 의미에서 어머니이다. 그래서 땅은 죽은 자들의 주거지이기도 하다. 여기에서 자세하게 보면 어떤 출생의례들과 장례의례들 사이에 비슷한 것이 보인다. 어떤 아

---

5   A. Dieterich, *Mutter Erde*, Leipzig, 1905, 1-21.
6   자세한 것을 위해서는 *ibidem*, 31, 39 등을 참조하시오.
7   *Ibidem*, 57 이하. cf. Burton, *The Lake Regions of Central Africa*, Londres, 1860, t. I, 115; 동부 아프리카의 와자리모(Wazarimo) 족에는 이런 말이 있다. "낙태 또는 사산의 경우, '아기는 돌아간다'는 말이 있다. 다시 말해서 아기는 땅에 있는 그의 주거지로 돌아가는 것이다."

이가 살아 있는 자들의 세계에 가입의례를 하기 전에 죽으면, 그 아이는 화장을 하지 않고 땅에 묻는데, 그것은 내가 생각하기에, 그를 그가 왔던 곳으로 돌려보내는 것이다. 디터리히는 태어날 영혼들은(여기에서 영혼이라는 말은 가장 넓은 범위에서의 말이다) 땅 아래나 바위 안에서 산다는 독일의 속신(俗信)을 말한 것인데, 그것은 오스트레일리아, 아프리카에서도 마찬가지다. 또한 여러 다양한 민족들에서도 사람들은 영혼들이 나무, 덤불, 강, 야채, 숲[8] 등지에서 산다고 믿는다. 똑같이 널리 퍼져 있는 생각은 태어날 아이들은 먼저 샘물, 연못, 호수, 흐르는 물에서 산다는 생각이다.[9]

사실이 그렇다면, 나는 아이가 반응할 때까지 행하는 모든 것들을 통과의례로 간주하려고 한다. 그 기간은 민족들에 따라서 2일에서부터 40일이나 그 이상이다.

윤회(transmigration)와 환생(réincarnation)을 믿는 곳에서 의례들은 태어난 아이가 죽은 자들의 세계로부터 분리되고, 살아 있는 자들의 일반적인 사회나 특수한 사회에 더 체계적으로 가입이 이루어지도록 행해진다. 그런 것들이 오스트레일리아의 아룬타(Arunta), 카이티쉬(Kaitish), 와라뭉가(Warramunga) 족들에서 행해지는 의례들이다.[10] 기니 만의 츠위(Tchwi) 족에서는 아기가 태어나면, 사람들은 아기에게 그 가족의 구성원 가운데서 죽은 이가 가졌던 다른 것들을 보여 주고, 아기가 선택한 것이 조상들과 그 아기의 동일성을 말하는 것으로 생각된다.[11] 아기가 그 가족에게 가입되게 하는데 충분한 의례이다. 더 나아가서, 환생에 대한 이런

---

8   cf. A. van Gennep, *Mythes et Légendes d'Australia*, XXXi, XLIV-LXVII; 버드나무 속에서 사는 아이누 족의 영혼에 대해서는 Batchelor, *The Ainu and their Folk-Lore*, Londres, 1901, 235를 참조하시오.

9   Dietrich, *loc. cit.*, 18; Dan M'Kenzie, *Children and Wells*, Folk-Lore, t. XVIII(1907), 253-282.

10   다른 것들과 더불어서 Spencer & Gillen, *Nothern Tribes*, 606-608을 참조하시오.

11   M. H. Kingsley, *Travels in West-Africa*, Londres, 1897, 493.

속신은 자주 다른 이론들과 공존한다. 그래서 아아누 족은 아기가 태어나서 처음 며칠 동안 어머니, 아버지와 중간 기간을 둔다. 어머니는 아이에게 몸을 주고, 아버지는 영혼을 주는데, 그것을 점진적으로 잇는 것이다. 몸은 임신 기간 동안 주어지지만, 영혼은 태어난 다음 6일 동안 이루어진다. 그 6일 동안 아버지는 그의 친구 집에서 살다가, 그 다음 6일 동안 자기 집에 돌아와서 지낸다. 아기가 한 사람의 완전하고, 자율적인 개인으로 되는 것은 12일째 날이다.[12] 이것은 모든 것을 다 지켜본 다음에 하는 설명일 수도 있다. 그러나 나는 아기가 개별화된 존재로 되는데 실제로 며칠의 기간이 필요하다는 생각은 신생아를 격리시키고, 보호하는 수많은 의례들에 기반을 둔 것이라고 생각한다.

일반적으로 분리의례들에는 무엇인가를 자르는 모든 것들, 특히 머리카락을 자르거나, 머리를 면도하는 것들이 포함되어 있다. 그 다음에 아이에게 처음 옷을 입히는 의례도 있다. 동부 아프리카의 웨이야오(Wayao) 족의 표현에 의하면[13], 가입의례들은 "아이를 세상에 안내하는" 효과가 있고, 바카랑(Bakarang)의 다약(Dajak) 족은 배를 물에 띄우듯이 "아이를 세상으로 보내는데", 그 의례들은 아이의 이름을 짓는 것, 아이에게 젖을 먹이는 의례, 첫 번째 이가 나는 것, 세례를 베푸는 것 등이다.

나는 통과의례로 베다를 가진 인도의 찬가 암송에 대해서 말하려고 한다. 그 암송의 마지막 부분에서 사람들은 아이에게 수지(樹脂)가 많은 나무의 일종인 푸투드라(putudra)라는 부적을 달아 준다.[14] 거기에는 이런 말이 있다. "불멸의 이 부적을 지니라 ... 나는 너에게 생명의 숨길을 가져다준다. 어두운 흑암으로 가지 말라. 안전하게 지내라. 너의 앞에 있는 산

---

12 Batchelor, *The Ainu and their Folk-Lore*, Londres, 1901, 240. 출산의례와 명명의례를 위해서는 235-237을 참조하시오.
13 A. Werner, *The Natives of British Central Africa*, Londres, 1906, 102-103.
14 H. Ling Roth, *The Natives of Sarawak and British Northl Borneo*, Londres, 1896, t. I, 102..

자들의 빛으로 가라." 이 의례는 어머니의 격리가 끝나는 10일째 날 이루어진다. 그때 아이에게 두 개의 이름이 주어지는데, 하나는 그를 일반적으로 산 자들의 세계에 가입하게 하는 보통 이름이고, 다른 하나는 오직 가족만이 알고 있어야 하는 이름이다. 세 번째 태음월이 밝는 셋째 날, 아버지는 아이를 달에게 보여 주는데, 나는 이것을 아이를 우주적으로 가입시키는 의례라고 생각한다. 아이는 네 번째 달에 처음 외출하고, 여섯째 달에 처음 단단한 음식을 먹는데, 이때도 예식이 행해진다. 세 번째 해에 아이의 머리를 처음 깎는 예식이 행해지는데, 각 가족에는 머리를 깎는 특별한 법이 있어서 사람들은 그 아이를 식별할 수 있다. 여기에서 아이가 그 의례를 통해서 분리의례가 행해지는 것을 볼 수 있고[15], 다른 한편으로는 가족 사회에 가입하는 의례를 행하는 것이기도 하다. 그 다음에도 아이는 여덟 살이나 열 살 또는 열 두 살에 "입학하는" 중요한 의례를 행할 때까지 의례를 계속한다. 입학은 청소년의 시작을 의미한다.

현대 펀잡 지방에서 어머니와 아이를 위한 부정한 것으로부터의 전환 기간은 브라만에게는 10일, 크샤트리아에게는 12일, 바이샤에게는 15일, 수드라에게는 30일이다. 따라서 각 계급에서 "정한 것"이 다른 것이다. 그러나 산모를 집에 격리시키는 것은 40일 동안이며, 그 기간 동안 산모와 아기는 일련의 예식들을 행한다. 그 가운데 중요한 의례는 목욕하는 것이며, 거기에는 산모를 그녀의 가족, 성, 일반 집단에 점진적으로 재통합하려는 목적이 있다. 아기는 명명, 귀 뚫기, 최초의 머리 깎기(1년 3개월부터

---

15 M. Oldenberg, *loc. cit.*, 361-366. 올덴버그는 머리카락과 손톱 등을 깎는 것은 수많은 예식에 흔히 나타나는 요소이며, 그것은 무엇보다도 "정화와 구제(驅除) 의례와 관계된다"고 하였다. 그것이 세속적인 것으로부터 신성한 것으로의 이행이 포함되는 희생제와 관계될 때, 그것은 정확하다. 그러나 통과의례라는 용어는 하나의 연령 집단에서 다른 연령 집단으로 이행하거나 하나의 사회적 신분에서 다른 신분으로 이행하는 등 매우 좁게 사용되어야 한다. 그러나 신체의 일부를 절제하거나, 목욕하거나 옷을 갈아입는 것 등에는 부정(不淨)한 것을 없애고, 정(淨)한 것을 얻는 것에 대한 그 어떤 생각도 없다. 마찬가지로 Caland, *Ein indogermaansch Lustratie gebruik*, Versl. Med. Ak. Wet. Amst., 1898, 277 이하.

4년 사이) 의례를 통하여 가족에게 편입된다. 펀잡 지역의 이슬람교도들은 인도인들에게 영향 받은[16] 아지자(*agiga*) 의례를 행하지만, 그것은 일반적으로 이슬람적인 것으로 신도들의 공동체에 가입하는 의례의 성격이 더 많다.

이제 중국의 후쩌우(Fou-Tcheou) 지역의 아동기 예식들의 구도를 살펴보면 다음과 같다.[17] 중국에서는 여자아이가 비록 남자아이보다 사회적으로 덜 존중 받지만 열여섯 살까지는 두 아이들이 모두 "모신"(Mère)이라고 불리는 특별한 보호자를 가지고 있다는 것을 상기해야 한다. 태어난 지 3일이 지나면 이이는 처음 목욕하고, "모신"에게 희생을 바치고, 친척들에게 선물을 보낸다. 목욕을 한 다음, 옛날 동전과 은으로 만든 작은 장난감을 단 붉은 무명실을 "손목에 묶는" 예식을 한다. 실의 길이는 66cm 정도 되고, 두 손목은 33cm 정도 벌릴 수 있다. 14일째 되는 날, 그것들을 모두 떼어 주거나, 붉은 실로 짠 두 개의 팔찌로 바꿔 주는데, 그것은 몇 달 동안이나 1년 정도 찬다. 중국인들은 그 의례 아이들이 차분하고, 순종적으로 만든다고 설명한다. 3일째 되는 날, 사람들은 방문에 출입금지를 가리키는 표시를 하는데(제2장을 참조하시오), 그것은 개와 고양이의 털을 담은 롤러로 되어 있다. 그것은 "이웃집의 개와 고양이가 소리를 내거나 아이를 놀라게 하지 않으려는 것"이다. 또한 그 안에 숯도 넣는데, 그것은 "아이가 정신적이고, 똑똑하게 하려는 것"이고, 어떤 식물의 진액도 넣는데, 그것은 "복(福)과 부(富)를 위한 것"이다. 침대에는 아버지의 반바지를 걸어 놓고, 거기에 "모든 액운(厄運)은 아이 대신에 이 바지에 들어가라"고 명령

---

16 더 자세한 것을 위해서는 다음을 참조하시오. H. A. Rose, *Hindu (and) Muham-medan birth observances in the Punjab*, Journ, Anthrop. Inst., t. XXXVII, 1907, 220-260

17 Doolittle, *Social Life of the Chinese* (Fou-Tchéou), New York, 1867, t. I, 120-140. 북경에서의 아동기의 예식들에 대해서는 W. Grube, *Zur Pekinger Volkskande*, Berlin, 1901, 3-10을 참조하시오. 이것은 통과의례의 순서를 포함하며, 입양의례와 비슷하다(돌보는 것은 관계를 가지는 것의 한 방법이다). 두 가족은 서로를 같은 씨족(*pen-chia*)에 속하는 것으로 간주한다.

하는 글자를 쓴 종이를 넣는다. 14일째 되는 날, 그 상자와 반바지를 없애고, "모신"의 은혜를 비는 행동을 한다. 그 달 마지막 날, 산모와 아이는 최초로 그 방을 나가고, 이발사나 가족 가운데 한 사람이 "모신"이나 조상들의 위패(位牌) 앞에서 제일 처음 아이의 머리를 면도한다.

이 잔치에는 모든 친척들과 친구들이 초대되고, 그들은 선물을 가져 온다: 선물들은 음식물인데, 특히 색칠한 오리 알 스무 개, 단 과자들이나 꽃, 정물, 길조(吉兆)를 나타내는 그림들이다. 이때 흰색 그림은 금지되는데, 흰색은 상(喪)의 색이기 때문이다. 거기에서 외할머니는 중요한 역할을 한다. 두 번째 달과 세 번째 달에 아이의 부모는 출산할 때와 첫째 달 말에 받았던 선물(둥근 비스켓)에 대한 답례로 친척들과 친지들에게 선물을 한다. 네 번째 달에는 "모신"에게 외할머니가 가져왔거나, 보내온 선물을 바치면서 감사드린다. 그리고 가족들과 초대 받은 손님들은 함께 식사를 하고, 예식을 위해서 아이를 처음으로 의자 위에 앉히며, 처음으로 아이에게 고기를 먹인다. 첫돌 때, "모신"에게 외할머니가 보낸 선물을 바치는데, 원칙적으로 외할머니가 가족의 식사를 포함하여 잔치의 모든 비용을 부담한다. 또한 아이 앞에 각종 직업에서 쓰는 도구를 나타내는 여러 가지 장난감들을 펼쳐 놓고, 아이에게 뽑도록 하며, 아이가 제일 처음 선택한 것은 그의 성격, 직업, 사회적 지위, 미래 등을 가리킨다고 생각한다. 사람들은 "모신"이나 조상들의 위패 앞에서 거행하는 모든 의례들에 아이의 손을 움직이게 하는 등 아이를 적극적으로 참여시킨다. 열여섯 살이 될 때까지 매년 생일 때마다 "아동기로부터 떠나는" 예식을 하지 않는 한, "모신"과 위패에 감사드린다. 거기에 대해서는 이제 더 이상 말하지 않을 것이다. 아이가 걷기 시작할 때, 가족 가운데 한 사람이 커다란 식칼을 들고, 아이 뒤에 다가가서 아이의 발목 사이를 찌르는 시늉을 하는데, 그것은 걷는 것을 더 잘 배우도록 하기 위해서 "발을 묶고 있는 끈"을 자르는 예식이다.

가족에 따라서 매년이나 격년(첫 번째 해, 세 번째 해 등) 또는 3년에 한 번씩(세 번째 해, 여섯 번째 해 등) "아동기로부터의 분리의례"가 행해질 때까지 심지어 병이 드는 경우에도 한 달에 한두 차례나 일 년에 여러 차례 "문을 통과하는" 의례를 시행한다. 또한 사람들은 아침에 도교의 사제들이 오게 한다. 그들은 여러 가지 음식들을 담은 접시가 차려진 여러 개의 상들로 제단을 만들고, 초를 켜며, 신상 등을 진설한다. 그들은 음악과 적당한 기원을 통해서 신들이 와서 제물을 먹기를 초대한다. 특히 "모신"과 그 아이의 보호 여신을 부른다. 소위 "하늘의 앞"이라는 방의 앞부분에 접시들이 있는 상을 놓고, 그 위에 큰 곰을 나타내는 일곱 층으로 된 떡을 진설하고, 불을 밝히며, 관습적인 의례를 따라서 "천평궁(天秤宮)을 찬양하는" 의례를 베푼다. 밤이 되면, 그들은 방 한 가운데 붉은 종이와 흰 종이를 바른 대나무로 된 문을 세운다. 그 문의 높이는 2.3m 정도이고, 폭은 82cm에서 1m 정도이다. 그 방의 가구들은 발에 부딪히지 않을 정도로 놓여 있다.

사제 가운데 하나는 손에 방울이나 방울로 장식된 칼을 들고 있으며, 다른 사제는 뿔을 들고 주문을 외운다. 그는 아이들에게 해로운 영향을 멀리하게 하는 "모신"을 의인화한 것이다. 아버지는 모든 아이들을 모이게 한다. 그는 팔에 아직 걷지 못하는 아이와 병이 난 아이를 안고 있으며, 그밖에 다른 아이들은 손에 촛불을 든다. 사제는 뿔피리를 불면서 천천히 그 문 아래를 지나가고, 그 뒤를 이어서 그 집의 아버지와 아이들이 따른다. 다른 사제는 신성한 북을 두드린다. 행진의 앞에 선 사제는 그가 가진 칼이나 채찍을 휘두르고, 눈에 보이지 않는 어떤 것을 때리는 시늉을 한다. 그 다음에 사람들은 그 문을 차례로 방의 네 구석으로 옮겨 놓고, 같은 방식으로 그 문을 지나치고, 마지막에 다시 가운데 가져다 놓는다. 그 다음에 그 문을 부수고, 부순 문을 그 집 마당이나 길거리에서 불태운다. 이 예식이 행해질 때마다, 이 예식의 대상이 되는 아이를 표상하는 나무로 만든 작은 상이 만들어지고, 이 작은 상은 그 아이가 열여섯이 될 때까지 보통 그의 침실에서 "모신"을 나타내는 것 옆에 놓여진다. 그 아이가 열여섯이 되기 전에 죽으면, 그 작은 상도 그와 함께 매장되고, 그 아이가 중병에 걸리면, 그 작은 상은 그 문 아래를 지나가게 된다. 그 예식의 대상이 되는 아이, 아픈 아이는 물론 그 집의 모든 아이들과 마침 그 집에 들른 모든 사촌 형제자매들은 모두 그 문 아래를 지나가야 한다.

우리는 이런 모든 예식을 "어떤 것의 아래나 어떤 것을 통해서 지나가는" 형태로서 널리 퍼져 있는, 악을 제치(除置)하는 의례로 해석할 수 있다. 더 나아가서 도교의 거의 모든 것들이 그렇듯이, 이 의례도 부분적으로 정령론적이다. 하지만 사람이 그 아래를 지나가는 것이 문이라는 사실은 극동의 전 지역에서 문을 신성하게 생각한다는 것을 고려할 때 이 의례가 직접적인 의례라는 의미가 있다. 그것은 아프리카의 문에 대해서도 이미 살펴본 바 있다. 아이들은 위험한 세계에서 여섯 번 반복하는 도움을 통하여 점차 호의적이거나 중립적인 세계로 지나가는데, 그 문이 입구인 것이다. 그 의미는 가운데 있는 문을 네 귀퉁이로 옮기고, 다시 가운데로 옮기면서 그 방 전체를 아이들에게 안전한 환경으로 만드는 데서도 나타난다. 통과의례로서의 이 의례에 대한 부분적인 설명은 아이들이 열여섯이 돼서 "성숙해졌을 때" 다시 한 번 엄숙하게 이 의례를 반복한다는 것에서 확인된다. 그 반면에, "천평궁(天秤宮)에 대한 찬양", 다시 말해서, 삶과 죽음과 관계되는 별자리를 찬양하는 의례는 나이와 상관없이 환자들을 위해서 행해진다.[18]

나는 학교에 관한 잔치(입학, 공자를 모시는 것, 학업에서 진전이 있는 것 등)에 대해서는 살펴보지 않고, "아동기에서 떠나는"[19] 예식에 대해서 살펴보려고 한다. "그것은 좀 더 중요하고, 좀 더 연극적이라는 사실만 제외하면, 문을 지나가는 예식과 상당히 비슷하다." 원칙적으로 소년은 열여

---

18 cf. Doolittle, *ibid*., 134-136.
19 Doolittle, *loc. cit*., 137-138.

섯 살이 되면 청년이 되고, 여자아이는 여성으로 된다.[20] 그 예식이 일단 행해지면, 어린이의 신인 "모신"은 그 아이들을 이제 더 이상 그녀의 보호 아래 두지 않고, 그 개인은 일반적인 신들의 권위 아래 들어가게 된다. 그래서 그 예식은 종종 "모신에 대한 감사"라고 부른다.

두리틀(Doolittle)은 "성숙하게 되는 나이"의 시작을 열여섯 살이라고 강조하였다. 그러나 그 아이가 결혼을 일찍 한다면, 그 예식은 일러지거나, 가난 때문에 늦어질 수도 있다. 여기에서도 본질적인 의례는 인공적인 문 아래를 지나가는 것이다. 우리는 여기에서도 긍정적인 속성으로 여겨지는 아동기가 (병에서처럼) 파괴된 문을 통해서 전이되는 것이라고 생각할 수 있다. 그렇지 않으면, 나는 이런 해석을 더 좋아하는데, 문은 실존의 두 시기 사이의 경계이고, 그 아래를 지나가는 것은 청년의 세계로 들어가기 위하여 어린이의 세계를 나가는 것이라고 가정할 수 있을 것이다. 하나의 의례에서 사용하였던 물건을 파괴하는 것은 우리가 오스트레일리아[21]와 남아프리카[22]에서 확인하였듯이, 성물(聖物)은 단 한번만 사용되어야 한다는 것으로 설명될 수 있다. 그것은 예식의 국면이 끝나자마자 곧 파괴되거나(이것이 희생제의 중심 사상이다), 그 힘이 다 빠진 것으로서 옆에 제쳐 놓고, 새로운 국면마다 새롭게 치장하고, 새 옷을 입으며, 새로운 주문을 외우듯이 새로운 성물을 사용해야 한다.[23] 마지막으로, 중국에서 매년 생일은, 특히 50세[24]가 넘는 매 10년마다 예식이 행해지는데, 그것은 하나의 시기에서 다른 시기로 넘어가는 예식이다.

20　뒤에서 설명하게 될 "사회적 사춘기"에 대해서 살펴보시오.
21　A. van Gennep, *Mythes et Légendes d'Australia*, 134-135, 주 3.
22　Koch-Grünberg, 개인적인 서신.
23　오지브웨(Ojibway) 족은 다른 반쯤만 문명화된 민족처럼 특별한 일이나 새로운 일이 있을 때마다 다른 형태의 특별한 오두막을 짓는다. 전쟁 회의, 평화 회의, 축제, 병자의 치료, 샤만의 격리, 점복, 임신부, 입문식 등에서 오두막은 한번 사용한 다음 다시 사용하지 않는다. cf. Kohl, *Kitschi-Gami*, Breme, 1859, t. I, 60.
24　cf. Doolittle, *loc. cit.*, t. II, 217-228. Trumbull, Threshold Covenant, 176에서는 아이들의 생일에 그 나이만큼 때리는 관습이 있다. 이것은 지나온 때로부터의 분리의례라고 생각된다.

이제 블리다(Blida)에서 행하는 문의 의례에 대해서 살펴보자.[25] "아기가 태어난 지 일곱째 날, 산파는 아기에게 옷을 입히고 그 아기를 자신의 품에 안는다. 그리고 포대기로 싼 아이의 가슴 위에 둥근 거울을 놓는다. 이 거울 위에는 그 집의 방추, 남색(藍色) 헝겊 주머니, 소금 등이 있는데, 그것들은 모두 종종 주술을 할 때 쓰이는 것들이다. 산파는 그것들과 함께 아기를 가슴에 안고, 그 방의 문에 다가가서 '음지리아'(mdjiria) 위에서 일곱 차례 흔들거나 그것들을 내려놓는다. 그녀는 모든 문에서 그것을 행하고, 특별히 종종 현관 입구에 있는 화장실 문 앞에서 그러다가 마지막으로 대문 안쪽에서 그렇게 한다. 또한 사람들은 일곱째 날을 아기가 외출하는 날(ioum khroudj el mezioud)이라고 부른다. 아기가 어머니의 방에서 나가려고 하는 순간 행해지는 이 예식의 목적은 아기를 집에 있는 신(神)인 진(djinn)들, 특히 입구와 출구를 관장하는 신들에게 보여 주고, 그들이 아기에게 좋은 것들을 내려 주도록 하려는데 목적이 있는 것 같지 않은가?"

나는 중국의 의례들이 연령 등급이 없는 사회에서 한 개인이 출생에서부터 어른의 나이에 이르기까지 단계에 맞춰서 행해지는 의례들의 절차를 제대로 이해하게 해 주기 때문에 그것들에 대해서 충분히 자세하게 소개하였다. 한 사람의 출생과 청년기 초기 사이에 포함된 기간인 입문식은 민족에 따라서 어느 정도 길고, 수많은 단계들로 나누어져 있다. 그래서 남부 지방의 반투(Bantou) 족[26]에게는 유치(乳齒)에서 영구치(永久齒)가 나는 기간에 다음과 같은 것들이 이루어진다. 1) 첫 번째 치아가 나기 전의 의례들, 2) 유치와 영구치 사이의 전환기, 3) 전환기가 시작되면 아이는 "잠을 잘 잔다"고 생각된다. 그래서 어머니는 숲에 가서 아이와 어머니가 쓰던 돗자리를 몰래 태운다. 4) 그 다음에 훈육의 기간이 시작된다. 소년들에게는 이제 더 이상 여성들과 같이 자리를 갖지 않도록 가르치고, 여성들

---

25 Desparmet, *La Mauresque et les maladies de l'enfance*, Rev. des Et. Ethnogr. et Sociol, 1908, 488.

26 Dudley Kidd, *Savage Childhood*, Londre, 1906, 81-89.

의 은밀한 언어를 배우지 못하도록 한다. 그는 이제 그의 동년배들이나 나이를 조금 더 먹은 사람들과만 지내야 하고, 그의 아버지가 오두막에 들어오면 바로 나가야 한다. 유치가 날 때부터 영구치가 나는 동안, 아이들은 성적 현상에 대해서 배우지 않는다. 영구치가 나기 시작하면, 아이는 성에 대해서 체계적으로 배우게 된다. 이 시기에 아이들을 보호하기 위한 다양한 주술적 행위들이 그치게 되고, 그들이 그것을 들판에 가서 하도록 허락받는다. 그래서 영구치가 나는 것은 다른 어느 지역에서보다 남부에 사는 반투 족에게는 어린이의 삶에서 결정적인 변화가 이루어지는 시기이고, "어떤 부족들에서는 다른 부족들보다 덜 하기는 하지만 거기에서 절대적인 규칙을 볼 수 있다." 그는 소위 말하는 여성들의 사회와 어린이의 사회에서 배제된다. 그러나 청년의 사회에는 입문예식을 통과해야 들어갈 수 있고, 성인들의 사회에는 결혼예식을 통과해야만 들어갈 수 있다. 나는 그 밖의 다른 제의적 절차들에 대해서 이 책에서 언급했던 수많은 논문들을 참고하라고 말하고 싶다.

간단히 말해서, 아동기의 의례들의 도식은 다음과 같다: 탯줄의 절단, 물 뿌리기와 목욕, 탯줄의 처리, 이름 짓기, 처음으로 머리 깎기, 처음으로 가족들과 식사하기, 처음으로 이가 낫는 것, 첫걸음 떼기, 처음으로 외출하기, 할례, 처음으로 남자 옷이나 여자 옷 입기 등이다. 나는 이 가운데서 할례에 관해서는 다음 장에서 말할 것이다. 여기에서는 우선 이름 짓기와 세례에 대해서 말하려고 한다.

명명(命名) 의례들만으로도 특별한 논문 한 편이 나올 것이다. 거기에 대해서는 여러 번 연구되었지만, 내가 생각하기에는 자세하게, 그 정확한 날짜에 대해서 연구된 적은 한 번도 없다. 어린아이는 명명에 의해서, 첫째로 개인화되고, 둘째로 사회에 가입하게 되는데, 그것이 일반 사회일 경우 잔치는 공공적인 것이 돼서 마을 사람들이 모두 참석한다. 그런데 그 대상자가 남자아이일 경우, 더구나 그 아이가 추장의 아들일 경우는 그것이 더 공공적으로 된다. 그와 반면에 제한적인 집단에 가입하는 경우에는 달라진다. 그리고 부모 모두의 가족에 가입하는 경우와 부계 가족이나 모계 가족 어느 한쪽에만 가입하는 경우가 다르다. 그 자세한 변이들의 숫자는 무한하다. 어떤 때는 그 아이의 이름을 지을 때, 그 아이가 사내아이인가, 계집아이인가 또는 셋째인가, 일곱째인가 하는 것만 나타내는 것으로 짓기도 한다. 그렇지 않으면, 그 아이에게 부계 조상의 이름이나 모계 조상의 이름을 주기도 한다. 또 다른 때는 그 아이에게 자신의 이름을 선택하도록 하며, 마지막으로는 아동기에 나이의 범주가 달라지므로 여러 차례 이름을 바꾸기도 한다. 그렇기 때문에 그는 종종 우선 막연한 이름을 받았다가, 그 다음에 개인적으로 알 수 있는 이름을 받고, 이어서 그 개인의 비밀스러운 이름, 가족이나 씨족이나 비밀스러운 집단의 이름을 받을 수도 있다.[27]

아이에게 이름을 짓는 의례가 가입의례라는 사실을 길게 설명할 필요는 없다고 생각한다. 위에서 말한 자료들도 그것을 입증한다. 여기에도 가봉(Gabon)에서 옛날에 아이가 태어났을 때의 기록이 있다: "(아이가 태어나면), 공적인 전달자가 그 아이의 출생을 알리고, 아이의 이름과 주거지가 필요하다고 요청한다. 마을 사람 누군가가 그 사실을 받아들이면, 그 아이는 인지(認知)되고, 주민의 이름으로 신생아는 공동체에서 받아들여지게 되고, 다른 모든 주민들이 가진 모든 권리와 혜택을 가지게 된다. 그때 주민들은 길에 모이고, 그 신생아가 데려와지며, 모든 이들에게 보이게 된다. 사람들은 물을 가득 채운 그릇을 가져와서 마을의 추장이나 집안의 어른이 아이에게 물을 뿌리고, 이름을 지어 주며, 그 아이가 건강하고, 성인

---

[27] 이제 나는 성인의 이름도 삶의 과정에서 어떤 특정적인 사건들(커다란 공적이나 큰 실수)에 의해서 바뀔 수 있다는 점을 지적하려고 한다. cf. E. Best, *Maori nomenclature*, Journ. Anthr. Inst. t. XXXII(1902), 194-196; 그렇지 않으면 출생과 연령 집단에의 가입, 그 이후의 "비밀" 결사에의 가입 등으로 이행하면서 체계적으로 바뀔 수도 있다. 포니(Pawni) 족에서 "연령 등급의 상승 단계"에 따른 이름의 변화에 대한 흥미 있는 경우에 대해서는 Alice Fletcher, *A pawnee ritual used when changing a man's name*, American Anthropologist, New Ser., t. I (1899), 85-97을 참조하시오.

남성이나 여성으로 될 때까지 자라서 아이들을 많이 낳고, 부유하게 되도록 축원한다."[28]

우리는 가봉에서 명명 의례는 세례와 놀라우리만큼 유사한 구조가 공존하는 것을 주목하게 된다. 세례는 흔히 정화의례나 깨끗하게 하는 구제(驅除)의례처럼 생각되어 왔다.[29] 다시 말해서, 과거의 세속적이거나 일반적인 세계 또는 부정한 세계와 결정적으로 분리되는 의례로 생각되었던 것이다. 이 같은 의례는 가입의례의 의미를 가질 수 있는데, 그것은 일반적인 물이 아니라 성화된 물을 사용할 때 그렇게 된다는 사실에 주의해야 한다. 그렇게 할 경우, 세례 받는 이는 과거의 속성을 잃게 될 뿐만 아니라 새로운 속성을 얻게 된다. 그리고 이것은 우리로 하여금 의례의 새로운 범주, 보통 입문의례라고 부르는 것에 대해서 살펴보게 한다.

그러나 그 전에 우리는 아이를 해, 달, 땅에 보이는 어떤 의례들을 통과의례로 해석해야 했다는 것을 상기해야 한다. 내가 생각하기에 J. G. 프레이저와 A. 디터리히는 그 정확한 의미를 이해하지 못했던 것 같다. 사실, 반투 족과 북미주 원주민, 특히 푸에블로 족과 중앙아메리카 원주민들처럼 사회적 삶과 우주적 삶이 밀접하게 연계된 곳에서 태어난 아기를 우주적인 세계에 가입시키는 의례가 행해지는 것은 당연한 일이다. 나는 그것이 중요한 요소라고 생각한다. 그렇기 때문에 새로 태어난 아기를 달과 해에게 보여 주고, 땅과 접촉하게 하는 것이다.[30] 또한 요컨대 정령숭배

---

28 Wilson, *Western Africa*, H. Nassau, *Fetishism in West Africa*, Londres, 1904, 212-213에서 재인용. 이것과 Dr. Lasnet의 *Une mission au Sgal*, Paris, 1900, 24(Maures), 50(Peuls), 64(Laobé), 76(Toucouleurs), 88(Mandingues), 127(Ouolofs), 145(Séreres)을 비교할 수 있을 것이다..

29 cf. E. B. Tylor, *loc. cit.*, t. II, 430 이하. 타일러는 이 본문에서 세례를 입문식으로 혼동한 것이 있다. R. Farnell, *The Evolution of Religion*, Londres, 1905, 56-57, 156-158을 참조하시오.

30 새로 태어난 아기를 해에게 보여 주는 것을 가입의례로 보는 의미는 Tarahumar(Lumholtz, *Unknown Mexico*, Londres, 1903, t. I, 273), Oraibi 족의 경우(cf. 위의 62쪽)와 Zuni 족의 경우(Mme Stevenson, *The Zuni*, XXIII Ann. Rep. Bur. Am. Ethnol. s.v. Birth) 등에서 분명하다. 이 경우 달에게 보여 주는 것은 J. G. Frazer, *Adonis, Attis, Osiris*, 2e edition, Londres,

(totémisme)에 경제적 목적이 있는 체계라면, 어린아이가 태어나면서부터 비록 그의 토템과 이미 연계되어 있기는 하지만, 어느 때에 그것과 실제로 통합되어야 하는 것은 당연한 일이다. 이렇게 인간-동물, 인간-식물, 인간-행성의 토템 집단에 가입하는 의례들은 어떤 점에서 새로 태어나는 아이가 어떤 엄마와 어떤 아버지로부터 태어나기 때문에 자동적으로 귀속되어야 하는 것처럼 보이는 가족에 가입하는 의례들과 정반대된다. 그러나 이 사실은 우리에게 특정한 사회에 가입하는 의례에 대해서 다시 생각하도록 한다.

1907, 373 이하를 참조하시오. 그가 언급한 대부분의 의례들은 달이 차는 것은 아이가 자라는 것에 도움이 된다는 생각으로 사실상 감응적인 것이다. 결국 나는 달, 해 등은 종종 토템이고, 그럴 경우 북미주 원주민들처럼 새로 태어난 아기를 천체에 보여 주는 것은 토템 집단에 가입시키는 의례라고 생각한다. 새로 태어난 아기는 "태양의 아이"라고 생각되기 때문에 그것은 때때로 신과 통합되는 의례이기도 하다.

제6장
입문식 의례

신체적 사춘기와 사회적 사춘기 — 할례 — 신체적 상해 — 토템 부족 — 주술적-종교적 우애 — 비밀 결사 — 정치적 결사와 전투적 결사 — 고대의 신비 — 보편적 종교; 세례 — 종교적 형제애 — 동정녀들과 사원의 창녀들 — 계급, 카스트와 직업 — 사제와 주술사의 안수 — 추장과 왕의 즉위 — 파문과 축출 — 전환 기간

    최근 쉬르츠[1]와 웹스터[2]의 연령 집단과 비밀결사에 관한 연구 결과가 발표되었지만, 그들의 연구에서는 집단에 입회하는 예식들(cérémonies)에 대한 연구가 충분히 다뤄지지 않았다. 더구나 H. 웹스터는 의례들(rites)에 관해서 한 장(章)에 걸쳐서 다루었는데, 예식들만 따로 다루었고, 이상하게도 그것들을 연속된 관점에서 비교할 생각을 하지 않았다. 또한 이 두 저자들은 입문식(initiation)이 사춘기에 행해지고, 이 예식들이 모두 이 시기의 신체적 현상으로부터 출발한다는 생각에 사로잡혀 있어서 결코 받아들일 수 없는 일반론을 펼쳤다. 쉬르츠는 모든 것을 사교 본능, 즉 군서성(群棲性)에 의한 것이라고 하지만, 그런 주장은 그것과 관계되는 다양한 제도들과 예식의 특성에 대해서는 아무 설명도 하지 못한다. 한편 웹스터는 연령 집단과 원시적인 비밀 결사의 선험적 유형을 설정하였고, 거의 어디에서든지 이 가설적 유형의 변이와 쇠퇴를 찾아보려고 하였다.

---

[1] H. Schurtz, *Altersklassen und Maennerbuender* (Leipzig: G. Reiner, 1902).
[2] Webster, *Primitive Secret Societies*.

우리는 이 장에서 먼저 신체적 사춘기와 사회적 사춘기는 거의 겹쳐지지 않을 정도로 본질적으로 다른 것이라는 사실을 살펴볼 것이다. 그 다음에 우리는 모든 종류의 입문예식에 대해서도 살펴볼 것이다. 다시 말해서 각 연령 집단과 비밀 결사에 가입하는 입문예식은 물론 사제와 주술사의 안수식, 왕의 즉위식, 수도승과 수녀의 성직 수임식, 성창(聖娼) 여성들의 성별식에 대해서 살펴볼 것이다.

소녀들에게 신체적 사춘기는 유방이 나오고, 골반이 커지며, 음모(陰毛)가 생기고, 특히 초경이 시작되면서 나타난다. 그러므로 이때를 어린이로부터 성인으로 이행하는 것이라고 생각할 수 있다. 그러나 이것들은 무엇보다도 먼저 신체적 측면의 사실들을 말하기 때문에 사회적인 삶의 측면과는 전혀 다르다. 첫째, 성적 쾌락은 사춘기와 관계되는 것이 아니고, 개인에 따라서 조금 빨리 느껴지기도 하고, 조금 늦게 느껴지기도 한다. 오르가즘은 사춘기보다 몇 년 일찍 느낄 수도 있는 것이다. 그러므로 사춘기는 단지 임신할 수 있는 능력의 측면에서만 의미가 있다. 둘째, 초경(初經)은 민족에 따라서 다르고, 같은 민족 안에서도 개인에 따라서 다르다. 그 다양성이 너무 크기 때문에[3] 사람들은 그 어떤 제도도 사춘기처럼 불확정

---

[3] 플로스-바르텔스는 *Das Weib*, 8e éd. Leipzig, 1905, t. I, 394-420에서 여러 민족들의 정상적인 사례는 물론 비정상적인(두 달 동안 계속되는 경우도 있다) 사례의 초경에 관한 상당히 많은 자료들을 수집하였다. 초경의 시기는 기후, 영양 상태, 직업, 유전 등이 합쳐져서 결정된다. 대부분 의사들이었던 연구자들은 그들 인구 가운데서 무작위로 추출한 많지 않은 집단의 여성(프랑스, 러시아 등)들이나 일정한 지역(예를 들어서 말하자면 대도시 등)의 여성들의 초경 평균 연령을 결정하는데 어려움이 너무 많아서, 흑인이나 오세아니아 주민들의 기후나 영양상태의 영향에 대한 방법론적인 조사도 하지 않고 초경 평균 연령을 산출할 수 있다고 가정했는데 그것은 그들을 아주 훌륭한 통계학자로 만드는 것이 된다.

다음은 동경에 거주하는 584명의 여성들에 대한 조사 결과이다. 11세 2명, 12세 2명, 13세 26명, 14세 78명, 15세 224명, 16세 228명, 17세 68명, 18세 44명, 19세 10명, 20세 2명.

아프리카 여성의 평균 연령: 볼로프 지역 11-12세, 이집트 10-13세(프루너-베이), 9-10세(리글러), 보고스 16세, 스와힐리 12-13세, 완잠베지 12-13세, 이집트의 베라베르 15-16세, 소말리 16세, 로앙고 14-15세, 아주 드물게 12세, 알제리의 아랍인 9-10세, 페짠 10-15세.

적이고, 일관되지 않은 요소를 근거로 해서 세울 수 없다. 유럽에서도 그 다양성은 법 규정과 들어맞지 않는다. 로마에서 소녀들은 법적으로 12세부터 결혼할 수 있지만, 그 나이에 월경을 하는 로마 여성은 1/12에 불과하고, 대부분의 소녀들은 14세에서 15세 사이에 하며, 아주 드물게는 9세부터 하기도 한다. 파리에서 법적으로 결혼할 수 있는 나이는 16세 6개월인데, 브리에르 드 브와스몽(Brierre Boismont)에 의하면 사춘기의 평균 연령은 14세 4개월이고, 아랑(Aran)에 의하면 15세 4개월인데, 부유한 계급의 여성들은 노동자 계급의 여성들보다 월경을 빨리 시작한다. 따라서 로마에서는 사회적 사춘기가 신체적 사춘기보다 앞서고, 파리에서는 사회적 사춘기가 신체적 사춘기보다 늦다.

그러므로 입문의례를 사춘기 의례라고 부르지 않는 것이 좋을 것이다. 그런데 나는 신체적 사춘기가 존재하고 있으며, 그것들이 간혹 입문의례와 일치한다는 사실을 부정하지는 않는다. 그때 소녀들은 분리되어 있고, 때때로 죽었다가 나중에 부활[4]하는 것으로 여겨지기도 한다. 그 반면에 어떤 민족에서는 입문의례가 있지만, 사춘기에는 아무 의례도 하지 않는다.[5]

그래서 이 모든 것들은 거기에 담긴 성적인 성격을 결코 부정할 수 없고, 사람들을 남성이나 여성으로 존재하게 하는 이런 의례들의 대부분은 탯줄을 절단하는 의례나 아동기의 의례와 성인의 의례의 범주에 속하고, 비성적인 세계와 분리시키는 의례라는 생각을 하게 한다. 그 다음에는 성적인 세계로의 가입의례가 행해진다. 즉 일반적이거나 특별한 모든 사회들을 통하여 남성이나 여성으로 이루어진 제한된 사회에 가입하는 의례가 행해지는 것이다. 이것은 특히 여성의 사회적 활동이 남성의 그것보다 훨씬 더

---

[4] 그것들은 J. G. Frazer, *Golden Bough*, t. III, pp. 204-233에 수집되어 있다. 또한 cf. Hutter, Nord-Hinterland von Kamerun, Brunswick, 1902, 427; Stevenson, The Zuni, XXIII Ann. Rep. Bur. Ethnol. 303-304, etc. C. G. Du Bois, The religion of the Luisenio Indians of Southern California, Univ. Cal. Publ., t. VIII, no 3, 1908, 93-96.

[5] Jenks, *The Bontoc Igorrot*, Philippines Dep. Int., Ethnol. Survey Publ., t. I, 1904, 66 이하.

단순하기 때문에 소녀들의 경우[6]가 더 그렇다고 여겨진다.

소년들에게 문제는 더욱더 복잡하다. 정액의 사출이 점액(mucus)의 사출보다 앞설 수 있고, 그것이 종종 주체도 모르는 사이에 이루어지며, 대부분의 개인들에게 있어서 그 상황을 미리 예견하거나 통제할 수 없는 외부 자극의 영향 때문에 이루어져서 훨씬 더 가변적이다. 그에 따라서 소년의 사춘기는 일반적으로 수염과 음모가 자라는 것 등에 달려 있다고 한다. 그러나 여기에서도 마찬가지로 윤리적이고, 개인적인 다양성은 무시할 수 없다.

이처럼 남자에게나 여자에게 신체적 사춘기가 언제 시작되는지 말하기는 매우 어렵고, 이런 어려움은 민속학자와 탐구자들이 그 문제에 대해서 거의 조사하지 않게 하였다. 그래서 여러 민족들에서 아동기로부터 성인으로의 이행을 가리키는 모든 종류의 의례, 예식, 의식을 지칭하려고 "사춘기의 의례"(rite de la puberté)라는 표현을 사용하는 것은 더 받아들일 수 없다. 그러므로 우리가 신체적 부모(혈연적 부모)와 사회적 부모 사이를 구분하고, 신체적 성숙과 사회적 성숙(성년) 등을 구분하는 것과 마찬가지로 신체적 사춘기와 사회적 사춘기를 구분하는 것이 좋다.

명확하게 관찰하여 논문으로 발표한 신중한 관찰자들조차 두 가지 서로 다른 현상을 이 경우와 저 경우에 각각 사춘기라는 단어로 표기하면서도 그 사실을 모른다는 사실을 주목해야 한다. 이런 혼동의 몇 가지 예들이 있다. 즉 테이트(Teit)는 마을에서 멀리 떨어진 특별한 오두막에서 행하는 금기들과 정화 및 감응 의례[7]들이 포함된 톰슨 인디언(Indien Thomson)

---

[6] 우리는 이와 비슷한 결과를 사람들이 인위적으로 능욕하는(처녀막을 파괴하는) 나이와 사춘기의 나이를 비교함으로써 얻을 수 있다. 이 두 가지 것은 아주 드문 예외를 제외하고서는 같은 민족에게서 아무 관계도 없다. 더 나아가서 처녀막의 파괴는 그것이 결혼식이나 결혼하기 전, 또는 약혼식 등 언제 이루어질지라도 성교를 준비하려는 것이 아니다. 다른 것들과 함께 이 의례에 대하여 살펴보려면 다음 책을 참고하시오. H. Sidney Hartland, *At the temple of Mylitta*, Oxford, 1907, 195-198. E. B. Tylor에게 증정된 인류학 논문 안에 있음.

[7] J. Teit, *The Thomson Indiens of British Columbia*, Jes. N. Pacif. Exped., t. I, New York,

소녀들의 "사춘기 예식"을 정성스럽게 기술한 다음, 이렇게 덧붙였다: "소녀들은 아직 어릴 때 흔히 자기들보다 스무 살이나 많은 남성들과 약혼하기도 한다. 그녀들은 사춘기에 이루어지는 모든 예식들이 끝난 다음에야 결혼할 수 있는데, 그 나이는 대략 열일곱이나 열여덟이며, 때때로 스물세 살이 되기도 한다."[8] 사람들은 그렇게 길고, 세밀하게 여러 가지 절차들을 행하면서 이루어지는 예식들의 주된 이유가 신체적 사춘기 때문이라고는 생각하지 않을 것이다. 소년들은 앞으로 그들이 종사할 직업(사냥꾼, 전사 등)에 따라서 예식의 유형이 정해진다고 알려진다.[9] 청소년들은 보통 열두 살에서 열여섯 살이 되는 해에 처음으로 화살이나 카누나 여성에 대한 꿈을 꾼 날 그것을 가슴에 안고, 그 예식들을 수행한다. 마찬가지로 브리티쉬 컬럼비아의 릴로에트(Lilloet) 족[10]의 "사춘기 예식들"에서는 신체적 사춘기와 관계되는 것은 하나도 없다. 그와 반면에, 샤만이 되려는 젊은이에게 그 기간은 매우 오래 걸리는데, 그것은 중국 사람들이[11] 그렇듯이 "사회적 사춘기"와 관계된다는 사실을 보여준다. 나는 우리 사회에서도 젊은이들에게 결혼을 허락하는 나이와 그들의 신체적 사춘기의 순간이 일치하지 않는 것을 안다. 어느 날 신체적 사춘기와 사회적 사춘기가 일치하는 때가 온다면, 그것은 과학적 발달의 결과일 것이다.

호텐토트(Hottentot) 족에서 소년들은 열여덟 살이 될 때까지 여성과 아이들의 집단에서 지내고[12], 그와 반면에 파푸 만의 엘레마(Elema) 족에서는 아이가 다섯 살이 될 때 첫 번째 예식을 치르고, 열 살이 될 때 두 번째

1898-1900, 311-321.
8   *Ibidem.*, 324.
9   *Ibidem.*, 317-318.
10   J. Teit, *The Lilloet Indiens*, Jesup. N. Pacif. Exped., t. II, Leide et New York, 1906, 263-267.
11   Cf. 위의 책, 79, 85.
12   P. Kolben, *The Present State of the Cape of Good Hope*, t. I, p. 121, Webster, *loc. cit.*, 23에서 재인용.

예식을 치르며, 세 번째 예식은 아주 뒤에 치른다. 그 예식이 아이를 소위 전사(戰士)가 되게 하고, 결혼도 마음대로 하게 하기 때문이다.[13] 간단하게 말해서, 프로베니우스(Frobenius)[14]가 제기한 "수습 기간은 어느 정도 성적 성숙과 일치하는가?"라는 질문에 대해서 나는 자세하게 말할 것도 없이 곧장 아니라고 대답하려고 한다. 더구나 입문의례가 없는 민족들에서도 초경에 관한 예식이 있거나[15] 초경에 언제나 특별한 의례를 치르기[16] 때문에 더 강조된다는 사실은 그것이 초경을 한 여성뿐만 아니라 생리혈이 부정(不淨)하기 때문이라는 것을 보여준다.

신체적 사춘기와 사회적 사춘기 사이의 구분은 일부다처제 사회이며, 세 살부터 약혼을 하는 토다[17](Toda) 족의 어떤 예식들에서 더욱더 분명하게 드러난다. 신체적 사춘기가 시작되기 전에 소녀와 다른 분족(分族)에 속하는 남성이 낮에 소녀의 마을에 찾아 가서 그녀의 곁에 눕고, 그의 겉옷을 벗어서 마치 두 사람을 덮는 듯이 펼친다. 그렇게 몇 분 동안 지낸 다음, 그는 떠난다. 보름 후에 어떤 분족이나 씨족에 속한 체격이 좋고, 강한 남성이 그 소녀 곁에서 밤을 지내고, 소녀의 처녀성을 범한다. "이것은 반드시 사춘기 이전에 행해져야 한다. 여성들에게는 이런 예식이 행해지지 않는 것보다 더 수치스러운 일은 없다. 그렇게 될 경우, 그 여성은 결혼을 하지 못할 수도 있다." 실제로 결혼 예식이 행해지는 것은 열다섯 살이나 열여섯 살 또는 사춘기가 몇 해 지난 다음이다. 사람들이 할례를 하는 연령의 다양성 자체는 할례가 신체적 의미를 가진 행위가 아니라 사회적 의

---

13 J. Holmes, *Initiation Ceremonies of the Natives of the Papuan Gulf,* Journ. Anthr. Inst. t. XXXII(1902), 418-425.

14 L. Frobenius, *Die Masken und Geheimbuende Africas,* Nova Acta Leopoldina, etc. Halle, 1898, 217.

15 Cf. 다른 것들과 더불어서, J. G. Frazer, *Golden Bough,* 2e éd., t. I, 326.

16 Cf. 제IX장.

17 H. Rivers, *The Toda,* Londres, 1905, 502-503.

미를 가진 행위라는 사실을 보여준다.[18] 많은 민족들에서 할례가 상당한 간격을 가지고 행해지기 때문에, 예를 들어서 말하자면, 매 2, 3년이나 4년 또는 5년에 한 번씩 행해지기 때문에 몸의 성적 발달의 정도가 다른 아이들이 동시에 할례를 받기도 한다. 더구나 신체적으로 같은 종류의 사람(인종)들이 사는, 같은 지역에서도 주목할 만한 다양성이 나타난다. 우리는 두테(Doutté)가 탐사한 모로코 지역[19]에서 할례가 이렇게 행해지는 것을 본다: 두칼라(Doukkala)에서는 태어난 지 7일에서 8일 사이나 12세 또는 13세; 레함나(Rehamna)에서는 2세에서 5세 사이; 페즈(Fez)에서는 2세에서 10세 사이; 탕제(Tanger)에서는 8세; 즈발라(Jbala)에서는 5세에서 10세 사이; 모가도(Mogador) 인근에서는 2세에서 4세 사이; 알제리(Algérie)에서는 정통 이슬람교도의 경우 7, 8세경에 할례를 하는데, 그렇지 않으면 태어난 지 7일째에 가능한 한 빨리 한다.[20] 우리는 이와 비슷한 도표를 앙드레(R. Andree)[21]의 자료들과 세네갈에 있는 라스네(Lasnet)[22]의 자료들의 도움으로 살펴볼 수도 있다. 이렇게 똑같은 의례가 아동기의 시작을 나

---

18 이 점에서는 웹스터가 잘못된 결론을 도출했다는 사실을 주목해야 한다. Webster, *loc. cit.*, 제2장과 제3장 및 36, 200-201, 205-206.

19 Doutté, *Merrakech*, Paris, 1904, 262-263, 351-352 등.

20 음핵의 제거 역시 신체적 사춘기와 무관하고, 사회적 사춘기에 따라서 이루어진다는 사실은 내가 플로스와 바르텔의 연구에서 인용한 도표에서도 드러난다. Ploss와 Bartels, *Das Weib*, 8e éd., 1905, t. I, 248-249. 아라비아(Arabie)에서는 태어난 지 수주일 후에; 소말리아에서는 3-4세; 남부 이집트에서는 9-10세; 누비아에서는 이동기 초기; 아비시니아에서는 8세 무렵이나 태어난 지 80일 후에; 삼각주 지역이나 니제르에서는 정해진 연령 없이 아동기 동안; 말링께, 방바라에서는 12-15세; 말레즈 등지에서는 두 번째 이가 나기 시작할 때; 자바네에서는 6-7세; 마까사르에서는 3-7세; 고롱딸로스에서는 9세, 12세 또는 15세 등.

21 R. Andree, *Beschneidung*, in *Ethnographische Parallelen*, 2e série, Leipzig, 1889, 166-212.

22 Cf. *Une Mission au Sénégal*, Paris, 1900, p. 14(모리타니, 7세), p. 108(카송케, 아동기부터이며, 더 늦으면 15세까지인데, 가정의 경제적 형편에 따른다), 보통 연령은 10세부터 15세 사이이지만, 할례를 시행하는 간격은 대상이 되는 아동의 숫자에 따라서 다소 길어질 수 있다(프에, p. 64, 말링께, 88, 세레르, 145 등).

타내기도 하고, 청년기의 시작을 나타내기도 하지만, 신체적 사춘기와는 관계되지 않는다.

할례의 시행에 대해서 잘못 언급되거나 거꾸로 언급된 것들은 별로 많지 않다. 할례에 대해서 내가 아는 작업들 가운데 리샤르 앙드레의 조사들은 그 문제의 복합성을 가장 정확하게 파악하고 있다. 그러나 그가 중요한 사실을 살펴보지 않는 것이 있는데, 그것은 할례만 따로 떼어내서 살펴보아서는 안 된다는 점이다. 사실 할례는 같은 계열에 있는 의식(儀式)의 범주에 넣고 생각해야 하는 것이다. 다시 말해서, 할례는 몸의 그 어떤 부분이나 절제, 절단, 상해함으로써 눈에 보이는 방식으로 한 개인의 인격(personalité) 전체를 변화시키는 의식의 범주 속에서 살펴보아야 하는 것이다. 두테는 할례를 아이의 머리카락을 제일 처음 자르거나 첫 번째 치아가 났을 때 하는 예식들과 제대로 비교하였고[23], 라쉬(Lasch)[24]와 웨스터마크(Westermarck)[25]는 몸에 달리 상해를 입히는 예식들과 비교하면서 설명하였다. 그러나 두테는 할례를 정화의례로 보는 잘못을 저질렀고, 라쉬와 웨스터마크는 신체에 상해를 가하는 모든 일련의 의례들을 여성의 관심을 모으려는 의식으로 잘못 해석하였다. 음경의 포피를 자르는 것은 이를 뽑는 것(오스트레일리아 등지)이나 새끼손가락의 마지막 마디를 자르는 것(남아프리카) 또는 귓불을 자르는 것과 완전히 똑같은 것이다. 또한 그것은 귓불에 구멍을 뚫거나 콧구멍 사이에 있는 뼈에 구멍을 뚫는 것과 같은 것이고, 문신을 하거나 피부에 상처를 내거나 머리카락을 특별한 방식으로 깎는 것과도 같다. 어떤 방식으로든지 몸에 상해를 입은 개인은 그를 자동적으로 특정한 집단에 가입시키는 분리의례(절단하고, 찌르는 것에 내포된 생각이다)를 통하여 일반 사람들에서 벗어난다. 이런 수술은 지울 수 없는 흔적을 남기기 때문에 그 집단에의 가입은 결정적인

---

23 Doutté, *Merrakech*, t. I, 353.
24 R. Lasch, *Mitteilungen* de la Soc. Anth. de Vienne, 1901, 21 이하.
25 Westermarck, *Moral ideas*, t. I, 205.

것으로 된다. 유대인들의 할례도 특별한 것이 아니다. 그것은 순전히 특정한 신과의 "연합의 징표"이며, 같은 신도들의 공동체에 속한다는 표시로 주어지는 것이다.[26]

궁극적으로, 음핵의 제거[27], 처녀막의 파괴, 회음부의 절단과 요도 절개를 생각해보면, 우리는 우리 몸이 사람들이 자기 마음대로 자르고, 다듬는 단순한 나무 조각처럼 다루어진다는 것을 확인하게 된다. 사람들은 남는 부분을 잘랐고, 막들(parois)을 뚫었으며, 평평한 표면을 갈면서 때로는 오스트레일리아에서 그렇게 했듯이 상상력을 마음껏 발휘했던 것이다. 이런 모든 시행 가운데서 할례는 가장 단순하고, 가장 위험하지 않은 것이라서 유대인들이 할례를 행했던 것은 일반적으로 생각해 볼 때 정말 아쉬운 일이다. 왜냐하면 수많은 성서주석가들이 그 나름대로 할례에 별로 합당하지도 않는 해석을 해왔기 때문이다. 유대인들이 코뼈를 뚫으면서 야훼를 섬겼더라면, 민속학 문헌에서 오류는 훨씬 적었을 것이다!

사람들은 내가 할례를 자녀의 생산과 관계시키지 않는다고 생각할 텐데, 그것은 다음과 같은 몇 가지 이유 때문이다: 첫째, 할례를 하는 나이

---

[26] J. G. Frazer(The Independant Review, 1904, 295 이하)의 이론은 사람들이 신체의 나머지 부분을 위해서 한 부분을 희생시킨다고 하는데, 그것은 어떤 사실만 고려한 것이다. 또한 할례와 처녀막의 파괴에는 "두드러진 폐색에 의한 물신일체관념론적(hylo-idéalistique) 위험을 치료하려는" 목적이 있다는 크롤리(Crawley)의 이론은 환상에 가까운 것이다. J. 레나크(Ad. J. Reinach, *La lutte de Jacob et de Moise avec Jahvé et l'origine de la circoncision,* Rev. des Et. Ethnogr. et Sociol, 1908, 360, 362))는 할례는 일종의 피의 서약(blood-covenant)인데, 거기에서는 불필요한 요소인 피가 수반된다고 한다(그 상처에서 피를 보여야 하기 때문이다). 피의 양은 그렇게 많지 않고, 모아서 그 다음의 의례의 대상이 된다. 레나크의 이론이 유대인들에게는 해당되는지 몰라도, 반쯤 문명화된 다른 사람들의 할례와 절제(切除)를 설명해주지는 못한다. 앙드레가 결국 합의한 것은 쏟아진 피의 거룩성에 대한 설명이다. R. Andree, *loc. cit.*, 206-207.

[27] 음핵의 길이는 개인들과 인종에 따라서 다르다. 그래서 어떤 경우, 음핵의 제거가 부속기관을 제거하는 것으로 되기도 해서 여성들은 결국 남성처럼 되기도 하고(해부학적 관점에서 보면 완전히 그렇다), 그것은 각 성에 따라서 옷과 도구와 연장을 처음으로 (제의적으로) 할당하는 것과 같은 순서를 지닌 성적 분화(différentiation) 의례와 다르지 않은 것이다.

가 태어난 지 칠일 후부터 스무 살까지 다양하기 때문이다(입양했거나 유대교나 이슬람교로의 회심에서는 더 늦다). 둘째, 자녀생산에 대한 생리적 기제를 알지 못하는 민족들은 할례를 성적 기관의 다른 부분들까지 상해하면서 시행하기 때문이다.[28] 셋째, 할례는 귀두의 감각을 둔화시켜서 성적 욕망을 감소시키면서 성교와 반대되기 때문이다. 마찬가지로 음핵의 제거(다시 말해서, 성욕을 일으키는 중심의 절제)와 회음부의 절단과 음경 일부의 절개는 성적 흥분을 감소시킨다. 결국, 반쯤만 문명화된 사회의 사람들은 그렇게 멀리 보지 못했던 것이다. 그들은 그것들이 돌출해서 코나 귀처럼 시선을 끌었지만, 생체 조직적으로 그들의 생명이나 개인적 활동에 아무 해도 끼치지 않기 때문에 그 기관들을 잘랐던 것이다.[29]

신체에 대한 각 종류의 상해가 단 한 번 시행되었고, 그것이 민족들에서 민족들로 옮겨져서 이루어졌는지, 아니면 여러 차례 독립적으로 시행되었는지는 지금 이 책에서 다루려는 문제가 아니다. 나는 단지 각 종류의 상

---

28   Cf. A. van Gennep, *Mythes et Légendes d'Australie*, 제V장과 *Man*, 1907, 1908.

29   사람들은 포피(包皮)를 잘라서 버리거나 간직하였다. 여기에서 행하는 방법은 탯줄이나 머리카락 등처럼 변이가 무한하다. cf. 위의 책, 73. 나는 포피의 길이가 민족에 따라서 다르며, 유럽의 백인들은 상대적으로 짧고, 흑인들과 아랍인들은 균형 잡히지 않을 정도로 길다는 것을 기억한다. 이 점에 관한 좀 더 자세한 연구도 매우 유용할 것이다. 할례의 성적 의미에 관한 과거의 이론은 P. Lagrange(*Etudes sur les religions sémitiques*, 242 이하)에 의해서 개진되었다: "그것은 마치 젊은이가 앞으로 받아들여야 하는 성생활에 피를 흘리면서 희생제를 드리는 봉헌 같다." 또한 슈미트(P. Schmidt, Anthropos, 1908, 602-603)는 "반쯤만 문명화된 사람들에게서 할례는 그들의 순진하고, 잘못된 가정 때문에 생산 활동을 돕는 것으로 여겨지고, 대부분의 경우 성인이 되는 나이에 신비한 축제 기간 동안 행해지는 것이 점점 더 분명해지는 것 같다"고 하였다. 우리는 이 저명한 학자들의 이론적 오류를 짧게 다 말할 수는 없다. 프로이스(Preuss, *Globus*, t. LXXXVI, p. 362)는 할례에 의해서 아버지가 그의 영혼을 아이에게 전해주는 "번식의 호흡"(haleine génératrice)라고 생각하였고, 쉬르츠(Schurtz)는 할례에는 생산을 촉진하려는 목적이 있다고 믿었다(*loc, cit.*, 96-97). 이 모든 것들은 반쯤만 문명화된 사람들이 우리 의사들만큼, 또한 우리의 농부들보다 더 잘 임신의 메카니즘에 대해서 알고 있다면 더욱더 그럴 것이다. 나는 이 문제에 흥미를 느끼는 사람들에게 다음의 자료들을 참고할 것을 권한다: Havelock Ellis, *Etudes de Psychologies sexuelle*, 그리고 성 심리학과 성 생리학에 대한 자세한 연구를 위해서는 Ploss & Bartels, *Das Weib*를 참조하시오.

해(傷害)는 집단적 차별화를 위해서 수행되는 것으로 부족의 변경에서 차용될 수 없으며, 아직 알려지지 않은 이런 형태의 상해는 주어진 집단을 이웃으로부터 더 차별화할 수 있는 것이라는 사실을 지적하려고 한다.

상해들은 결정적으로 차별화할 수 있는 수단이다. 그것은 어떤 특별한 옷을 입거나, 마스크를 쓰거나 일시적으로만 차별화하려고 몸에 색을 칠하는 것(특히 색으로 된 흙을 바르는 것)과는 다르다. 우리가 통과의례에서 중요한 역할을 하는 것으로 보는 것은 그것들이다. 그것들은 한 개인의 삶에서 변화의 순간마다 반복되기 때문이다.

이제 일련의 것들을 자세하게 살펴보자. 나는 토템 사회의 입문식으로부터 시작하려고 한다.

우리는 특히 스펜서(Spencer)와 질렌(Gillen)[30] 및 로트(W. E. Roth)[31], 호위트(A. W. Howitt)[32]와 매튜(R. H. Mathews)[33] 덕분에 오스트레일리아의 여러 부족의 토템 집단에서 행하는 입문의례에 대해서 어느 정도 자세하게 알고 있다. 그 의례들은 열 번째 해에서 열세 번째 해에 행해진다. 그때 행해지는 첫 번째 행동은 과거의 환경, 즉 여성들 및 어린이들의 세계와의 분리인데, 신입자(novice)는 마치 임신한 여성들처럼 모든 종류의 금기, 특히 음식에 대한 금기를 지키면서 숲이나 특별한 장소나 특별한 오두막 등에 들어가서 은둔한다. 때때로 신입자와 어머니의 관계는 어느 정도 지속되기도 한다. 그러나 언제나 어머니와 난폭하게 분리되거나, 그렇게 보이는 순간이 온다. 그때 어머니와 결정적으로 분리되는데, 어머니는 종

---

[30] Spencer & Gillen, *The Native tribes of Central Australia*, Londres, 1899, pp. 212-386; *The Northern tribes of Central Australia*, Londres, 1904, pp. 328-379.

[31] W. E. Roth, *Ethnological Studies among the North-West-Central Queensland Aborigines*, Brisbane, 1897 & *North Queensland Ethnography Bulletins*, 1901년 이후.

[32] A. W. Howitt, *The Native tribes of South and South-East Australia*, Londres, 1904, pp. 509-677.

[33] R. H. Matthews, *Revues des Sociétés d'Anthropologies de Paris, Vienne, Londres, Washinton*과 *Les sociétés savantes d'Australia*에 있는 많은 논문들.

종 울기도 한다. 호위트는 쿠르나이(Kurnai) 족에 대해서 이렇게 말한다: "이 예식의 모든 행동들이 의도하는 것은 신입자의 삶에서 한 순간 변화를 가져오려는 것이다. 과거는 그가 다시 돌아갈 수 없는 간격에 의해서 그로부터 분리되어야 한다. 그가 아이로서 어머니와 가졌던 친족 관계는 이제 갑자기 파괴되고, 그에 따라서 그는 남성 집단에 속하게 된다. 그는 이제 모든 유년 시절의 놀이들과 운동을 포기해야 하고, 그와 동시에 그가 어머니와 누이들과 가졌던 관계들도 단절된다. 그는 이제 남성이 되고, 뮈링그(Murring)[34] 공동체의 구성원으로서 그에게 주어진 의무를 인식하고, 배우게 된다." 호위트가 쿠르나이 족의 예식에 대해서 말하는 것은 중앙 오스트레일리아, 남동 오스트레일리아, 남부 오스트레일리아 등의 다른 부족들의 예식에도 해당된다.

그 예식들 가운데 어떤 예식들에서 신입자는 죽은 사람처럼 여겨지고, 입문식 내내 죽은 것처럼 생각된다. 그 예식은 어느 정도 상당히 긴 시간 동안 이루어지며, 신입자를 신체적으로나 정신적으로 약화시키는데, 그것은 아마 유아 시절의 삶의 모든 기억들을 잃어버리게 하려는 것 같다. 그 다음에 긍정적인 훈련이 시작된다: 부족의 법규를 가르치고, 신입자 앞에서 토템 예식들을 거행하며, 신화 이야기를 들려주는 등 교육이 천천히 이루어지는 것이다. 마지막으로 행해지는 것은 다라물룽(Daramulun) 등에 대한 신앙에 근거한 종교 예식과 특히 각 부족에 따라서 특별한 상해(傷害)를 행하는데, 이를 뽑는다든지 할례를 행하기도 한다. 그것은 신입자를 그 부족의 성인 집단의 영원한 구성원으로서의 정체성을 부여하려는 것이다. 때때로 입문식은 단 한 번에 이루어지기도 하지만, 때로는 단계별로 행해지기도 한다. 신입자를 죽은 것처럼 여기는 입문식에서 사람들은 그를 다시 부활하게 하고, 어린 시절과 다르게 사는 방법을 가르친다. 그 예식의 세밀한 부분들에서 아무리 다른 부분들이 많을지라도, 우리는 언제

---

34 Howitt, S.- E. Tr., 532.

나 입문식의 일반적 유형을 따르는 것들을 찾아낼 수 있다.[35]

주술적-종교적 "형제 관계"은 본질적으로 씨족의 조직 위, 다시 말해서 사회적 결속 위에 기초해 있지만 그것들은 서로 다르다. 적어도 브리티시 콜롬비아에서는 토템 씨족이 아직까지 형제 관계와 동일하게 운용되고 있지만, 대평원에서는 형제 관계와 씨족이 나란히 가고, 형제 관계가 영토에 기반을 둔 푸에블로 인디언에게는 그것이 사라졌다(Tusayan족이나 Hopi족 등). 나는 콰키우틀(Kwakiutl) 족의 입문식을 살펴보기 위해서 보아즈(Boas) 족의 입문식을 참고하려고 한다.[36] 오스트레일리아 원주민들에게서 토템 씨족에 속할 수 있는 권리는 상속에 의해서 전승되고, 콰키우틀 족에게서는 결혼에 의해서 얻어진다. 그러나 한 개인은 어떤 방식으로든지 그가 새로운 특정한 환경에 가입할 수 있도록 그 전에 속했던 환경으로부터 분리되게 하는 입문식이 행해져야만 거기 편입될 수 있다. 오스트레일리아 원주민들이 아동을 그의 어머니, 여성, 다른 아이들과 분리시킨다면, 콰키우틀 족들에게 과거의 세계는 축사(逐邪)해야 하는 "영"(esprit)으로 의인화된다. 세례식 때 사탄을 쫓아내는 기독교인들의 관점과 같은 것

---

[35] 우리는 일반적으로 포피 부분의 절단을 지나치게 중요한 것으로 생각하였다. 내가 앞에서도 말하였듯이 한 사람에게서 절단된 부분은 원 소유주의 것임에 틀림없고, 그것은 잘라진 머리카락이나 손톱, 침, 오줌 등과도 다를 바 없으며, 입문식의 의미로 뽑은 치아와도 다를 바가 없다. 그러한 예식을 행하는 오스트레일리아의 부족들에서는 치아를 뽑아서 모으고, 조심스럽게 보관하거나(Howitt, S.- E. Tr., 542, 562, 565, 569 등; Spencer & Gallen, North. Tr. 594), 잘 빻아 고기와 섞어서 입문식에 참여할 소녀의 어머니나 소년이 장모가 삼키기도 한다. 그렇지 않으면, 비를 쫓아버리려고 작은 연못에 던지거나 땅에 묻어버리기도 한다(North. Tr. 593, 594). 이 치아는 언제나 어느 정도 성스러운 대상이다(*ibid.*, 594, 595). 그러나 카이티쉬(Kaitish) 족에서는 치아가 떨어진 곳에 그대로 놓는데, 그 사람들은 그 치아가 주술에 사용될 수 있다고 생각하지 않기 때문이다(*ibidem*, 589). 그러므로 우리가 그 예식만 가지고 본다면, 나는 포피(包皮)가 머리카락, 치아, 손톱, 오줌, 피, 똥보다 더 나은 것은 하나도 없다고 생각한다. 그것은 생식의 힘이 있는 자리도 아니고, 살아있는 일종의 독립적 배아일 수도 없다.

[36] Boas, *Report Un. St. Nat. Mus. for 1895*, Washington, 1897, 슈르츠(Schurtz)와 웹스터(Webster)의 기억을 자세하게 분석한 것(의례에 관한 것에서 슈르츠는 제외). cf. 또한 *Handbook of the American Indians*, t. 1, Washington, 1907, s. v. Kwakitl.

이다. 여기에서는 죽음과 부활에 대한 생각도 나타난다. 결국 그 사회에의 가입은 그 씨족의 집단적 보호령(保護靈)을 얻어야 가능한데, 그것은 오스트레일리아의 토템과 같다.

정령숭배는 오마하(Omaha) 족과 오지브웨(Ojibwé) 족에게 더 분명한데, 그들이 획득해야 하는 보호령은 더 개인화되고, 모든 특수한 성격들을 잃어버렸다. J. A. 콜(Kohl)은 오지브웨 족의 "미데 계급"(ordre des Midé)에 가입하는 예식들을 자세하게 기술하였다.[37] 그 절차는 다음과 같다: 거룩한 오두막을 세운다.[38] 아이는 널빤지에 묶여 있고, 모든 예식들이 진행되는 동안 모든 인격이 상실된 것처럼 있다. 모든 참가자들은 성장(盛裝)하고, 물감을 칠한다. 오두막 안에서 일반적인 행진을 한다. 주술사-대제사장이 참가한 모든 사람들을 죽인다. 그리고 사람들이 그들을 하나씩 다시 살린다. 예식의 모든 중요한 장면 다음에 행진, 학살, 부활이 행해진다. 대부와 대모를 동반한 아버지가 그의 아이를 추장에게 바치고, 그 다음에 그와 함께 한 사람들과 춤을 춘다. 이것은 정오까지 계속된다. 오후가 되면, 사람들은 오두막의 중앙에 천으로 덮은 나뭇가지인 성물(sacra)을 전시하고 다시 한 번, 두 번 그 둘레를 행진하면서, 각자가 색칠한 조개껍질을 입에 물었다가 그 천 위에 떨어트려서 천이 덮일 때까지 다섯 번까지 돈다. 그 다음에 행진이 다시 시작되는데, 이번에는 각자가 돌 때마다 조개껍질을 하나씩 모은다. 조개껍질들은 거룩하게 되어서 중요한 "약"으로 쓰이게 된다. 그리고 나서 거기 참석한 사람들은 각자가 거룩한 북을 치고, 일종의 기도의 노래를 하며, 모든 남성들은 담배를 피우는데, 그것은 제의 행위이다. 저녁 무렵에 지도자들과 사제들은 아버지가 주는 선물을 받으며, 그 답례로 그들은 아버지에게 "약"들과 부적을 준다. 대사제가 "키쉬마니투(Kitschimanitou)의 신적 축복"이라고 부르는 담론을 한다.

---

37   J.- A. Kohl, Kitschi-Gami, Breme, 1859, t. I, 59-76.
38   Ibid., t. II, 74.

물에 삶은 옥수수로 공동의 식사를 하고, 그 예식이 진행되는 가운데 그 아이에게는 이름이 주어진다.

아리조나의 주니(Zuni) 족에서 남자 아이들은 반드시 코티킬리(Ko'tikili, 신화적인 형제 단체)와 키위치베(Kiwitsiwe, 일종의 사원인 거룩한 예식장) 가운데 하나의 예식장에 입회해야 하는데, 그 예식장은 아이가 태어날 때 그를 받아 준 산파의 남편이나 큰 아들이나 큰 오라비의 것이다. 그 사람은 그 아이가 자발적으로나(12세나 13세)[39] 마지못해서(어린 나이라서) 입문식을 할 때 대부가 된다. 더 나아가서, 남자나 여자 각 개인은 여러 개의 "단체들"이나 기우제, 주술적-의료 모임에 참가해야 하는데, 그 각 모임에서는 서로 다른 입문식이 행해진다.[40] 다음에 소개하는 것은 코티킬리에서 자발적으로 이루어지는 입문식의 입문의례 절차이다.

1) 대부(代父)는 신입자를 키위치베(kiwitsiwe)에 데려온다. 2) 두 여자가 신입자의 등에 넷으로 접은 네 장의 융단을 놓는다. 3) 대부는 신입자가 아무것도 볼 수 없도록 신입자의 머리를 천으로 싼다. 4) 신입자는 네 사야쓸리아(Sayathlia) 신(네 명의 남자가 가면을 썼다)으로부터 유카 선인장 가지로 등을 네 차례 맞는다. 5) 각 여자들은 각 사야쓸리아 신으로부터 등을 한 대씩 맞고, 네 개의 융단을 벗긴다. 6) 그 젊은이는 다시 한 번 각 신으로부터 네 대씩 맞는다. 7) 대부는 천을 제거하고, 신입자의 머리에 거룩한 장식인 독수리의 깃털을 꽂는다. 8) 네 신은 그들의 가면을 벗고, 신입자는 그들이 누구인지 알아본다. 9) 네 명의 신입자들을 네 사야쓸리아 앞에 데려가고, 그들로부터 가면과 유카 선인장 가지 하나씩을 받는다. 10) 신입자들은 각 사야쓸리아의 오른쪽 팔과 왼쪽 팔, 오른쪽 발목과 왼쪽 발목을 이 가지로 때린다. 11) 신입자들은 그의 가면을 각 사야쓸리아

---

[39] Mme. M.-C. Stevenson, *The Zuni Indians, their mythology, esoteric fraternities and ceremonies*, XXIII Ann. Rep. Bur. Am. Ethnol., Washington, 1904, 65.

[40] Cf. ibidem., 특히 490-511; 522-527; 532-549; 550-564; 570-572; 578 이하. 그리고 413, 415, 421, 426 등.

에게 준다. 12) 사야쓸리아들은 그들의 가면을 다시 쓰고, 각 대부들의 팔과 발목을 때리고, 입문식은 끝난다.[41] 사람들은 이 모든 예식들에서 매질(flagellation)[42]이 우선 순전히 분리의례의 의미를 가지고 있으며, 그 다음에 가입의례의 의미를 가지고 있는 것을 주목하게 된다. 이것과 그 절차가 거의 비슷한 나바호(Navaho) 족[43]의 입문식에서도 매질이 행해지는데, 차이점은 등장하는 신들의 숫자와 매질의 숫자 정도이다. 그밖에도, 신입자들에게 가루를 뿌리는 경우도 있는데, 그것은 오직 여성들의 입문식에서만 행해지고, 여성들에게는 특별한 성물(아주 촘촘히 난 네 개의 알이 달린 이삭인데, 네 개의 유카 선인장 가지에 고정되어 있다)이 던져진다. 사람들은 그 성물(聖物)들을 만지고, 곧 이어서 발바닥, 손바닥, 팔뚝, 가슴의 윗부분, 쇄골, 어깨뼈, 머리 꼭대기에 가루를 뿌린다. 우리는 기독교의 세례식과의 유사성에 주목하게 된다. 그것들은 모두 공동체에의 가입의례이다. 나는 입문식의 거행에 고정된 나이가 없고, 개인이 예외 없이 거룩한 가면을 쓸 수 있도록 그 예식은 똑같은 절차대로 네 차례 반복되어야 한다는 사실을 덧붙이고 싶다. 마지막으로 하는 동작들은 다음과 같다: 첫째, 가면을 다시 쓴다. 둘째, 신입자들이 거룩한 가루를 가면에 뿌린다. 셋째, 신입자들이 거룩한 향을 흡입한다. 처음에는 북으로 사용하려고 그릇을 뒤집는다. 그리고 이제 그것을 뒤집으며, 의식은 끝난다. 다른 절차들에 대해서 살펴보기 전에 나는 한 가지 사실을 지적하고자 하는데, 그 예식에서 중요한 행동은 북미 지역이나 오스트레일리아에서 신입자들에게 그들이 어린 시절 도깨비[44] 같이 생각했던 것은 단순한 성물로서 오스트레

---

41 *Ibidem.*, 103-104. 나이가 조금 어린 아이들을 위한 입문식을 위해서는 *ibid.*, 94-101.

42 입문식으로서의 매질에 대해서 재미있는 것은, Latitau, *Moeurs des Sauvages Amériquains*, Paris, 1724, t. I, 273을 참고하시오.

43 Wash. Matthews, *The Night Chant, a Navaho ceremony*, Mem. Am. Mus. Nat. Hist. New York, t. VI(1902), 116-120.

44 Cf. 신적 도깨비에 관해서는 나의 *Mythes et Légendes d'Australie*, 제VII장, "Les deux doctrines religieuses et le rhombe sacré"을 참조하시오.

일리아에서는 제례용 악기이고, 아메리카에서는 가면이라는 것을 보여준 다는 사실이다. 그밖에 입문식을 마친 사람의 특권은 그가 특정한 규칙을 따라서 성물에 접촉하여 초자연적 위험을 당하지 않고 그것을 다룰 수 있게 되는 것이다. 그리고 이 두 요소는 아시아 지역과 그리스 비교(秘敎)의 입문식에서 절정을 이룬다.

매우 흥미 있는 것은 시바교(Sabéen)에서 행하는 반복적인 세례 의식인데, 그 종교는 세례자 요한에 의해서 설립되었다고 하며, 배화교, 유대교, 기독교, 이슬람교 등이 혼합된 종교이다. 세례에는 세 가지 범주가 있다: 첫 번째는 유아세례로 한 살 때 한다. 두 번째는 여러 가지 얼룩을 정화시키는 것이다. 세 번째는 매년 판초(Pancho)라고 불리는 축제 기간에 5일 동안 거행하는 집단적 세례이다. 거기에는 시바교도로 태어난 사람만 참석할 수 있고, 숨바(soubba) 예배에는 그 어떤 이방인도 참석할 수 없다. 따라서 거기에서는 분리의례가 행해지지 않는다.[45] 이 예배는 시바교도 사회에서 특별한 위치를 차지하고 있다.

오세아니아 주(오스트레일리아를 제외하고)는 물론 아프리카의 "비밀결사"들은 토템 씨족이나 형제 관계적 모임들과 달리 자연을 통제하려고 하지 않는다. 그러나 그것들은 주술적-종교적 성격을 띠면서 세속적인 의미에서 더 정치적이고, 사회적이다. 입문의례의 일반적인 의미를 보거나 자세한 부분을 보며, 입문의례들은 우리가 여태까지 말했던 것들과 아주 비슷하다. 비슷한 점은 특히 용제(Jonghe)[46]가 자세하게 기술한 공고의 의례에서 두드러지게 나타난다. 유감스럽게도 그는 신입자의 나이가 7세부터 20세까지 펼쳐져 있고, 평균 연령이 10세부터 15세인데도 불구하고 이

---

45   더 자세한 것을 위해서는 다음 서적을 참조하시오. M. Sioufﬁ, *Etudes sur la religion des Soubba ou Sabéen, leurs dogmes, leurs moeurs*, Paris, 1880, 76-82.
46   Ed. de Jonghe, *Les sociétés secretes au Bas-Congo*, Bruxelles, 1907; Leo Frobenius, *Die Masken und Geheimbuende Afrikas*, Halle, 1898은 가장 신중하게 참고하여야 한다. H. Nassau, *Fetishism in West Africa*, Londres, 1904, 250 이하와 263. 그리고 Pechuel-Loesche, *Volkskunde von Loango*, Sttgardt, 1907, 452는 용제의 주장을 보충한다.

것을 "사춘기의 의례"라고 하였다.[47] 그러나 우리는 콩고 원주민들의 정확한 신체적 사춘기 나이에 대해서는 알지 못한다. 더구나 저지대-콩고 부족의 모든 구성원들이 반드시 응킴바(nkimba)나 니엠보(niembo)에 가입해야 하는 것은 아니다. 그것이 특별히 제한된 결사(結社)라서 나는 거기에 "비밀"[48]이라는 이름을 붙이겠다. 그러나 사춘기, 세대, 결혼 여부 등은 입회 예식에 아무 문제도 되지 않는다. 이 비밀 결사들은 콩고는 물론 기니(Guinée) 만의 모든 부족들을 망라한다. 그곳들은 지리적으로 통일되어 있다. 그 결사에는 오직 자유민의 똑똑한 아들들과 부유한 노예의 아들들만 받아들인다. 예식의 기간은 부족과 관찰자에 따라서 2달에서부터 6년까지로 다양하다. 그 예식들에는 모든 종류의 부정적 의례(금기)들과 긍정적 의례들이 포함되어 있다. 그 의례의 절차들은 다음과 같다: 사람들은 신입자를 그의 내적 환경으로부터 분리한다. 숲속[49]에 들어가서 격리되고, 물을 뿌리면서 정화되고, 매질 당하며, 종려 주(酒)에 취해서 정신을 잃게 된다.[50] 거기에서 그들은 "죽고", 새로운 환경에 가입하게 된다. 그 다음에 전환기가 온다: 몸에 상처를 내거나(때때로 비밀 결사와 관계없이 이른 나이에 행해지는 할례), 하얀색[51]이나 붉은색으로 몸을 칠한다. 신입자들은 수련 기간 내내 벌거벗는데, 그것은 그들이 죽었기 때문에 피정(避

---

47 cf. 그의 논의는 *loc. cit.*, 21-23에 있다.

48 부족의 보통 사람들이 누가 그 결사에 참여하였고, 참여하지 않았는지 아주 잘 알기 때문에 그 용어는 우리나라에서처럼 정확한 것은 아니다. 예를 들어서 말하자면, 우리는 적어도 이론적으로 누가 프리메이슨인지 아닌지 알지 못한다.

49 이 책에서 살펴본 대부분의 예식의 처음 행동이 어느 정도 엄밀하고, 길기 때문에 M. de Jonghe, *loc. cit.* & Leo Frobenius, *loc. cit.*, passim 등의 이상한 해석을 논의할 필요는 없다.

50 입문의례에서 신입자의 마취는 중요한 요소이다. 아메리카에서 사람들은 담배나 페요틀을 흡입함으로써 정신을 잃는다. 다른 곳에서는 향을 피우거나 매질하거나 학대 받거나 체형을 당함으로써 마취 상태에 빠진다. 그 목적은 신입자를 "죽게 하고", 그의 과거의 세계와 처음 인격에 대한 기억을 상실하게 하려는 것이다.

51 이 주제에 대해서는 J.-G. Frazer, *Golden Bough*, t. III, 430과 Webster, *Secret societies*, 44의 각주. 여기에서 하얀색은 종종 죽은 사람의 색으로 간주된다. 그러므로 그렇게 하는 것은 신입자가 "죽었다"는 것을 가리킨다.

靜) 상태에서 나와서는 안 되며, 특히 사람들에게 보이면 안 되기 때문이다. 응강가(nganga, 주술사-사제)의 가르침이 행해지고, 특별한 말을 하고, 특별한 음식(음식 터부)을 먹는다. 그 다음에 그 전 환경에로의 재가입의례가 행해지는데, 그것은 토템 씨족이나 형제 관계 집단에 존재하지 않는 요소이다. 입문식을 거친 이들은 걷거나 먹을 줄 모르는 것처럼 한다. 간단히 말해서 그들은 갓난아기(부활한 것)처럼 행동하고, 일상생활에 필요한 모든 행동들을 다시 배우는 것처럼 하는 것이다. 그들이 그렇게 하는 데는 몇 달이 필요한데, 그 전에 그들은 강에서 몸을 닦고, 거룩한 오두막을 태워버린다. 말하자면, 그것은 이중적인 시나리오로서 공동의 환경과의 분리의례와 거룩한 환경에의 가입의례—전환—국지적인 신성한 환경과의 분리의례와 공동의 환경에로의 재가입의례로 구성되어 있는 것이다. 그러나 입문식을 거친 사람은 신성한 세계를 통과하면서 주술적-종교적으로 특별한 자질을 얻는다. 남 카메룬의 야운데(Yaoundé) 족[52]의 입문의례와 기니 만(灣)의 여러 민족(Purra, Egbo, Oro, Mumo-Jumbo 사회 등)들의 일반적인 입문의례 도식들도 이와 일치한다.

　멜라네시아의 비밀 결사를 살펴보기 위해서 나는 먼저 코드링턴(Codrinton)[53]의 훌륭한 책을 참고할 텐데, 우리는 거기에서 피지(Fiji), 뱅크스(Banks) 제도, 누벨-헤브라이드(Nouvelles-Hebrides)의 입문의례들에 대한 기술을 보게 될 것이다. 그러나 그 결사들이 토테미즘과 관계가 되는지는 확실하지 않다.[54] 최근에 파킨슨(M. R. Parkinson)[55]은 비스마르크 군도와 솔로몬 제도에 있는 둑-둑(Duk-duk)으로 알려진 비밀 결사에 대한 새로운 정보들을 알려주었다. 다음에는 의례들의 절차가 있는데, 그것들은

52　cf. 더 자세한 것을 위해서는 Frobenius, *loc. cit.*, 67-74. Zenker, *Mitteil, aus den Deustch. Schutzgeb.* t. VIII(1895).
53　Rev. H. Codrington, *The Melanesians*, Oxford, 1891, 69-100.
54　멜라네시아의 토테미즘에 대해서는 A. Lang, *Social Origines*, Londres, 1903, 176-207을 참조하시오.
55　R. Parkinson, *Dreissig Jahre in der Suedsee*, Stuttgart, 1907, 567-642.

세밀한 부분에서도 거의 변화가 없다. 첫째, 사람들은 신입자를 거룩한 곳으로 데려온다. 둘째, 그는 거기에서 나이에 따라서 다소 세게 막대기로 맞는데, 그것은 일종의 신적인 도깨비로 투부안(Tubuan)이 때리는 것이다. 셋째, 신입자가 소리 지르는 것에 응답하여 멀리서 그의 어머니와 다른 부모들이 탄식한다. 넷째, 대부(代父)는 보조자들에게 선물을 주고, 사람들은 신입자에게 먹을 것을 준다. 다섯째, 투부안은 옷을 완전히 벗고, 신입자들은 그가 사람인 것을 알게 된다. 여섯째, 투부안의 옷은 받침대 때문에 서있는 채 있는데, 그것은 그 옷들에 힘(멜라네시아의 마나)이 가득한 것을 나타낸다. 일곱째, 보조자들이 춤을 추고, 그들의 춤과 그 결사의 비밀들을 신입자들에게 가르친다. 여덟째, 모든 보조자들은 공동으로 식사한다. 아홉째, 각 신입자들은 12세 가까이 되었으면 예식복을 받지만, 아직 어린아이라면 몇 년을 더 기다려야 한다. 입문식의 끝이 되는 옷의 수여는 다른 날 특별한 예식 절차를 따라서 행해진다. 그러므로 여기에서도 다시 분리의례, 전환 기간, 가입의례를 분명히 볼 수 있다.[56]

그것은 피지의 예식 의례에서도 마찬가지인데, 거기에서 신입자는 다른 것들과 함께 발부터 머리까지 검은색으로 칠해졌고, 창자가 불쑥 삐져나온, 두 개의 시체로 생각되는 것 사이를 지나가야 한다(그것은 희생제에서 죽인 두 마리의 돼지이다).[57]

타히티와 폴리네시아의 다른 지역에 있는 아레오이(Areoi)의 정치적, 전사적(戰士的), 약탈적 결사에는 그 구성원들의 계급에 따라서 문신이 점점

---

[56] 가젤라 반도(presqu'ile Gazelle)의 소년들은 어렸을 때부터 마라보트(Marawot) 또는 잉지에트(Ingiet)라고 불리는 결사에 가입하는데, 그것은 아버지나 삼촌이 비밀 결사에 지역 화폐를 희사해서 이루어진다. 그러나 그들이 특별히 복잡한 춤을 배우는 견습 시절은 오래 걸린다. 파킨슨이 그의 책 598쪽 이하에서 말하는 바에 의하면, 이 결사는 주니 족의 주술적이고-의료적인 형제 관계 모임과 같은 범주에 속하는 것 같다.

[57] cf. Fison과 Joske의 기술을 더 자세하게 보충하는 것으로는 Basil Thomson, *The Fijians*, Londres, 1908, 148-157을 참조하시오.

더 복잡해지고, 숫자가 늘어나는 일곱 개의 계급, 등급 또는 지위가 있다.[58] 그 결사는 구성원을 모든 일반적인 결사들에서 충원한다. 그 구성원이 되려는 사람은 정상적이지 않은 방식으로 옷을 입고, 장식하는데, 그것은 미친 것처럼 보이기 위해서이다. 그렇게 한 다음에 그 사람이 유용하다고 생각되면, 구성원들은 그를 하인으로 받아들인다. 이렇게 그가 일상적인 사람과 다르다는 것을 보이려는 것인데, 나는 이 예식에서 자발적인 분리의 의례를 본다. 어느 정도 시간이 지난 다음, 사람들은 그를 신입자로 받아들인다: 1) 사람들은 그의 이름은 바꾼다. 2) 그는 그의 아이들을 죽여야 한다. 3) 그는 어떤 성가(聖歌)를 부르는데 필요한 어떤 자세를 배워야 한다. 4) 그는 추장의 아내의 옷을 훔쳐오면서 일곱 번째 계급에 들어가게 된다. 그 다음 등급으로의 이행은 다음과 같이 이루어진다: 1) 모든 아레오이 구성원이 예복을 하고 모인다. 2) 백성들의 사원(寺院)에서 신성한 돼지에게 기원하고, 지원자들이 원하는 지위와 함께 그들의 이름이 호명된다. 3) 행진하면서 사원에 들어가고, 지원자가 신성한 돼지의 신에게 공물을 바친다. 사람들이 그것을 잡아서 같이 먹거나, 아니면 풀어준다. 4) 평상시에는 각 등급에서 지켜야 하는 성적 금기들과 음식의 금기들이 해제(解除)되는 대연회가 열린다. 엘리스(Ellis)의 책에 의하면 그때 남녀 사이의 성적 교섭이 난잡하게 이루어질 뿐만 아니라 남색도 이루어지는 듯하다고 한다.[59] 5) 음악과 춤과 극적인 표현들이 이루어진다. 6) 지원자가 새로 얻은 등급에 따라서 문신이 행해진다.

멜라네시아에서 입문예식과 한 등급에서 다른 등급으로의 이행은 더 단순하다.[60] 그 중요한 요소들은 다음과 같다: 동전(모타, 뱅크스 제도)이나 돗자리(레프뢰 제도)를 예식에 따라서 교환한다. 결사(*suqe, huqe* 등)의 구성원들에게 돼지를 선물로 주거나 콜레(*kole*)라고 불리는 공동의 예전

---

58 W. Ellis, *Polynesian Researches*, Londres, 1829, t. I, 319-324.
59 Cf. Ellis, *ibidem*, 325.
60 Codrington, *The Melanesians*, 101-115.

적인(cérémoniel) 식사를 하는데, 이것은 브리티쉬 콜롬비아의 포틀라츠(potlatch)를 상기시킨다. 쉬크(suqe)가 비록 사회적이고, 경제적 관문이기는 하지만, 하나의 등급(뱅크스 제도에는 18개 등급이 있다)에서 다른 등급으로의 이행을 결정하는 부(富)의 정도에 따라서 결정되는 주술적-종교적 요소는 그 개인의 마나(mana)[61]에 달려 있다. 그래서 그 사람의 지위가 높아질수록 그는 마나를 소유한 것으로 여겨지고, 각 쉬크에는 어느 정도 커다란 양의 마나가 있는 것으로 생각된다. 그것은 아메리카 원주민의 형제 관계 모임에서의 마니투(manitu), 오렌다(orenda), 나우알(naual)의 경우에서도 마찬가지다.

연령 계급에서의 입문식의 경우, 나는 여기에서 마사이(Masai) 족의 예식만을 자세하게 다루려고 한다. 오스트레일리아의 수많은 부족들에서 의례들이 어느 정도 길게 진행된다는 사실은 쉬르츠[62]와 웹스터[63]에게 토템 집단에서 행하는 입문의례를 연령 집단에서 행하는 연속적인 통과의례들과 혼동하게 만들었다.

마사이 족에게 "사춘기는 12세경에 이루어지며",[64] 소년의 할례는 그들이 충분히 자랐을 때, 다시 말해서 12세와 16세 사이에서 이루어지고, 때때로 부모가 부유하면 더 이른 나이에 행해지기도 한다. 그러나 부모가 가난하면 늦게 행해져서 그 예식에 드는 비용을 치를 수 있을 때까지 연기된다. 여기에서도 사회적 사춘기와 신체적 사춘기가 다르다는 것을 알 수 있다. 할례는 매 4년이나 5년 마다 행해지는데, 같은 시기에 할례를 받은 모든 사람들은 같은 연령 집단에 속하고, 추장이 부여한 특별한 이름을 가

---

61 ibidem., 103.
62 H.Schurtz, loc. cit., 141-151. 더 나아가서 그는 그의 논의에 혼인 집단 등 다른 범주도 포함시키고 있다.
63 Webster, loc. cit., 84-85.
64 M. Merker, Die Masai, Berlin, 1904, 55. 여기서 말하는 것은 아마 신체적 사춘기인 듯하지만, 소년의 경우인지 소녀의 경우인지는 언급하고 있지 않다.

진다.⁶⁵ 영국령 마사이 족에서 소년이나 소녀는 그들의 아버지가 "담을 넘어가는" 의례라고 불리는 것을 행해야만 할례를 받을 수 있고, 그것을 통해야만 그 아버지는 "원로"(viellard)가 될 수 있으며, 그런 다음에야 '누구의 아버지'라고 불릴 수 있다.⁶⁶ 그들의 예식의 절차는 다음과 같다: 1) 모든 지원자들이 무기를 가지지 않고 모인다. 2) 그들은 하얀 진흙을 바르고, 두세 달 동안 이 마을, 저 마을을 다닌다. 3) 그들은 삭발을 하고, 소나 양을 도살한다. 4) 그 다음 날, 그들은 소녀들이 각 지원자들의 오두막에 심은 나무(아스파라거스의 일종)를 자른다. 5) 그 다음 날, 그들은 찬 공기를 마시고, 찬 물로 씻는다(메르커는 마비시키기 위해서라고 한다). 6) 수술하는 이는 지원자의 포피를 자르고, 피를 머금은 소의 가죽을 소년의 침대 위에 놓는다. 7) 지원자들은 사흘 동안 갇혀 있다. 8) 그들은 밖으로 나와서 소녀들을 쫓아다니고, 종종 여자 옷을 입으며, 얼굴에 하얀 진흙을 바른다. 9) 그들은 작은 새와 타조의 깃털로 머리를 장식한다. 상처가 나으면, 그들은 삭발을 하고, 머리카락을 자를 수 있을 정도로 충분히 자라자마자 일-뮈랑(*il-muran*) 또는 전사(guerrier)라고 불린다. 여자아이들은 다음과 같다: 1) 소나 양을 죽이고, 2) 집 안에서 수술이 행해진다. 3) 그녀들은 머리를 아라비아 종려나무 잎이나 풀들로 장식한다. 상처가 다 회복되면, 시집보낸다.⁶⁷ 독일령에 사는 마사이 족에게서 그 절차들은 다음과 같은 것들만 빼놓고는 똑같다: 첫째로 수술이 끝난 다음, 할례를 받은 아이들의 아버지들과 이웃의 모든 남자들이 참석한 가운데 성대한 식사가 행해진다. 둘째로 젊은 (총각) 전사들은 그들의 애인인 젊은 처녀들과 춤을 추고, 즐거운 시간을 가진다. 셋째로 수술 받은 이들의 격리 기간은 7일이다. 넷째로 외출의 첫날 그들은 하얀 소를 도살하고, 고기를 나누며, 뼈들은 불에 던진다. 소녀들의 경우는 다음과 같다: 1) 여러 명을 한꺼번에 수

---

65 Merker, *ibidem.*, 60-61.
66 A. Hollis, *The Masai,* Oxford, 1905, 294-295.
67 *Ibidem.*, 296-299.

술한다. 2) 머리를 삭발한다. 3) 그녀들은 상처들이 다 아물 때까지 그녀들의 집에 머문다. 4) 그녀들은 타조의 깃털을 꽂은 머리를 풀로 장식하고, 얼굴은 하얀 진흙으로 칠한다. 5) 마을의 모든 여성들은 공동의 식사에 참석한다. 6) 약혼자가 결혼 지참금을 다 갚자마자 결혼은 즉시 이루어진다.[68] 문제가 되는 예식들은 할례를 성인의 성적 모임에 포함시키기 때문에 적어도 성적인 특성이 있다고 할 수 있다. 그 수술의 목적이 결혼을 위한 것이기는 하지만, 우리는 그 자체로서는 성적 결합을 위한 것이 아니라 사회적 제도라는 사실에 주목할 것이다. 할례를 받기 전에, 메르커는 몇 살인지 정확하게 밝히지 않지만 소녀들은 일정한 나이부터 젊은 전사(최초의 연령 집단)들이 사는 곳에 거주하고, 각자는 애인 하나나 여러 애인들을 거느리기 때문이다. 그러나 그녀들은 임신해서는 안 된다.[69]

그녀들의 그 다음 연령 집단은 결혼한 여성들의 집단과 머리가 하얗게 세고, 폐경이 오는 마지막 여성 집단이다. 사내아이들은 먼저 소년(*aijoni*)이었다가, 그 다음에 지원자(*siboli*)가 된다. 그리고 2년 동안 전사 후보자나 견습자(*barnoti*)가 되었다가 그 다음에 소위 전사(*morani*)로 된다. 그들은 28세부터 30세까지 전사가 되었다가, 그 다음에 결혼하여 성인(*moruo*)이 된다.[70] 이렇게 여기에서 결혼 예식은 다른 민족들과 달리 하나의 연령 집단에서 다른 집단으로의 통과의례의 성격을 지니고 있다.

나는 웨이야오(Wayao) 족의 의례들에 대해서도 언급해야 하는데, 그들은 인도의 토다(Toda) 족에서 볼 수 있는 것처럼 연령 집단과 그 다음 단계로 넘어가는 의례와 전환의례를 행하기 때문이다. 웨이야오 족 소녀들의 우냐고(*unyago*)는 네 가지 단계로 나누어져 있다. 1) 쉬푸투(*chiputu*) 단

---

68   Merker, *loc. cit.*, 60-66.
69   *Ibidem*., 83.
70   *Ibidem*., 66-67. 자세한 것으로는 메르커(Merker)의 책을 권한다. 마사이 족에게서 결혼한다는 것은 우리네의 경우와 전혀 다르게 삶의 방식을 근본적으로 바꾸는 것을 의미한다.

계: 7, 8세 또는 9세부터 초경 때까지의 단계; 소녀들을 격리하고, 성적 질서에 대해서 가르치며, 작은 입술을 길이가 7cm나 그 이상으로 체계적으로 변형시키고, 에로틱한 춤을 가르치며, 결혼이 이루어진다. 2) 마텡구시 단계(matengusi): 초경을 한 다음에 잔치를 한다. 쉬푸투 기간 동안 결혼했을지라도, 초경이 시작되면 그녀는 그녀의 남편으로부터 떠나야 한다. 그녀는 격리되어서 월경과 관계되는 금기들에 대해서 배운다. 3) 쉬투움바(chituumba) 단계: 최초의 임신과 관계되는 의례들이 전체적으로 이루어진다. 다섯 번째 달에 머리카락을 면도하고, 여섯 번째 달에 격리되며, 임신한 여성의 금기와 모성에 대해서 배운다. 4) 왐바나(wamwana) 단계: 최초의 출산이 이루어진다. 남편은 아기가 혼자서 앉을 수 있게 되거나 6, 7개월이 되었을 때 마을의 추장의 허락을 얻은 다음에만 성교를 재개할 수 있다. 이 모든 예식들 가운데서 성적 연대는 뚜렷하게 부각된다.[71]

어떤 아메리카 원주민(아라파호[72] 족 등)에게서 하나의 연령 집단에서 다른 연령 집단으로의 이행은 더 주술적-종교적 측면을 가진 제의들을 통해서 이루어지지만 연령 집단들이 있는 대부분의 민족들에게 승급(昇級)은 전쟁이나 습격에서의 업적이나 모든 종류의 기여 및 축제에 바치는 공물에 의해서 결정된다. 연령은 결코 그렇게 크게 고려되지 않는다.

이슬람교와 고대 밀의 종교에의 입회가 푸에블로 족의 주술적-종교적 유대감과 비슷하기는 하지만 나는 이제 기독교, 이슬람교, 고대 밀의 종교에의 입회에 대해서 살펴보려고 한다. 그러나 기독교는 이집트, 시리아, 아시아, 그리스의 밀의 종교로부터 너무 많은 영향을 받아서 다른 것들을 제외하고 그것을 생각하기는 너무 어렵다. 오시리스, 이시스, 아도니스,

---

[71]   K. Weule, *Wissenschaftliche Ergebnisse meiner ethnographischen Forschungsreise in den Südosten Ostafrikas*, Berlin, 1908, Mitteil. Deutsch. Schutzgeb. Ergaenz.-Heft no 1, 4, 31-4.

[72]   cf. A. L. Kröber, *The Arapaho*, Bull. Am. Mus. Nat. Hist., New York, t. XVIII (19040, 156-158.

시리아의 여신들, 아티스, 디오니소스, 심지어 오르페우스 등을 숭배하는 고대 밀의 종교의 경제적 목적, 말하자면 때로는 일반적인 것(생명을 보존하는 모든 수단의 증대, 즉 가축과 식물과 토지의 비옥, 관개 등과 삶의 일반적인 조건이 되는 천체의 규칙적 운행)과 때로는 특히 농사에 관한 목적에 대해서는 만하르트(Mannhardt)[73], 프레이저[74], 레나크(Reinach)[75], 해리슨 양[76], 알비엘라(Alviella)[77], 쿠몽(Cumont)[78] 등의 연구에 의해서 이미 수행되었다. 그러나 이런 예식들로 구성된 의례들은 단지 증산이나 다산을 위한 감응적 의례와 우주와 대지의 매커니즘에 강제를 가하려는 의례의 측면에서만 연구되었을 뿐이다.

그 반면에, 그 절차들에 대해서는 거의 연구되지 않았다.[79] 그러나 자세하게 밝혀진 오스트레일리아와 푸에블로 인디언의 의례에 대한 현대의 연구와 문헌을 통해서 본 이집트와 인도 등지의 고대 의례의 현대의 연구는 언제나 그 의례들이 수행되고, 그 자체로 지켜야 하는 순서의 주된 흐름과 세세한 부분들까지 이미 본질적으로 주술적-종교적 의미를 가지고 있다는 사실을 보여 준다. 이 책을 쓴 주된 목적은 다양한 의례들의 절차로부터 그것들의 주된 존재 이유와 매커니즘 전반의 논리적 상황들을 추출하여―그것이 긍정적이거나 부정적이거나 상관없이―그것들을 독립적으로 보려는 "민속학적"이거나 "인류학적" 접근을 타개하려는 것이 틀림없다.

해리슨 양은 "비의"(mystère)는 "숭배자들이 어떤 정화 의식을 하지 않으면 결코 볼 수 없는 어떤 신성한 것(sacra)이 나타나는 의례"라고 하였

---

[73] W. Mannhardt, *Wald und Feldkulte*, 2e édit., Berlin, 1904.
[74] J. G. Frazer, *Adonis, Attis, Osiris,* 2e edition, Londres, 1907.
[75] S. Reinach, *Cultes, Mythes et Religions*, 3 vols., Paris, 1905-1908. 특히 t. I, 85-122.
[76] Miss Harrison, *Prolegomena to the study of greek religion*, Oxford, 1903.
[77] Golblet d'Alviella, *Revue de l'hist. des religions*, 1902 & 1903.
[78] Fr. Cumont, *Les religions orientales dans le paganisme romain,* Paris, 1907.
[79] Miss Harrison, loc. cit., 155. "다양한 입문식 의례의 정확한 순서가 별로 중요하지 않았던 것이 틀림없다!"

다.[80] 나는 "비의"(秘儀)는 "신입자를 속된 세계로부터 거룩한 세계로 통과하게 하면서 그가 신성한 세계와 함께 직접적이고, 지속적이며, 결정적으로 소통하게 하는 예식 전체"라고 말하고자 한다. 오스트레일리아의 츄링가(churinga)와 신성한 제례용 악기, 아메리카의 가면, 낟알, 성물, 카치나(katcinas, 푸에블로 족의 정령으로 인간과 신 사이를 중개한다—역자 주) 등처럼 엘레우시스(Eleusis, 그리스의 도시로 고대 사회에서 데메테르와 페르세포네를 기리는 비의를 거행하였다—역자 주) 비의[81]에서 성물(sacra)의 현시는 의례의 정점에서 이루어졌지만, 그것만 가지고 비의가 되는 것은 아니었다. 엘레우시스에서 행하였던 입문식 의례의 절차는 다음과 같다. 1) 후보자들을 모으고, 엘레우시스의 사제(hiérophante)는 금기에 의해서 손들이 깨끗하지 않고, 알아듣지 못하는 말[82]을 하는 모든 사람들을 격리시킨다. 이런 선택은 아프리카에서 비밀 결사에의 입문식에서도 볼 수 있는데, 그것을 담당하는 것은 주술사인 사제이다. 2) 신입자들은 엘레우시스 신전에 안내되고, 안으로 들어가면서 문 가까이에 있는 성수반에 담긴 물로 스스로 성화시킨다(기독교의 것과 비슷하다). 3) "할라데 미스타이"(halade mysthai, '신비의 바다여'라는 뜻—역자 주)라고 하면서 신입자들을 (뛰게 하면서) 바닷가로 데려온다. 이 달음박질은 소

---

80   Loc. cit.

81   나는 엘레우시스 비의를 위해서 해리슨 양이 것 이외에도 다음 저서들을 참고하였다. P. Foucart, *Recherches sur l'origine et la nature des mystères d'Eleusis*: I, *Le culte de Dionysos en Attique*, Paris, 1895, II, *Les grands des mystères d'Eleusis*, Paris, 1900, Goblet d'Alviella, *De quelques problèmes relatifs aux mystères d'Eleusis*, Rev. de l'hist. des Rel., 1902, t. XLVI, 173-203, 339-362; 1903, t. XLVII, 1-33, 141-173; 나는 13번 예식(젊은이들이 엘레우시스로 출발하는 것)과 14번 예식(아테네의 성물을 엘레우시스로 가져오는 것)은 입문식과 관계가 없으므로 제외하였다. 의례에 대한 인식, 예식의 가르침, 성물의 보호 등은 몇 집안(Eumolpides 등)에 보존되었다. 마찬가지로 오스트레일리아와 푸에블로 족 가운데 비의를 가지고 있는 것은 어떤 특정한 씨족(토템이든지 아니든지)이다. 비의 전수자에 대해서는 Foucart, *loc. cit.*, II, 110-111을 참조하시오.

82   cf. P. Foucart, *loc. cit.*, I, 31-33 & 110-111; Goblet d'Alviella, *loc. cit.*, 354-355.

위 엘라시스(*elasis*), 즉 분리 또는 추방으로 폼페(*pompe*)[83]에서도 찾아볼 수 있다. 이 의례는 지금까지 "나쁜 영향, 악마 또는 악을 물리치려는 것으로 해석되어 왔다." 그러나 나는 거기에서 그 전의 삶의 속적인 것과 분리하는 의례로서 다음 것들에 의해서 강화되는 예비적 의례라고 생각한다. 4) 바다에서 목욕하는데, 이것은 말하자면 정화의례이다. 사람들은 신입자에게 속적이고, 더러운 속성을 씻긴다. 각 신입자는 돼지를 데리고 와서 그 자신뿐만 아니라 돼지도 씻기는데, 많은 멜라네시아의 의례들을 생각나게 한다.[84] 5) 엘레우시스 신전으로 돌아오고, 희생제를 지낸다. 첫 번째 장면을 끝내는 예식이다. 보에드로미온(Boédromion, 그리스의 달력으로 9월에 해당―역자 주) 월 15일과 16일에 비의에 참석했고, 소(小) 비의의 가르침을 받은 신입자(néophyte)들은 바다로의 달음박질과 희생제가 끝난 다음에는 더 이상 공중(公衆)에 나타나지 않고, 음식에 대한 금기를 지키면서 은거지에서 머무른다. 6) 보에드로미온 19-20일에 이아코스(Iacchos, 엘레우시스 비의에서 중요한 역할을 했던 그리스의 신, 발음의 유사성 때문에 디오니소스와 혼동되기도 하였다―역자 주) 상(像)과 성물(聖物)들을 들고 아테네로부터 엘레우시스까지 행진하는데, 엘레우시스 신전에 도착할 때까지 중간에 여러 차례 행렬을 멈춘다. 신성한 무화과나무 지역, 크로콘(Crocon, 샤프론 꽃) 궁, 라리아(Raria, 성지) 지역, 칼리코로스(Callichoros) 우물, 데메테르가 앉았던 바위 등에서 행렬을 멈추는데, 그곳들은 모두 농경과 관계되는 곳들이다.[85] 7) 아테네처럼 벽을 세운 성벽 안으로 들어가는 것은 거룩한 세계에서 있었던 것을 세속적인 것으로부터 지키려는 목적이 있다. 입장의 금지는 테메노스(temenos, 성소로서 죄를 지은 이라도 이 안에 들어오면 잡을 수 없다―역자 주) 전 영역

---

[83] Harrison, loc. cit., 152. S. Reinach, loc. cit., t. II, 347-362.
[84] cf. W. Ellis, Codrington 등이 언급한 것 등. 또한 데메테르에 대해서는 Goblet d'Alviella, loc. cit., 189-190을 참조하시오.
[85] 처음에 멈추는 두 곳에 대해서는 S. Reinach, loc. cit., t. III, 102-104를 참조하시오.

에 적용되고, 이를 어길 때는 적어도 비의 기간에는 죽음으로 처벌된다. 그 다음 자세한 것에 대해서는 잘 알려져 있지 않다. 우리가 아는 것은 입문식과 관계되는 것들밖에 없다.[86] 그것들은 a. 각각의 것들이 지옥을 나타내는 칸막이로 나누어진 어두운 방을 지나가는 여행; 계단을 올라가기; 밝게 빛나는 살아 있는 지역에 도착하고, 성물을 보여주면서 왕좌가 있는 커다란 홀(megaron)에 들어가는 것[87], b. 세속 세계에 알려지지 않은 요소와 널리 알려진 전설에 포함되지 않은 것들과 함께 코레(Coré)의 납치에 대해서 표현하는 것이다. 이 부분은 오스트레일리아의 예식들에서 알케링가(Alcheringa) 족 조상들의 행동들을 표현하는 것과 정확하게 일치한다. 첫 번째 부분 (a)도 거의 어디에서나 있는 것이다. 속계(俗界)에서 죽은 신입자는 하데스를 돌아다니다가 거룩한 세계에서 다시 태어나는 것이다.[88]

8) 그 다음에 모든 종류의 의례들과 노래와 춤, 행진이 행해지는데, 거기에 대해서는 분명하게 알려진 것이 없다.[89]

우리는 엘레우시스 입문식의 의례 절차들의 커다란 흐름이 우리가 이미 살펴보았던 예식들과 같은 범주에 속한다는 것을 안다. 이와 같은 절차는 오르페우스교의 입문식, 트라키아의 종교적 결사, 디오니소스, 미트라스교(단계들로 나누어진 입문식)[90], 아티스, 아도니스, 이시스 등에서 신입자

---

86   cf. Foucart, *loc. cit.*, I, 43-47. II, 137-139.
87   성물과 성물의 성격에 대해서는 Harrison, *loc. cit.*, 158-161을 참조하시오.
88   그래서 플루다르크는 이렇게 말하였다: "입문식을 거행하는 것은 죽는 것이다." 그 반면에 오르페우스 비의에서 입문식은 "신성혼"이나 "신성한 탄생"이었다. Harrison, *loc. cit.*, 549-552.
89   전체적으로나 세세한 것에 이르기까지 엘레우시스 비의가 이집트에 기원을 두고 있다는 푸카르의 이론을 나는 받아들일 수 없는 듯하다. 하나의 상태에서 다른 상태로 넘어가는 행동들의 유사성 때문에 푸카르가 차용하였다고 말했을 것이다. 그렇다면, 그리스, 이집트 또는 아시아의 의례들이 오스트레일리아, 반투 족 또는 기니 원주민, 인도, 북아메리카 원주민들의 의례들과 아주 비슷한 것은 어떻게 설명할 것인가?
90   일곱 단계로 된 입문식과 신입자의 영혼이 행성의 일곱 영역을 계속해서 거치는 통과에 대해서는 Cumont, *loc. cit.*, 299-300, 310에 있는 참고문헌들과 토론을 참조하시오.

제6장 입문식 의례   109

(novice)의 죽음과 재탄생을 극화한 것에서도 똑같이 볼 수 있다. "이시스의 형제 관계"에의 입문식은 잘 알려져 있고, 아풀레(Apulée)가 말한 "요소들에 의한 통과"는 하데스를 거쳐 가는 여행[91]보다 신입자의 죽음에 대한 생각에 대해서 더 잘 말하고 있다. 왜냐하면 그것이 그가 해체되었다가 새로운 개체로 재구성되고, 만들어지는 것을 말하는 것 같기 때문이다.

같은 생각이 아티스 숭배의 입문식 의례들에서도 발견된다. 나는 아티스, 아도니스와 일반적으로 식물의 신들은 가을에 죽었다가 봄에 다시 태어나는 것을 안다. 그래서 그들에 대한 숭배는 다음과 같은 것들을 포함하고 있다. 1) 장례에의 금기(통곡 등)와 비탄이 행해지는 죽음의 극적인 표현, 2) 일상적인 삶의 정지와 함께 전환 기간, 3) 부활이나 재탄생 등이 그것이다. 여기에 대해서는 만하르트, 프레이저[92] 및 그들의 제자들에 의해서 자세하게 연구되었다. 그러나 그들은 이 예식들 전체가 동시에 우주적이고, 종교적이며, 경제적인 통과의례 전체라는 것에 대해서는 알지 못하였다. 그것은 더 광범위한 범주의 한 부분일 뿐이다. 그리고 이 책을 쓴 목적은 그 경계를 보여 주려는 것이다. 그래서 죽음, 전환, 부활에도 역시 임신, 출산, 농경의 목적과 무관한 집단에 입문식, 약혼, 결혼, 장례 예식들의 요소가 있다.[93] 아티스가 죽었다가 살아나기 때문에 입문의례 역시 그의 숭배자가 죽었다가 다시 태어나게 하리라고 생각하게 한다. 1) 그는 금식한다. 다시 말해서 그의 부정하고, 속적인 신체에서 떠나게 하는 것이다. 2) 그는 성물인 북과 심발즈를 울리면서 먹고, 마신다. 3) 그는 구덩이

---

[91] 죽음의 세계로의 여행에 대해서는 Philippe de Félice, *L'autre monde: Mythes et legéndes, le purgatoire de saint Patrice*, Paris, 1906. 그는 이런 신화와 전설이 어떤 경우 단지 입문식 의례가 입으로 전해진 것이라는 사실을 알지 못하고 있다. 특히 입문식에서 연장자나 교육자, 예식의 지도자 등이 이전에 행한 것을 암송한다는 사실을 잊어서는 안 된다. cf. A. van Gennep, *Mythes et Légendes d'Australie*, 제IX장과 *Mythe et Rite*를 참조하시오. 일반적인 이론에 관해서는 이 책의 제8장을 참조하시오.

[92] J. G. Frazer, *Adonis, Attis, Osiris*, 2e edition, Londres, 1907, 229-230.

[93] 다음의 제9장을 참조하시오.

에 들어가서 그의 위에서[94] 희생제를 치른 황소의 피로 온 몸을 적신 다음 머리끝부터 발끝까지 새빨개져서 나온다. 4) 며칠 동안 그에게는 갓난아기처럼 젖밖에는 주지 않는다. 그러므로 내가 생각하기에는 피의 의례는 죄를 씻는 기독교의 세례와 같은 의미를 지니고 있는 것 같다. 이것은 최근의 정보 제공자들인 알렉산드리아의 클레멘트(Clément d'Alexandrie)와 피르미쿠스 마테르누스(Firmicus Maternus)가 본래 직접적이고, 물질적인 의미에서 한 믿음에 근거를 두고 있다. 신입자는 갓난아기가 어머니의 몸에서 피범벅이 돼서 나오는 것처럼 피범벅이 돼서 구덩이에서 나왔던 것이다.

기독교인의 공동체는 처음에는 단일하였지만 그리스적이고 이집트적인 것만큼 아시아적인 예배의 영향 아래 점차 비의(mystère)의 정도에 따라서 세분화되었다.[95] 허입 의례(rite d'admission)는 11세기 초반 어린이 세례와 교황 젤라시우스의 성찬형식론에서 보는 것처럼 점차 복잡해지고, 체계화되었다. 기독교가 빠르게 확산됨에 따라서 어린이만 세례를 받는 시기가 곧 도래했지만, 오랫동안 어른들의 세례에만 알맞은 수많은 특성들을 가진 의식들이 계속해서 남아 있었다. 그것들을 살펴보면 다음과 같다. 첫 번째 단계는 세례지망자의 단계인데, 여기에는 다음과 같은 것들이 포함되어 있다. 1) 마귀를 추방하는 형식으로 숨을 내뿜는다. 2) 이마에 성호(聖號)를 긋는다. 3) 마귀를 추방하는 소금을 뿌려 준다. 우리가 보듯이, 이 의례들이 반쯤만 문명화된 어떤 사회의 것들처럼 직접적 의례는 아닐지라도 정령론적인 니제르와 아메리카 원주민들이 행하는 것들과 비슷

---

94 여기에서는 황소의 희생(taubole)과 숫양의 희생(criobole)에 대해서 논의할 지면이 부족하다. 그러나 여기에서 논의된 통과의례들과 반쯤만 문명화된 사람들의 그것들을 비교해 볼 때 지금 말한 그 어떤 해석도 받아들일 수 없다.

95 Goblet d'Alviella, S. Reinach, Cumont 및 E. Hatch, *The influence of greek ideas and usagee upon the Christian Church*(Hibbert Lectures, 1888), Londres, 1904 & Duchene, *Les origines du culte chrétien*, 3e éd., 1902을 참조하시오.

하다.[96] 첫 번째 의례는 분리의례이고, 두 번째 의례는 분리하고, 가입시키는 의례인데, 그것은 그리스와 초기 기독교의 비의 표시(σφραγη)에 해당한다.[97] 세 번째 의례는 특히 기도가 동반되는 것으로 보아서 가입의례이다.[98] 그 다음에 전환기가 온다. 세례지망자는 소(小)비의의 입문자처럼 신도들의 모임에 참석할 수 있으며, 교회에서 특별한 자리를 차지한다. 그러나 진정한 비의(성찬식)가 시작되기 전에 물러나야 한다. 그는 주기적으로 마귀를 쫓아내는 의식을 받음으로써 비 기독교인의 세계로부터 분리된다. 그는 점점 배우면서 "귀가 열리게" 된다. 마지막 마귀 추방이 끝나면 에페타(*effeta*)가 된다: 사제는 그의 손가락을 침으로 축축하게 한 다음 모든 세례지망자의 윗입술과 귀에 댄다. 지망자들은 옷을 벗고, 그의 등과 가슴에 신성한 기름을 발라준다.[99] 그들은 사탄을 거부하고, 그리스도와 연계될 것을 맹세하며, 사도신경을 외운다. 이것이 분리의례와 가입에의 준비 의례가 포함된 전환기의 마지막이다. 이 기간에 대한 것은 규정되어 있지 않다. 사람들은 죽을 때까지 여기 머무를 수도 있다. 대부분은 소위 말하는 가입의례들을 거행한다. 거기에서는 물을 축성하고[100], 그것을 세례지망자에게 뿌려 준다. 그러면 그는 그 다음 의례에서 선포하는 기도 용어를 따르자면 재생한 존재(*regeneratus*), 다시 받아들여진 존재(*reconçu*)로 된

---

96   정령론적 의례들의 기원에 대해서는 Hatch, *loc. cit.*, 20, 주 1과 S. Reinach, *loc. cit.*, 295와 주를 참조하시오.
97   Hatch, *loc. cit.*, 295와 주를 참조하시오.
98   Duchene; *loc. cit.*, 296-297.
99   앞에서 언급한 푸에블로의 의례(113쪽)와 도유(塗油)의 절차는 살아 있는 자의 세계에서 죽은 자의 세계로 통과하는 기독교 의례와 비슷하다.
100   ch. Duchene; *loc. cit.*, 311, 321. Dieterich, *Mutter Erde,* 114-115. 거기에 직접적으로 성적인 해석을 하려면 모든 브라만의 아이처럼 세례지망자들이 죽고 다시 태어나는 것으로 생각되는 것에 의해서 보충되어야 한다. 고대 기독교 교회에서는 세례 장소가 교회 본 건물의 외부였다. 따라서 중세까지 신입자, 고해자, 신생아, 최근의 세례자들은 전이 공간에 있어야 했다. 더구나 모든 사람들의 사원에는 마당, 현관, 대기실이 있어서 세속 세계로부터 거룩한 세계로의 급격한 이동이 방지된다.

다.[101] 세례 받은 사람은 그의 옷을 벗고, 그의 대부와 대모의 도움을 받으면서 흰옷을 입는다.[102] 그들은 주교 앞에 모이고, 주교는 그들에게 성호를 긋는데, 그것은 그들이 신에게 인정받았고[103], 신도들의 공동체에 가입되었다는 것을 분명하게 하는 의례이다. 그가 성찬식에 참석할 수 있는 것은 그때이다. 조금 후 그에게는 우즈너(Usener)가 디오니소스 비의에서 쓰였다고 뒤센느(Duchene)의 잘못된 견해를 따라서 인용한 꿀과 물과 우유로 만든 신성한 음료가 주어진다. 그 점에 대해서는 내가 특별히 여기에서 말하는데, 그것은 산모의 젖이 돌기 전에 유럽의 농촌에서 갓난아기에게 과거에 주었고, 지금도 주는 음료이다. 마침내 "재생"은 세례 받은 이들이 불을 켠 촛불을 들고 행진하는 것으로 두드러져 보인다. 그 커다란 불빛은 그리스의 비의를 상기시키고, "죽은 자들이" "진실한 날"의 빛에 의해서 태어났다는 것을 말해준다.

이것이 로마 가톨릭의 의례의 진행이다. 같은 생각과 같은 절차가 프랑스 가톨릭교회(Gallican, 프랑스적인 교회가 되어야 한다고 1869년에 설립된 가톨릭 교파—역자 주)에서도 발견된다. 세례 의식의 이 모든 체계화는 비교적 최근에 이루어졌고, 1세기에 이 의례들은 숫자도 많지 않았고, 복잡하지도 않았다는 사실을 잊지 말아야 한다. 거기에는 영지주의의 강력한 영향력이 작용했는데, 그들에게는 우리의 통과의례 도식과 가까운 입문의례의 계속적인 등급들이 있었다.[104] 원시 기독교의 세례는 다음과 같이 이루어졌다. 1) 금식, 2) 신성한 물에 잠기거나 뿌리기. 더 나아가서,

---

101 동사 *regenerare*의 문자적 의미가 받아들여져야 한다.
102 대부와 대모의 질문과 이에 대한 대답은 의례의 근본적인 목적을 뚜렷하게 보여준다. 그런 관점에서 슬라브 족의 현대 관습과 정통 의례를 비교하는 것도 좋을 것이다. 반쯤만 문명화된 사회와 기독교의 입문의례에서 대부가 차지하는 특별한 관계에 대한 연구를 하기에는 지면이 마땅하지 않다.
103 인간에서 신으로의 이행을 위해서는 Farnell, *Evolution of Religion*, Londres, 1905, 49; S. Reinach, *loc. cit.*, t. I, 127을 참조하시오.
104 cf. Goblet d'Alviella, *loc. cit.*, 145-146.

시대와 장소에 따라 지역의 실제와 신앙의 영향에 따라서 근본적인 절차에 모든 종류의 세밀한 의례들(정화의례와 마귀 추방 의례 등)이 덧붙여진다.

미사의 의례들이 어떻게 분리의례, 전환의례, 가입의례의 절차로 구성되었는지를 설명하는 것은 어렵지 않다. 입문식과 미사의 이론적으로 유일한 차이는 미사가 인도의 인신 공희와 일반적으로 우주적이고 인간적인 것들의 정상적인 운행을 보장하기 위해서 이루어지는 희생제처럼 주기적으로 새로워지는 입문식이라는 점에 있다.

우리가 알듯이, 이슬람교의 입회는 할례와 파티아(fatiha, 꾸란의 첫 번째 수라로 인도와 자비를 위한 기도인 7개의 아야로 구성되어 있다—역자 주)의 암송으로 이루어진다. 하지만 여러 다양한 이슬람교 민족들에서 이루어지는 할례의례의 변이와 변화에 대한 자세한 연구와 소아시아, 코카서스, 중앙아시아, 인도 등지에서의 의례의 발달은 세 가지 도식으로 나타난다고 할 수 있다.

또한 우리는 이와 같은 절차를 하나의 종교에서 다른 종교로의 이행, 즉 개종이 이루어지는 분리의례에서도 찾아볼 수 있다.[105] 예를 들어서 말하자면, 본래의 종교로 되돌아가려고 할 때 기독교의 고해성사에서 고해자는 이런저런 이유 때문에 신앙과 입문을 잃어버렸다가 그것을 되찾으려는 기독교인처럼 생각된다. 종교 교육과 여러 가지 심사들은 "고행의 실천"으로 대체된다. 그는 결혼하지 않거나 기존의 결혼을 파기해야 하며, 그의 직업에서 사임하고, 음식물과 지출에서 검소해야 한다. 간단하게 말해서, 고해자는 세례지망자보다 세속 세계로부터 더 "분리되어야" 했던 것이다. 고해성사는 고해자가 공개적으로 고백하고, 주교가 손을 댐으로써 끝나고, 고해자는 그 다음에 상(喪)을 당한 것처럼 지내거나 수도원에 가서 지

---

[105] 이슬람의 개종 의례에 대해서는 Montet, *Rev. de l'hist. des Rel.*, 1906, t. III, 145-163 & Ebersold, ibid., t. LIV, 230-231을 참조하시오.

내야 했다. 신도들의 공동체에 재가입하는 예식에는 훈계, "화해"의 기도가 포함되었고, 스페인에서는 "사면"(*indulgentia*) 예식이 있었다.[106]

이제 종교적 형제 집단에의 입문식에 대해서 살펴보자. 나는 불교의 형제 집단에의 입문 예식은 자료들을 쉽게 접근할 수 있기 때문에[107] 제외하고, 시크(Sikhs)교의 입문에 대해서 살펴보려고 한다.[108] 사람들은 기도를 해서 작은 주먹으로 떠온 설탕물을 성화시키고, 그것을 신입자의 머리와 눈에 뿌리고, 나머지는 모두 마신다. 그 다음에 그는 축성자와 함께 특별한 종류의 떡을 먹는다. "이것은 신입자를 재생하게 한다." 그는 그에 대한 답례로 그의 국적과 관계없이 그에게 주어지는 질문에 대한 답으로 '그는 파트나에서 태어났고, 구루 고빈드 싱(Govind Singh)이 태어난 곳인 알리왈리아(Aliwalia)에 살며, 고빈드 싱의 아들로서 시크교의 열 명의 구루 가운데 끝'이라고 대답해야 한다. 시나라야니의 챠마르(Chamar) 파의 입문식 예식에는 5일 동안의 수련기가 있다. 그 다음에 신입자는 구루의 엄지발가락을 씻고, 물을 마시며, 그와 같은 형제 집단의 성원들에게 과자를 나누어준다. 그 외에도 장뇌(camphre)를 태운다.[109]

모로코에서 이슬람교도의 형제 집단에의 입문식은 "물 먹이는 곳"(a-breuvoir)이라는 말에서 나온 위르드(ouird)라고 불린다. 그래서 물을 먹게 하는 것과 물을 먹는 행위 또는 액체를 허겁지겁 마시는 것이나 액체를 목구멍에 넘기는 것은 사실 중요한 가입의례가 된다. 아이사우와(Aissaoua) 집단에 가입하기 위해서 신입자는 입을 크게 벌리고, 예식을

106　Duchene, *Les origines du culte chrétien,* 3e éd., 434-445.
107　cf. Oldenberg, *Le Bouddha, sa vie, sa doctrine, sa communauté,* Paris, 2e éd 1902; 용화교로 불리는 중국 불교 지파의 입문의례에 대해서는 De groot, *Sectarianism and religious persecution in China,* t. I, Amsterdam, 1903, 204-220.
108　J. C. Oman, *Cults, customs, superstitions of India,* Londres, 1908, 95.
109　*Census of India 1901*. Ethnographical appendices, Calcutta, 1903, 173-174. 구루는 일종의 사제이며, 양심과 도덕의 지도자이며, 고백자이다. 내가 알기에 인도에는 조직적이고, 계급적인 성직자가 없다.

주재하는 사람은 그의 목구멍에 침을 세 번 뱉는다. 이 중심적인 의례에 다른 것들이 덧붙여진다.[110]

레인(Lane)에 의하면, 카이로에서 아드(ahd) 또는 입문식은 다양한 형제 집단들의 그것들과 거의 같다. 신입자(novice)는 부족의 수장(sheikh)을 마주 보면서 땅바닥에 앉아서 오른손 엄지손가락을 세워서 서로 밀면서 손을 잡는데, 수장(首長)의 옷소매가 두 손을 덮는다. 신입자는 신성한 공식을 수장을 따라서 정해진 숫자만큼 반복해서 외운다. 그 다음에 신입자는 수장의 손에 입을 맞춘다. 이 의례들은 몇 가지 점에서만 다를 뿐 약혼식의 의례들과 같다. 다른 점들은 약혼자의 손과 약혼녀의 표시물이 손수건으로 가려지고, 외우는 공식이 법적이며, 약혼자의 사회적 조건이 낮을 경우 약혼자가 거기 참석한 사람들의 손에 입을 맞추는 것 등이다.[111]

가톨릭교회의 수도회에 가입하는 예식들은 로마 가톨릭이나 프랑스 가톨릭교회 모두 의식서(Rituel)에 맞추어 유일회적으로 정해진 것이며, 부분적으로만 수도회에 따라서 다르다. 그래서 까르멜회에 입회할 때는 부활의례가 잇따르는 장례 의례들이 포함되어 있다.

수녀(修女)들과 성전의 창녀들이 그녀들의 새로운 신분으로 입회하려면 그녀들 역시 통과의례의 도식을 따라서 만들어진 예식들을 수행해야 한다. 먼저 로마 교황청에서 제정된 수녀들을 위한 가톨릭의 축성 절차를 살펴보자.[112] 1) 사람들이 "베일, 외투, 두건"을 쓰지 않고, 수련복을 입은 처녀들을 데려온다. 2) 그녀들은 자신들의 초에 불을 붙이고, 두 명씩 앉는

---

110 cf. Montet, *Les confréries religieuses de l'Islam marocain*, Rev. de l'Hist. des Rel., 1902, t. XLV, 11; Doutté, *Merrakech*, 103, 주3. 가입의례로서의 침에 대해서는 Sidney Hartland, *The Legend of Perseus*, t. II, 258-276; 그러나 어떤 사람에게 침을 뱉는 것은 때때로 분리의례이기도 하다. H. Nassau, *Fetishism in West Africa*, Londres, 1904, 213. 또한 공동체에서의 추방이다. Tsiganes, *Journ. Gypsy-lore Soc.*, N. Ser., t. II (1908), 185.

111 E. W. Lane, *Manners and customs of the modern Egytians*, éd. de 1895, 8e, 252-253, 174-175.

112 Migne, *Encyclopédie théologique*, t. XVII; Boissonnet, *Dictionnaire des cérémonies et des tites sacrés* (t. III),col. 539-563.

다. 3) 주교는 그녀들에게 세 번 "오라"고 말하고, 그녀들은 세 번 그에게 다가간다. 4) 그녀들은 둥글게 서서, 각자 그녀의 순결을 지킬 것을 약속한다. 5) 주교는 그녀들에게 "우리 주 예수 그리스도의 신부로서 축복 받고, 헌신하며, 연합되기를" 원하는가 하고 묻고, 그녀들은 "우리는 원합니다"라고 대답한다. 7) 그녀들은 입던 옷을 벗고, 새 옷을 입는다. 8) 주교는 그녀들의 면사포와[113] 반지와 머리 장식들을 축복한다. 9) 그 처녀들은 찬송가를 부른다: "나는 세상과 세상의 모든 것들을 경멸하였습니다. ... 나는 이제 참지 않겠습니다. 내가 바쳐진 것은 왕입니다. 나는 그를 보았습니다." 10) 주교는 기도드리고, 베레 디늄(vere dignum, '진실로 그럴 만하다'라는 의미—역자 주)이라는 찬송가를 부른다. 그는 주교관을 다시 쓰고, 이렇게 말한다: "이리 오너라, 나의 사랑하는 딸들아. 그대들은 나의 왕관이 될 것이다. 주님이 그대들과 하나가 되기를 바라신다." 11) 그녀들은 두 명씩 앞으로 나아가서 무릎을 꿇는다. "주교는 각자의 머리에 면사포를 씌우고, 그것을 어깨와 가슴 위에 내리며, 눈에까지 당기면서 말한다: 그대들이 세상을 멸시하고, 예수 그리스도의 신부가 되었다는 증거로 이 신성한 면사포를 받으라." 12) 그녀들이 모두 면사포를 쓴 다음, 주교가 다시 그녀들을 부르면서 "이리 와서 그대들의 혼인을 축하합시다"라고 한다. 그리고 "나는 여러분들과 하나가 되었습니다"라고 말하면서 그녀들의 오른손 약지(藥指)에 반지를 끼워 준다. 13) 머리의 관(冠)에서도 같은 예식이 행해진다. 14) 수녀들이 앞으로 기도 생활을 하고, 교회의 일과를 읽으며, 성무일과를 수행하게 될 수녀원을 위하여 의례적인 성가를 부르고, 내적인 기도를 하며, 알렐루야를 부르고, 영성체를 하며, 성체 강복식을 한다. 15) 마지막으로 축성된 수녀들을 여자 대수도원장에게 인계한다. 여기에서 행해진 것들에 담긴 사상은 다음과 같다: 옷을 갈아입고, 면사포를

---

[113] 이 의례들에 대한 고대의 기술은 존재하지 않는다. 어쨌든 면사포의 착용은 원시 기독교 시대의 결혼식에서 부부에게 둘렀던 양가죽을 대치했던 베일과는 아무 상관이 없다.

씀으로써 속적인 세계와의 분리가 이루어지고, 예수 그리스도와의 결혼으로 신의 세계에 가입하는데, 반지와 관 역시 세속의 결혼에서도 사용되는 물건들이다. 우리는 여기에서 분리의례가 반쯤만 격리되는 전환(수련)에서 끝나는 것에 주목하게 된다. 축성에 이어서 수련자는 속적인 세계와 물질적으로 분리(수녀원과 울타리)되면서 완전한 격리가 이루어진다.

고대 사회의 성전의 창녀들의 축성에 관해서는 잘못 알고 있는 것들이 많다.[114] 따라서 나는 힌두교의 몇몇 의례들에 대해서 말하려고 한다. 코앙바토레(Coimbatore)의 카이콜란(Kaikolan) 음악가 카스트 사람들은 각 가정에서 적어도 딸 하나는 사원의 무희, 음악가, 성전 창녀의 일에 종사하게 해야 한다. 예식의 첫 번째 절차들은 약혼식의 그것들과 비슷하고, 두 번째 절차들은 결혼식의 그것들과 비슷하다. 브라만은 그녀의 목에 약혼식과 결혼식에서처럼 우리의 반지와 비슷한 탈리(tali)를 걸어 준다. 그리고 그녀의 외삼촌은 그녀의 이마에 금띠를 둘러 주고, 그녀를 남자들 앞에 있는 널빤지에 놓는다. 첫 번째 성교 시 먼저 두 사람 사이에 칼을 몇 분 동안 놓는데, 그것은 인도에서 널리 행하는 혼인의례이다. 간단하게 말해서, 신에게 드리는 봉헌 예식은 일상적인 혼인예식들과 작은 점에서만 다를 뿐이다. 이것은 카이콜란의 실 짜는 사람들에게서도 마찬가지다.[115] 더한 것으로 벨라리(Bellary) 지역의 성전 창녀(Basavi) 축성예식에서는 앉아 있는 신입자 옆에 부재하는 약혼자를 나타내는 칼이 꽂혀 있고, 그녀는 그것을 오른팔로 잡는다. 다양한 의례들을 거행한 다음, 그녀는 일어서서 그 칼을 신의 성소에 가져다 놓는다. 그 의례가 신성한 무희(舞姬)를 위한 것이라면, 약혼자는 북으로 대체되고, 그녀는 그 북 쪽으로 몸을 기울인다. 성전 창녀는 탈리(반지)에 의해서 묶여 있고, 가운데가 빈 원판인 차크라

---

114 나는 여기에서 임시적인 성창(聖娼)에 대해서는(Mylitta, Héliopolis, Anaitis) 관심이 없다. cf. E. b. Tylor, Oxford, 1907에게 제출된 H. S. Hartland, *At the temple of Mylitta*, Anthropological Essays, 189-202.

115 E. Thurston, *Ethnographic notes in Sourthern India*, Madras, 1906, 29-30.

와 조개껍질로 문신을 하고 있다.[116]

입문의례에서는 계급, 카스트, 직업을 고려해야 한다. 이런저런 카스트나 사회 계급에 속하는 것이 세습이기는 하지만, 그것들이 모두 이런저런 토템 집단이나 주술적-종교적 집단에서처럼 어린아이가 태어나면서부터 그 집단의 소위 "완전한" 구성원으로 여겨지지는 않는다. 민족에 따라서 다르기는 하지만, 어떤 나이가 되면 예식들을 함으로써 그 집단에 가입해야 한다. 그러나 그 예식들은 주술적-종교적 요소가 덜하고, 그와 반대로 정치적-법적 요소가 더 중요하다는 점에서 여태까지 말했던 것과 구별된다. 영국령 콜롬비아의 레쿠넨(Lekugnen) 족[117]에는 네 가지 계급이 있다. 추장(세습), 귀족(세습), 평민, 노예 등이 있는데, 계급 내에서 족내혼(endogamie)을 하며, 일상생활에서 식사 생활 등 엄격한 의례준칙을 지킨다. 어떤 계급에 속했는지는 이름에 나타나 있고, 명명 예식은 언제나 사춘기의 예식 다음에 있다. 그때 아버지는 성대한 잔치를 베풀어서 모든 하객(賀客)들이 모인 곳으로 대부(代父)와 함께 아들을 집의 내면에 바닥을 파고 만든 곳에 데리고 가서 노래를 부르고, 춤을 춘다. 그리고 온 가족이 춤을 춘다. 그 다음에 조상의 이름으로 선물을 나누어준다. 아버지는 귀족 가운데 마흔 살 된 사람에게 증인이 되어 달라고 부탁한다. 나이든 추장 두 사람이 그 젊은이를 가운데 끼고 큰 소리로 그 아버지가 자기 아들에게 주고 싶은 조상의 이름과 직위를 부르면서 앞으로 나온다. 그것은 보통 할아버지의 것들이기 십상이다. 참석한 사람들의 찬동은 손뼉과 고함으로 나타난다. 참석한 사람들에게 다시 선물을 나눠주는데, 그 아버지가 부자라면 거기에 참석한 보통 사람들은 선물에 호기심을 가진다. 그 다음에 공동으로 식사를 하고, 그 젊은이는 이제 그렇게 얻은 이름과 직위로만 불리게 된다. 여기에서는 중세 유럽(중요한 일이 있을 때나 수련생들에게 행해

116　*Ibidem*, 40; cf. 41.
117　C. Hill Tout, *Report on the Ethnology of the South-Eastern Tribes of Vancouver-Island, British Columbia*, Journ. Anthrop. Inst., t. XXXVII (1907), 308-310.

지는 것과 비슷하다)이나 일본에서 더 정교하게 이루어지던 것이 반쯤만 문명화된 형태로 이루어지는 것을 볼 수 있다. 여기에서는 바깥에 표지(標識)로 문장(紋章)을 내거는데, 그것은 토템 집단에서 토템을 대표하는 것을 내거는 것과 같고, 나이든 집단과 비밀 결사들이 제물을 드리거나 문신을 하는 것과 마찬가지이다. 토템의 표지처럼 문장을 내거는 것은 비의(秘儀)에서의 표지처럼 순전히 가입의례를 나타낸다. 그 형태들만 민족과 한정된 집단의 종류에 따라서 달라질 뿐이다.[118]

카스트에 속하는 것은 이론 상 세습적이지만, 카스트는 직업에 의해서 전문화될 수 있으며, 각자는 서열에서 특정한 자리를 할당 받는다.[119] 따라서 카스트에의 가입은 특정한 조건 아래서만 가능하다. 1) 어린이의 가입: 이 예식들은 제5장에서 살펴보았던 아동기의 예식 범주에 들어간다. 자연히 직업의 특수한 도구의 의례적 사용은 여기에서 중요한 자리를 차지한다. 그것은 카스트가 없는 민족들의 경우에서처럼 일반적인 감응의례가 아니라 한 개인이 특정한 집단에 정말 가입하는 의례이다. 2) 사람들은 낮은 카스트로부터 높은 카스트로 이동할 수 없고, 단지 높은 데서 낮은 데로의 이동만 가능하다. 거기에도 가입의례들이 행해지거나 단순하거나 유동적으로 이루어진다. 이때 영광스러운 것은 새로 오는 사람들이 아니라 낮은 카스트 사람들이다. 다른 한편, 인도의 어떤 지역에서 어떤 카스트들은 우선적으로 부족 자체이다. 따라서 가입의례들에서 그 카스트의 기본적인 사항들은 생략되고, 인도가 아닌 다른 지역의 이방인이 씨족이나 부족에 가입하는데 사용되는 의례들의 성격만 담은 것들로 행해지는 듯하다.[120] 3) 여기에서 분리의례들은 아무리 의식적이고, 의지적인 요소가 부

---

118 나는 이 생각에 대해서 지금 준비 중인 "문장(紋章)의 시작"(Débuts du Blason)에서 더 발전시킬 것이다. cf. A. van Gennep, *Héraldisation de la marque de propriété*, Paris, Revue Héraldique, 1906을 참조하시오.
119 카스트의 이론에 대해서는 C. Bouglé, *Essai sur le régime des castes*, Paris, 1908을 참조하시오.
120 이런 종류의 의례(공동의 식사, 특별한 음식이 제공되는 가입의례)들에 대해서는

재할지라도 중요한 역할을 한다. 각 카스트는 금기에 의해서 다른 카스트와 분리되기 때문이다. 그래서 낮은 카스트 사람을 접촉하거나 그와 같이 식사하거나 그의 침대에서 자게 하거나 그의 집에 들어가기만 해도 그가 접촉했던 사람의 카스트에 별다르게 가입하지 않더라도 자동적으로 그 자신의 카스트에서 제외된다. 이런 경우 벵갈(Bengale)에서는 종종 카스트에서 추방당한 사람은 이론상 적어도 이슬람교도, 즉 이슬람이 된다. 인도의 어떤 지역에서 이슬람교도는 카스트의 계급을 받아들이지 않기 때문이다. 마찬가지로, 모든 카스트의 구성원들은 아리야 사마즈(Arya Samaj)파나 시바나라야니(Sivanarayani) 파 같이 힌두교, 브라만교, 불교, 이슬람교를 다양한 정도로 혼합한 "종파"나 불교의 진정한 형제 집단에 가입할 수 있다.

 마지막으로 우리나라에서도 전문직에의 입회에는 적어도 종교적 성격을 가진 어떤 의례들이 포함된 특별한 예식을 해야 했다. 특히 그 동업 조합(guild)이 어떤 특별한 성격을 가진 종교적 형제 집단과 일치하는 경우는 더욱 그랬다. 옛날에 도제는 과거의 환경과의 분리가 없었을지라도 같이 식사하는 등의 가입의례에 의해서 끝이 났다. 우리는 동업 조합의 모집에는 엄격한 절차가 있었다는 것을 안다. 그러나 오늘날 같은 전문직이나 직업 내에서, 그렇지 않으면 다양한 직업이나 전문직 사이에서 모든 장벽들이 사라졌다고 믿어서는 안 된다. 현대 사회에서 통과를 방해하는 장애물들은 아마 의례적인 것들은 아닐 것이다. 그러나 거기에 대해서 말하자면, 새로운 형태는 기초는 비록 다르지만 통과의례로 표현되었던 경향들일 것이다. 조수(대장장이-조수나 목수-조수)는 그가 타고난 개인적인 소

Risley, *The Tribes and castes of Bengal*, Calcutta, 1896, t. II, 41, 49 등을 참조하시오. 나는 카스트에의 가입이 결혼에 의하여 이루어지는 것도 알고 있다. 닐기리 힐(Nilghiri Hill)에 사는 부족의 여성은 결혼에 의해서 카스트가 바뀌고, 그 예식을 "부족으로부터의 절단"이라고 부른다. 그 부족의 여성들은 약혼녀를 초대하여 식사를 같이 하면서 자신들의 카스트에 받아들이며 그녀를 본래 카스트로부터 떼어낸다.

질이 어떻든지 간에 예외적인 기회를 얻어서(때로는 결혼을 통해서) 그 옆에 있는 전문가 집단(대장장이, 목수 등)으로 넘어가지 못한다면 평생 동안 조수로 남는 경향이 있다. 예를 들어서 말하자면, 이런 경향의 뚜렷한 형태는 종종 미국에서 석공들과 석공-조수들 사이의 싸움으로 드러난다. 석공들은 석공-조수들에게 흙손 등 그들의 연장[121]을 사용하지 못하게 하는 것이다. 코르넬리센(C. Cornéllissen)이 지적했듯이, 이런 구분은 그의 개인적인 소질(힘과 솜씨)에 달려 있지 않고, 한 개인을 그가 처음 시작한 좁은 분야에서만 나아가게 하는 일종의 전통적인 압력에 달려 있다.[122] 어떤 사람이 석공-조수의 도제인가 아니면 석공의 도제인가 하는 것은 그 다음 평생 동안의 그의 발걸음을 결정하는 것이다. 그러나 같은 조수(助手)나 장인(匠人) 안에서 다른 넓은 범주로 이동하는 것은 상당히 쉽다. 석공-조수에서 돌을 깎는 세공사(細工師)-조수로 되거나 목수에서 가구 제조인이나 흑단 세공사로 되는 것은 쉬운 것이다. 다른 한편, 우리가 이 모든 요소들을 감안하고 모든 봉급 수준을 검토한다면, 그것이 최고와 최저의 두 극단 사이를 왔다 갔다 하고, 여기에서도 각 개인이 한 나라, 어떤 시대, 주어진 직업에서 그의 욕구를 완전히 충족시키기 전에 뛰어넘어야 하는 전환 영역이 존재한다는 것을 확인할 수 있다.[123]

"두 번 태어난다"는 브라만 계급은 카스트와 주술적-사제적 직업 사이의 전환을 잘 보여 준다. "두 번 태어난다"는 말은 태어남으로써 그의 계급에 속하는 브라만과 아동기에 의례들을 거치면서 가입하고, 그 다음에 입문식의 예식들을 통하여 과거의 세계에서는 죽고, 새로운 세계에서 다시 태어나서 그것이 그에게 주술적-종교적 활동을 할 수 있는 능력을 준다는 것을 아주 잘 가리킨다. 그렇게 함으로써 그는 직업적으로 특별한 사람이 되는 것이다. 브라만은 사제로 태어나기 때문에 가톨릭과 같은 의미에

---

[121] *Bull. Bur. of Labor*, nov. 1906, Wash., 746-747.
[122] C. Cornéllissen, *Théorie du salaire et du travail salairié*, Paris, 1908, 173-201.
[123] *Ibidem.*, 658.

서의 브라만으로의 서임(敍任)을 말할 수 없을지 모른다.[124] 그러나 부글레(Bougler)가 어떻게 생각하였든지 간에 수련기와 입문식은 필요하고, 특히 브라만 의례의 "정확한 발음"과 공식의 중요성 때문에 더욱더 그렇다. 어떤 사람은 브라만으로 태어나지만, 브라만으로 행동하려면 배워야 하는 것이다. 다시 말해서, 태어나면서부터 브라만이 된 이가 사는 신성한 세계 안에는 세 가지 구획이 있는 것이다. 하나는 우파나야마(upanayama)까지의 예비기, 다른 하나는 수련기, 마지막으로 수련기-이후기(사제)가 그것이다. 이 시기들의 연속은 브라만에게 반쯤만 문명화된 사회의 왕자의 그것과 비슷하다. 그들 모두는 브라만이 아닌 사람이나 다른 부족민들이 입문식이나 희생제 같은 특별한 시간을 제외하고는 세속적인 세계에서 사는 동안 언제나 신성한 세계 내에서 발달하기 때문이다.

브라만의 예식들에는 삭발, 목욕, 환복(換服), 마음을 사로잡는 것, 개명(改名), 악수 등이 있는데, 이것들을 통하여 어린이는 죽는다.[125] 신입자(*brahmacarin*)는 모든 종류의 금기들을 지키고, 성문서(聖文書) 학습반에 등록하고, 성례전의 공식들과 행동들을 배운다. 아동과 스승의 연합은 결혼과 같다. 스승이 아동의 어깨에 손을 얹는 순간 스승은 "임신"하고, 사흘째 되는 날 사비트리(*savitri*)를 외울 때, 아동은 다시 태어난다. 다른 본문들에 따르면, "희생제가 그를 향하는 순간 브라만의 탄생이 이루어진다." 따라서 오스트레일리아와 콩고의 입문식 예식들에서 확인한 것들과 반대로 신입자의 죽음은 모든 수련기간 동안 지속되는 것은 아니다. 브라만의 수련기간은 연장되기도 하는데, 거기에 대해서 본문들이 정확하게 말하지는 않는다. 그 다음에 복귀(*samavartana*) 예식이 행해지고, 신입자는 수련기간의 표시인 허리띠, 지팡이, 영양 가죽 등을 떼어내고, 그것들을 물에 던지며, 목욕하고, 새 옷을 입는다.[126] 이렇게 해서 그 자체로서도

---

124 cf. Burnouf, *Essai sur le Véda*, 238-285 & Bouglé. *Régime des castes*, 73-76.
125 cf. Oldenberg, *La religion du Véda*,, Paris, 1903, 399-402.
126 cf. Oldenberg, *loc. cit.*, 350. 또 다른 자세한 것을 위해서는 V. Henry, *La magie dans*

신성한 전환 기간과의 분리에 의해서 일반적으로 신성한 집단에 재가입이 이루어진다.

나는 가톨릭교회와 동방정교회 사제들의 서임 예식이나 수련기에 대해서는 강조하지 않을 것이다. 여기에도 같은 분리, 전환, 가입의례의 절차들이 있으며, 각각의 방침에 따라서 체계화되어 있다.[127] "삭발"은 모든 "베일을 쓰는 것"과 같이 그것이 주요 의례로서 영구적인 표징이기 때문에 분리의례이면서 동시에 가입의례이다. 그렇기 때문에 사제가 최초로 미사를 집전하는 것은 그에게 어떤 경우 결혼식의 형태 같은 전례 행위가 된다. 그것은 종종 티롤(Tyrol)의 어떤 지역에서처럼 지방의 혼인 예식과 결합되기도 한다.[128] 여기에서 교회는 여덟 살에서 열두 살 먹은 본당 신부의 딸, 누이, 가까운 여자 친척으로 의인화된다. 사람들은 보통의 약혼녀에게 그렇게 하듯이 그 소녀를 "훔쳐간다." 다시 말해서 최초의 미사가 끝난 다음에 하는 결혼 잔치 같은 식사를 위해서 음식이 차려진 집이 아닌 다른 집에 그녀를 데려가는 것이다. 식사를 할 때 본당 신부의 친구들인 사제들이 참석하고, 대부들이나 보조자들이 참석하여 의례의 흥분을 진정시킬지라도 총을 쏘고, 폭약을 터트리며, 심지어 에로틱한 혼인 노래들을 부른다. 어떤 교구들에서는 교회 당국자들이 이런 관습을 추방했지만, 잘즈부르크 교구들에서는 여전히 이렇게 하고 있다.

내가 생각하기에 바그다드 인근의 숩바(Soubba)와 사베앙(Sabéen)에서처럼 정(淨)과 부정(不淨)을 분명하게 나누는 의례를 실제로 가지고 있는 집단은 거의 없다. 신입자, 부제, 사제, 주교 등 교회의 한 위계에서 다른 위계로 넘어갈 때 세례는 중요한 역할을 한다. 신입자는 사제나 주교의

---

l'Inde antique, Paris, 1904, 84-85을 참조하시오.

[127] cf. Boissonnet, *loc. cit.*, col. 985-1032 & col. 1032-1043. "일반적인 성직 수임식"은 할례, 결혼 등처럼 동시에 수많은 의례들이 행해진다. 고대 전례(로마 가톨릭교회, 프랑스 가톨릭교회, 동방정교회)들에 대해서는 Duchene *loc. cit.*, 344-378을 참조하시오.

[128] Fr. Kohl, *Die Tiroler Bauernhochzeit*, Vienne, 1908, 275-281.

적법한 아들이어야 하고, 몸에 결함이 없어야 하며, 검사를 거쳐서 적합하다고 판정되면 특별한 세례를 받고, 7년에서 19년까지 공부를 한 다음에 부제서품을 받는다. 6개월에서 1년이 지난 다음 회의를 거쳐서 사제 서품을 받는다. 그때 사람들은 그를 갈대로 만든 오두막에 가두는데, 그는 스스로를 더럽혀서는 안 되고, 7일 밤낮 동안 자서는 안 된다. 그는 매일 옷을 갈아입고, 보시(報施)를 해야 한다. "여덟째 날에 그의 장례식이 치러지는데, 그가 죽었다고 여겨지기 때문이다. 그 다음에 그는 그에게 세례를 베풀 네 명의 사제들에 이끌려서 강가로 간다." 다음 60일 동안, 그는 하루에 세 번 목욕을 한다. 그가 밤에 몽정을 하면, 그 날은 제외된다. 그의 어머니나 아내가 생리를 해도 그 날 역시 제외된다. 그에 따라서 더럽혀지지 않은 60일을 채우려면 어떤 때는 넉 달이나 다섯 달이 걸린다. 음식물 금기도 있는데, 그것은 보시를 통해서 행해진다. 사제가 하는 특별한 행위는 세례를 주는 것이고, 주교가 하는 특별한 행위는 결혼식을 거행하는 것이다. 주교는 사제들 가운데서 선출되는데, 그는 두 달 동안 성(性)으로부터 분리되어야 한다. 그때 다시 세례를 받는다. 그는 공중(公衆)에게 성문서들을 설명해야 하고, 아바테르(Avather) 신의 사자인 "신실한 숩바"가 죽으면 반드시 참석해야 하는데, 이것은 강제적이다. 3일이 지난 다음 망자(亡者)를 위해서 기도드리고, 사제의 결혼식에서도 축원한다(이것도 강제이다), 모든 사제들의 세례는 마지막 의례이다.[129]

우리는 주술사의 입문식에서 혼합적인 성격의 범주를 본다. 사실, 주술사들이 북서 아메리카에서처럼 하나의 계급이나 카스트를 이루고 있는 곳을 제외한다면 그들을 특정한 인간 집단과 결합하는 의례들은 없다. 그러나 그들은 신성한 세계에 가입해야 하는데, 그것은 통과의례의 도식을 따르는 행동들에 의해서 가능하다.

오스트레일리아의 경우, 나는 모쓰(Mauss)의 논문을 참조하려고 한

---

[129] N. Sioufi, *Etudes sur la religion des Soubba*, 66-72.

다.[130] 우리는 여기에서 오스트레일리아의 주술사들이 때때로 그 다음에 부활하기 위해서 죽는다는 점에서 인격이 변하는 것을 보게 된다. 그들은 기관을 제거하고, 꿈속에서 다른 세계로 여행하기도 한다. 우랄-알타이의 샤만들의 입문식은 다음과 같다: 1) 그는 어릴 때부터 신경증적이고, 짜증이 많다. 2) 여러 번 정령(esprit)에게 "씌우고" 환각, 공포증, 간질, 변이의식 상태, 강직증 등이 나타나기도 한다. 거기에서 일시적으로 죽는다는 생각이 나오기도 한다. 3) 그는 숲이나 툰드라에 혼자 가고, 심리학적이고, 신경증적으로 이끌고 가는 여러 가지 결핍 상태에 빠진다. 4) 그에게 적대적이거나 그를 보호하는 신인동성론적이거나 동물적인 정령들이 혼자서나 무리져서 그에게 점점 더 자주 나타나서 그의 직업과 관계되는 것들을 가르친다. 5) 그렇지 않으면, 그 무당은 죽고, 그의 영혼은 영들과 신들 및 망자들의 세계로 가서 지형학에 대해서 배우고, 악령들을 순화시키고, 선령들이 돕게 하는 지식을 동화시킨다. 6) 그 샤만이 다시 태어나 삶으로 돌아와서, 그에게 들어가거나 이 마을, 저 마을을 다닌다. 마지막으로, 중요하지만 샤마니즘에서만 독특한 것은 아닌데, "샤만이 되는 것"이나 예식에서 샤만이 하는 행위들 전체에는 변이의식 상태(transe), 죽음, 저승으로의 영혼의 여행, 귀환, 신령한 세계에서 얻은 지식들을 특별한 경우(병 등)에 적용하는 방법 같은 것들이 포함되어 있다. 그러므로 이것들이 고전적인 형태의 희생제와 정확하게 일치하는 것을 볼 수 있다.

이제 서인도제도(caraib)의 피아예(piaye) 족의 입문식에 대해서 살펴보자. 1) 그는 때때로 10년 동안 어떤 "장로"와 같이 살고, 스물다섯 살이나 서른 살에 시련을 겪고, 오랫동안 금식을 한다. 2) 피아예의 장로들이 어떤 개인의 오두막에 모여서, 신입자에게 매질하고, 그가 지쳐서 쓰러질 때까지 춤을 추게 한다. 3) 그가 검은 개미에게 물려서 피를 흘리게 하고, 담배 즙을 강제로 마시게 하면서 "취하게 한다." 4) 3년 동안 금식하

---

130 M. Mauss, *L'origine des pouvoirs magiques dans les socités austrailienne*, Paris, 1904.

게 하고, 점차 덜 엄격하게 한다. 그에게 때때로 담배 즙을 마시게 한다.[131] 폰 덴 스타이넨(von den Steinen)이 이 의례들의 절차에 담긴 내적인 의미를 보면 다음과 같다. 1) 신입자가 기진맥진하고, 아주 쇠약하게 한다. 2) 그는 잠에 빠지고, 죽는다. 3) 그의 영혼은 하늘로 올라가고, 다시 내려온다. 4) 그는 깨어나고, 피아예로 부활한다.[132] 독일령 동부 아프리카의 와룬디(Warundi) 족에서는 세 가지 방식으로 사제-주술사-마법사인 키랑가(kiranga)가 된다. 첫째, 세습이나 서임이다. 아버지나 어머니는 죽기 전에 신성한 창(槍)을 장남이나 장녀에게 준다. 둘째, 벼락을 맞아서 키랑가가 된다. 셋째, 갑작스러운 부름에 따라서 키랑가가 된다. "창(槍)을 위한 예식"을 하는 동안 어떤 소년이나 소녀가 갑자기 일어나서 집전을 하는 키랑가나 신성한 창 앞에 서서 절을 하고, 그의 모든 힘을 다해서 키랑가나 창이 떨기 시작할 때까지 뚫어지게 바라본다. 그리고 그는 죽은 것처럼 기절하고, … 기절한 그를 매트 위에 눕히고, … 조심스럽게 그의 집으로 데리고 간다. 그는 집에서 3일이나 4일 동안 잠을 잔다. 그가 그 자신으로 되돌아왔을 때, 그는 신성한 사제나 신의 아내인 여사제가 된다. 사람들은 그(또는 그녀)의 이웃들을 부르고, "창을 위한 예식"을 하는데, 새롭게 된 키랑가가 그 예식을 처음으로 집전한다. 따라서 여기에서도 죽음, 전환, 부활이라는 가설을 세울 수 있다. 위베르와 모쓰는 잠깐 동안의 죽음이라는 이 생각은 "주술적 입문식은 물론 종교적 입문식의 일반적인 주제"라고 하였다.[133] 그들은 같은 종류의 에스키모, 그리스, 인도네시아, 멜라네시아, 북미 원주민들의 자료들에 대해서도 언급한다.

사제들과 주술사들에 대해서 여태까지 말한 것들은 추장과 왕의 경우에

---

131 Lafitau, *Moeurs des Sauvages Amériquains*, Paris, 1724, t. I, 330-334.
132 K. von den Steinen, *Unter den Naturvoelkern Zentral Brasiliens*, 2e éd., Berlin, 1897, 297-298, 300-301(Bakairi, Aueto, etc.).
133 H. Hubert & M. Mauss, *Esquisse d'une théorie générale de la magie*, Ann. Soc., t. VII(1904), 37-39.

서도 똑같이 적용된다. 그것의 신성한 성격과 때때로 신적인 성격에 대해서는 프레이저에 의해서 잘 밝혀졌다.[134] 또한 즉위식[135]이나 대관식의 예식들도 본질적으로 자세한 사항들과 절차들에서 성직 수임식과 상당히 유사하다. 이때 두 가지 경우가 고려되는데, 후계자는 그의 전임자가 살아 있을 때 즉위하거나 전임자가 죽은 다음에 즉위한다. 때때로 승계가 후계자가 전임자를 죽이는 특별한 의례를 통해서 이루어지기도 한다. 이 두 경우 모두, 입문식과 성직 수임식에서처럼 레갈리아(regalia)라고 부르는 왕권의 표상인 성물(聖物)의 승계가 이루어진다: 북, 홀(笏), 왕관, "선조들의 유물"[136], 특수한 의자 등이 그것들인데, 그것들은 왕의 주술적-종교적 권능의 표시이며, 담지물이다.

여기에서도 전환 기간은 때때로 어린 시절부터 모든 종류의 금기들과 특별한 가르침을 지키면서 준비하고, 은거하는 형태로 이루어진다. 그것은 수련기와 같은 것이다. 또 다른 전환기는 선왕(先王)이 죽고, 후임자가 왕위에 오르는 기간 동안의 시기이다. 그 기간에 일반 사람들의 사회적 삶은 신입자의 전환기처럼 중단된다. 거기에 대해서는 다음에 언급할 것이다.

자세한 기술들을 살펴보면 우리는 여태까지 말한 도식이 여기에서도 유용하다는 것을 쉽게 발견할 수 있을 것이다.[137] 그래서 나는 두 가지 경우를 이야기할 텐데, 하나는 고대 이집트 파라오의 즉위식이고, 다른 하나는 니제르(Niger) 분지에 사는 하베(Habbé) 족의 호공(hogon, 아프리카 정령숭배적 종교의 사제—역자 주)의 즉위식이다. 임명 예식과 권력의 일시

---

134 J.-G. Frazer, *Golden Bough, & Lectures on the early history of the kingship*, Londres, 1905.
135 나는 특별한 자리가 혁대나 왕관보다 더 자주 왕권의 휘장(徽章)을 나타내기 때문에 대관식이라는 용어보다 즉위식이라는 용어를 더 좋아한다.
136 cf. A. van Gennep, *Tabou, Tot, Madag.*, 115-117. 왕권의 담지물로서의 일반적인 regalia에 대해서는 Frazer, *Kingship*, 120-124를 참조하시오.
137 그 절차들에 대해서 잘 기술한 것은 Pattas, *Le sacré et couronnement de Louis XVI, précédé de recherches sur le sacré des Rois de France depuis Clovis*, etc., Paris, 1775을 참조하시오.

적인 이양도 이와 같은 범주에 속한다. 여기에서도 매커니즘은 그 전 환경에서의 분리와 그 자체로 거룩한 환경인 새로운 환경에의 점진적이거나 급격한 가입으로 구성되어 있다.

모레(A. Moret)의 논문에 의하면, 파라오가 즉위할 때의 절차는 다음과 같다.[138] 미래의 파라오는 신으로 태어난다.[139] 그런데 그가 태어날 때와 즉위하는 기간 동안 그에게는 절대적으로 신성한 성격이 일부 부족하다. 왜냐하면 즉위식을 할 때 맨 처음 드리는 의례가 그를 "정하게" 하기 때문이다. 다시 말해서 그를 신성한 세계에 다시 가입하게 하고, 다른 것들과 함께 그에게 여신의 젖을 먹이면서 다시 신과 똑같이 되게 해야 한다.[140] 그 다음에 현재의 왕이 그를 백성들에게 보이고, 그를 자신의 가슴에 안으며, 그에게 생명의 흐름을 전하는 동작을 한다. 그 다음 의례에서는 그에게 거룩하고, 신적인 이름이 주어지고, 그 옆에서 보좌하던 사람은 새 파라오의 왕명(王名)과 직함을 "선포"한다. 그리고 (의례적으로?) 소리를 지르고, 뛰면서 흩어진다. 또한 사람들이 새 파라오의 이름과 직함을 쓴 증서를 높이 드는데, 어느 누구도 몰라서는 안 되기 때문이다. 곧 이어 왕으로 선포된 파라오는 "신들의 거처(居處)들의 장(長), 다시 말해서 신성한 머리띠로 묶은 신들의 왕관을 받는다." 그와 동시에 그에게는 다른 왕권의 표상(regalia)들인 홀, 채찍, 갈고리 등이 주어진다. 그 다음에 새로운 파라오에게 두 지역(북부 이집트와 남부 이집트)을 넘겨주는 여신들에 의해서 "두 지역의 재 연합"이 이루어진다. 새 파라오는 순회(巡廻), 즉 "성벽을 도는 것"으로 그 지역들을 접수한다. 그것은 마치 죽은 자들이 호루스와 세트의 거처들을 취함으로써 신으로 되는 것과 같은 것이다. 그 다음에 왕은 행렬

---

138 A. Moret, *Du caractère religieux de la royauté pharaonique*, Paris, 1903, 75-113. 사원의 개원식의 같은 절차들과 자세한 사항에 대해서는 A. Moret, *Rituel du culte divin journalier*, Paris, 1902, 10-15와 *ibidem*, 25-26 주 1, 101, 29-32을 참조하시오. 그리고 plate I의 네 개의 그림은 의례의 네 국면과 일치한다.

139 신들의 결혼에 대해서는 *Royauté pharaonique*, 49-52와 59-73을 참조하시오.

140 신의 젖을 먹이는 것에 대해서는 *ibidem*, 63-65와 222를 참조하시오.

을 이끌고 신의 성소에 오고, 신은 "그에게 생명의 흐름을 주면서 그를 맞아들이고" 그의 머리에 왕권을 상징하는 머리띠를 단단히 묶어 준다. 이것은 새로운 파라오에게 왕명과 직함을 넘겨주는 것으로서 결정적인 봉헌이다. 이 의례들은 아주 먼 고대부터 유래된 것으로 프톨레미(Ptolémée) 시대까지 유지되었고, 부분적으로 에티오피아에서도 행해졌다. 마지막으로 여러 성소들로의 순례와 왕이 베푸는 공공의 축전(祝典), 종교적 기부, 사원의 수리 등이 행해진다. 그러므로 우리는 예식이 속된 세계와의 분리의례로 시작되고, 신성한 세계에의 가입의례로 이어지며, 왕이 신의 세계와 땅의 세계를 취하는 의례로 이루어지는 것을 본다. 이 모든 것은 단계적으로 행해지는데, 전환기에 대한 자료는 부족해서 잘 알 수 없다.

니제르의 고원 지대에 사는 하베(Habbé) 족은 호공(hogon)이 다스리는데, 그는 정치적, 법률적 성격과 종교적 성격을 동시에 가지고 있다. 그는 대사제인 만큼 선출된 왕이기도 하다. 왕권의 표상(regalia)은 그가 사는 사원의 성물이기도 한데, 그것들은 오팔로 장식한 목걸이, 오른발에 차는 철제 발찌, 오른쪽 귀에 하는 구리 귀걸이, 왼손 가운데 끼는 은반지들로서 틀림없이 신에게 가입한 것을 나타내는 것들이다. 또한 그에게는 특수한 지팡이와 특별한 옷들이 있다. 그를 만져서는 안 되고, 그가 즉위하기 전의 이름을 불러서도 안 되며, 그에게는 옛날의 사라콜레(sarakolé) 방언으로만 말해야 한다. 씨족이나 부족에 호공이 한 명 있으며, 그 위에 대(大) 호공이 있다. 씨족이나 부족의 호공은 즉위하면서 호공의 표징을 받고, 그를 사원에 데려가며, 그 다음에 그는 사원에서 산다. 대 호공이 죽으면, 그의 죽음을 백성들에게 알리지 않고, 3년 동안 궐위(interrègne) 기간을 둔다. 그런 다음에 그의 죽음을 공표하고, 신에게 그의 의견을 구한다. 그리고 거대한 축제가 벌어지고, 춤을 추며, 위원회는 선거 절차를 밟는다. 그리고 새 호공에게 그의 징표를 수여한다. "새로운 호공은 지위가 높은 사람들과 춤추는 젊은이들을 대동하고 신의 사원(寺院)인, 잘 꾸며

진 집으로 가는데, 그곳이 그가 앞으로 거주할 신성한 거처이다. 이 행진은 호공의 장례식 행렬처럼 생각된다. 그가 '연합의 표지'를 받고, 그 호공의 집에 들어가는 순간 신의 대사제인 봉사자는 그의 가족에게 죽은 것처럼 생각되기 때문이다."[141]

입문의례들과 반대편에 추방, 제명, 파문 의례가 있는데, 그것들은 본질적으로 분리와 탈성화(脫聖化) 의례들이다. 가톨릭교회에는 잘 알려진 의례이다. 로브 스미드(Rob Smith)가 잘 보았듯이, 파문과 봉헌의 원리는 똑같다.[142] 어떤 특정한 물건이나 사람을 따로 놓는 것이다. 거기에서 어떤 의례들의 세세한 사항들이 같을 수 있게 된다.

내가 허입의례들을 살펴보려고 여러 가지 특별한 집단들을 분류한 등급은 우연히 그렇게 한 것이 아니라 각각의 특징을 말하는 요소를 구분해서 만든 것이다. 다시 말해서 나는 슈르츠(Schurtz)나 웹스터(Webster)의 분류나 이론들을 받아들인 것이 아니다. 특히 웹스터는 내가 초기의 형태로 보려는 것을 쇠락하는 것으로 보았다. 또한 슈르츠는 토템 집단, 형제 집단, 비밀 결사, 연령 집단의 입문식 사이에 놀랄 만한 유사성에 깊은 인상을 받았고, 이 유사성 때문에 앞에서 말한 제도들이 같은 것이라는 결론을 내렸다.[143] 그 길을 따라서 더 나아갈 수도 있을 것이다. 내가 이 책에서 밝히려는 것은 다른 것들도 그렇겠지만 의례들의 성격을 규정짓는 범주의 유사성은 그 의례들의 목적이 같기 때문이라는 점이다. 따라서 나는 슈르츠의 이론을 받아들일 수 없다.[144]

141　L. Desplagnes, *Le Plateau Central Nigérien*, Paris, 1907, 321-328. 바라사나(Barasana) 평원의 어떤 부족인 우올의 우디오(*Oudio de Ouol*)족에게 예식들은 조금 다르고, 거부의례가 포함되어 있다. 그것을 보려면 나의 *Religions, Moeurs et Légends*, 137을 참조하시오. 거기에서도 호공은 그의 전 환경에서 죽은 것처럼 간주된다.

142　Rob Smith, *Die Religion der Semiten*, 118-119.

143　H. Schurtz, *Altersklassen und Männerbünde*, 392.

144　Frazer, *The Golden Bough*, t. I, 344에 있는 프레이저의 이론과 Hubert & Mauss, *Essai sur la nature et la fonction du sacrifice*, Année sociologique, t. II, 90에서 위베르와 모쓰가 다시 취한 프레이저의 이론 역시 받아들일 수 없다. 그것이 너무 제한적이기 때문이다. 그는

모든 수련 기간 내내 경제적인 관계는 물론 법률적인 관계까지 일상적인 관계들은 변화되고, 때로는 완전히 단절되기도 한다. 신입자들은 집단의 바깥에 있고, 집단은 그들에게 아무것도 할 수 없다. 그들은 신들이 그렇듯이 본질적으로 신성하고, 거룩해서 만질 수 없고, 위험하다. 따라서 부정적 의례로서 금기들이 신입자들과 일반 집단 사이에 어떤 장벽을 세운다면, 일반 사회는 신입자들이 하는 것들에 대해서 아무 방어도 하지 못한다. 그래서 아주 많은 민족들에서 그렇게 하지만 외부의 관찰자들로서는 도저히 이해할 수 없는 일이 설명된다. 즉 수련 기간 동안 젊은이들은 그들 마음이 내키는 대로 훔칠 수 있고, 약탈할 수 있는 것이다. 그렇지 않으면 그들은 공동체의 부담으로 먹으며, 치장을 할 수 있다. 우선 두 가지 예를 들 수 있을 것이다. 라이베리아(Libéria)에서 젊은 바이(Vai)들에게 법률적이고, 정치적인 관습들에 대해서 가르칠 때 "신입자들에게 절도는 범법 행위로 여겨지지 않는 것 같다. 비록 그들에게 필요한 음식을 마련해 줄 수 있는 특별한 농장이 따로 있을지라도, 그들은 그들의 교사들의 지도 아래 밤에 이웃 마을을 공격하여 속임수나 강제로 그들에게 필요한 쌀, 바나나, 암탉 및 다른 생활 수단들을 훔치고, 그것들을 신성한 숲으로 가져오기 때문이다."[145] 마찬가지로, 비스마르크 군도의 둑-둑(Duk-duk)과 잉지에트(Ingiet)의 구성원들은 입문 예식을 하는 동안 그들의 비밀 결사원들의 재물에는 손을 댈 수 없지만, 그들이 원하는 대로 다른 집과 농장에 가서 훔치고, 약탈할 수 있다.[146] 이런 수탈은 모든 멜라네시아에서처럼 현지의 강제 징수와 같은 형태를 가지고 있다.

게다가 이와 같은 거의 일반화된 사실은 충분히 알려져 있다.[147] 그러나

입문식 의례들은 몸에 영혼을 들여보내려는 목적이 있다고 하였다. 사실이 그렇다면, 우리는 그것과 비슷한 의학적 예식들에서도 영혼을 변화시키려는 특정한 모든 종류의 의례들을 볼 수 있을 것이다.

145 J. Büttikofer, *Reisebilder aus Liberia,* Leyde, 1890, t. II, 305-306.
146 cf. R. Parkinson, *Dressig Jahre in der Südsee,* Stuttgart, 1907, 609-610.
147 프랑스령 서부 아프리카에서 입문식은 할례를 통해서 이루어지는데, 신입자들은

내가 가리킨 사례의 매커니즘을 이해하려면, 일탈의 허가와 사회적 삶의 중단이 호공의 궐위기와 임시적인 장례식과 최종적인 장례식 사이의 전환기 동안과 같이 맞물려 있다는 사실을 기억하면 될 것이다. 그래서 이것은 아마 어떤 민족들에서 약혼식의 초기부터 결혼이 이루어져서 여성이 특정한 남성에게 전유될 때까지 성적 방종이 허용된다(오스트레일리아 등)는 것을 부분적으로 설명할 수 있을 것이다. 삶의 일상적 규칙의 중단은 언제나 그런 과도한 것으로까지 가지는 않는다. 그것이 전환기의 본질적 요소는 아닌 것이다.

상처가 아물기 시작할 때부터 완전히 아물 때까지 또는 석 주 동안 도둑질할 수 있는 권리가 주어진다. Lasnet, *Mission au Sénégal*, Paris, 1900, 50(Peul), 65(Laobé), 77(Toucouleurs), 89(Malinké), 101(Soninké), 127(Khassonké), 145(Sérères) 등.

제7장
약혼과 결혼

전환기로서의 약혼 — 약혼 예식과 결혼 예식을 구성하는 의례의 범주들 — 결혼의 경제적, 사회적 성격 — 칼믹 족, 토다 족, 보티아 족의 전환 — 분리 의례들 : 소위 납치와 약탈 — 제한된 성적 연대 의례들 — 혈족에 기반을 둔 연대 의례들 — 지역의 연대 의례들 — 분리의례들 — 가입의례들 — 전환 기간의 길이와 의미 — 동시적인 수많은 결혼들 — 결혼 예식과 입양 예식, 즉위 예식, 입문 예식들 사이의 유사성 — 이혼의 예식들

    이 장에서 다룰 주제에 대한 자세한 자료들은 많지만 그것을 설명한 논문들은 많지 않고, 살펴보아야 할 해석들이 가장 많이 엇갈린다. 여기에서도 우리는 통과의례의 도식을 찾아볼 수 있고, 의례적 절차에 대한 연구의 필요성을 생각하게 될 것이다. 이론가들이 종종 복잡하기는 하지만 의례 절차들을 가지고 예식 전체를 비교하지 않고, 좁게 해석해서 갈피를 잃어버리는 것은 의례들의 부분적 단편들만 살펴보았기 때문이다.

    우리는 어린아이가 사회적 사춘기를 거치며 청년 집단에 받아들여지는 것을 보았다. 그 다음 단계가 가정이라는 기반에 의해서 가장 잘 드러나는 성인기이다. 사회적 범주의 이런 변화가 가장 중요한데, 그 이유는 결혼이 적어도 배우자 가운데 한 사람에게 가족, 씨족, 마을, 부족의 변화를 가져오기 때문이다. 때때로 새 배우자들은 심지어 새로운 집에서 살기도 한다. 거주지의 이런 변화는 예식들을 통해서 이루어져서 분리의례들은 언제나 물질적 이행이라는 본질적 특성을 나타낸다.

다른 한편, 그 집단들이 두 구성원들의 사회적 결합에 의하여 중요성과 숫자에 영향을 받을 수밖에 없기 때문에 여기에서 전환기는 상당히 중요하게 여겨진다. 사람들이 보통 약혼이라고 부르는 것은 이 기간이다.[1] 약혼은 수많은 민족들에게 결혼의 특별하고, 자율적이며, 예식적인 부분을 구성하는 것이다. 거기에는 분리의례들과 전환의례들이 포함되어 있고, 새로운 환경에의 예비적 가입이나 자율적 환경이라고 여겨지는 전환기로부터의 분리의례들로 끝난다. 그 다음에 새로운 환경에 궁극적으로 가입하는 의례들과 특히 우리가 종종 그렇게 잘 믿지 않는 개인들의 결합의례가 포함된 결혼의례들이 따라온다. 따라서 여기에는 우리가 앞에서 살펴보았던 예식들보다 더 복잡한 통과의례들의 도식이 들어 있다.

우리는 여기에 대한 기술들과 다른 비슷한 의례들에 대한 기술들에서 이런 절차들이 행동화되어 나타나는 것을 볼 수 있을 것이다. 또한 우리는 크롤리가 말한 결혼의 개인적이고, 전염론적 이론에 대한 모든 논의들이 쓸데없는 것이라는 사실을 주목하게 될 것이다.[2] 결혼은 본래 사회적 행위인 것이다. 어떤 의례들은 제1장에서 임신과 출생에 대해서 말했던 것처럼 분류된다. 다시 말해서 결혼 예식에도 공감적이거나 전염적이고, 정령론적이거나 역동적이며, 직접적이거나 간접적이고, 긍정적이거나 부정적(금기)일 수 있는 보호와 다산의례들이 포함되어 있는 것이다. 여태까지 이런 의례의 범주들에 대한 연구가 행해져 왔고,[3] 의례들에서 그런 점이

---

[1] 내가 알기에 약혼을 의례적이고, 법률적으로 가장 잘 연구한 것은 R. Corso, *Gil sponsali popolari*, Rev. des Et. Ethnogr. et Sociol, 1908, nov.-déc이다. 하지만 우리는 입을 맞추고, 선물 교환을 하며, 면사포를 쓰고, 화환, 허리띠, 약수, 반지, 입맞춤, 술, 과일, 빵 등을 주고, 같이 잠자기를 하는 등의 의례들에 다만 상징적 의미만 있다는 저자의 견해에 동의할 수 없다. 그것들은 물리적으로도 결합시킨다.
[2] cf. Crawley, *Mystic Rose*, 321, 350 등. 하르트랜드(S. Hartland)는 가입의례의 집단적 성격에 대해서 잘 보았다. 가족에 대한 다른 대부분의 이론가들은 예식들, 특히 약혼식 예식들의 자세하고, 체계적인 연구를 별로 하지 않았다.
[3] 이론가들의 일반적인 태도는 다음과 같은 크루크의 말에서 잘 나타난다. W. Crooke, *The Natives of Nothern India*, Londres, 1907, 206. "결혼에는 두 사람이 금기의 영향 아래 있고,

관심을 끌어서 결혼 예식들에게 예방하고, 정화하며, 다산을 기원하는 의례들 이외에 다른 점들을 살펴보지 않은 것이 사실이다. 이런 단순화는 불식되어야 한다. 그런 편협한 주장은 우리가 유럽, 아프리카, 아시아 또는 오세아니아의 과거나 현재, 문명화된 사회나 반쯤만 문명화된 사회의 민족들의 결혼 예식을 자세하게 기술한 문서들을 주의 깊게 보면 곧바로 확인할 수 있다.

  이 의례들은 잘 연구되어 있어서 나는 앞으로의 논의에 이것들을 더 언급하지는 않겠다. 내가 이 연구에서 그 절차들에서 분리의례와 가입의례를 전면에 내세운다면, 그것은 내가 결혼 예식들의 모든 요소들에서 그 의례들만을 부각시키려고 하기 때문이 아니다. 더 나아가서 나는 보호와 다산의례들이 다행히 어느 정도 통과의례들 속에 끼어 있음을 지적하려고 한다. 여러 관찰자들이 어떤 같은 민족의 결혼 예식들에 대해서 기술한 것들을 비교하면, 통과의례의 절차들이 어느 정도 일관성 있게 나타나는 것을 볼 수 있다. 그들 사이에서 일치되지 않은 것은 보호와 다산의 의례가 행해진 시기와 장소 및 세세한 부분일 뿐이다. 여기에서도 우리는 각 의례들을 명확하게 해석하는 것이 쉽지 않다는 사실과 뒤에서 언급하게 될 두 가지 사항이 매우 불완전하게 여겨져야 한다는 사실을 말해야 한다. 나는 여러 의례들에 대한 해석을 받아들이지 않았는데, 그것은 그렇게 행해진 의례의 특별한 사례들이 절대적으로 그렇다는 것이 아니라 일반적으로 그렇다는 의미이다. 각각 경우들에 대해서 내가 모은 증거들을 제시한다면 그것만으로도 책 한 권이 될 것이다.

  의례들의 복잡성과 거기에 관련된 사람들과 물건들은 그 가족의 유형에 따라서 달라질 수 있다.[4] 그러나 많은 집단들에서는 "내연 관계"(mariage

---

의례들은 그들의 위험을 방지하게 하고, 특히 다산을 위한 결합을 방해하는 것을 제어하려는 목적에서 행해지는 의미가 있다." 나는 이 책의 제1장에서 말했듯이 "금기"는 위험이 될 수 없지만 정의상 위험으로부터 보호하는 수단이 된다는 점을 지적하고자 한다.

4 N. W. Thomas, *Kinship and marriage in Australia*, Cambridge, 1906, 104-109의 분류는

libre)가 아니라면 두 개인들의 결합에 관심을 가진다. 문제가 되는 집단들은 1) 때때로 신랑의 들러리와 신부의 들러리나 남자 쪽 친척이나 여자 쪽 친척으로 대표되는 양성의 집단, 2) 모계 또는 부계의 혈통 집단, 3) 양계의 혈통 집단, 다시 말해서 일반적인 의미에서의 가족과 때때로 모든 친척들이 포함되는 넓은 의미에서의 가족, 4) 신랑이나 신부 또는 그 둘이 동시에 포함되거나 그들의 어머니와 아버지 또는 그들의 모든 친척들이 포함되어 있는 토템 씨족, 형제 집단, 연령 집단, 신실한 공동체, 직업 결사, 카스트 등, 5) 마을, 촌락, 도시의 구, 농장 등 지역 집단 등이다.

더 나아가서, 나는 결혼에는 항상 신랑이나 신부의 지참금을 결정하고, 지불하며, 반환하고, 돈을 주고 신부를 사며, 약혼자의 봉사를 대가로 결혼하는 경제적 측면이 뒤얽혀 있다는 사실을 안다. 그런데 위에서 말한 집단들은 어느 정도 경제적 성격을 가진 협상이나 조정에 관심을 가지고 있다. 어떤 가족, 마을, 씨족이 결혼에 의해서 여성이나 남성의 살아 있는 생산력을 잃어야 한다면, 적어도 어떤 보상은 주어져야 한다! 그것으로부터 음식물, 의복, 보석 등의 분배가 이루어져야 하고, 특히 무엇인가를 "배상"(賠償)하는 수많은 의례들이 이루어져야 한다. 특히 새로운 주거지에 대한 자유로운 통행이 가능해야 한다. 이 "배상들"은 언제나 분리의례와 함께 이루어지는데, 그런 점에서 배상 자체가 엄밀한 의미에서 볼 때 부분적으로 어느 정도 분리의례라고 생각될 수도 있다. 어쨌든 경제적 요소, 예를 들어서 말하자면, 터키-몽골의 카림(kalym)은 너무 중요해서 결혼을 궁극적으로 결정하는 의례는 모든 카림이 지불되었을 때 행해진다. 때때

다음과 같다. A. 난혼(亂婚), 1. 규칙적이지 않은 것: a. 우선순위, b. 이차적인 것; 2. 규칙적인 것: a. 우선순위, b. 이차적인 것; B. 결혼. 3. 복혼(複婚, polygamie), 우선순위, 이차적인 것, 단순한 형태; 복혼(複婚), 일방적인 것, 양측의 합의; 4. 일처다부제, 5. 일부다처제(polygynie), 같은 구분에 속하지만 언제나 일방적이다. 6. 일부일처제, 단혼(單婚, monogamie), 모거제(母居制), 양거제(兩居制), 부거제(父居制)가 있을 수 있다. 7. 자유로운 결합, 8. (제재가 따르는) 동거 등이 있다. 이 모든 형태들은 일시적이거나 영구적일 수 있다. 가족의 형태는 약혼이나 결혼의례의 절차에 영향을 미치는 것 같지 않다.

로 그것은 몇 년이 지난 다음에 행해지기도 한다. 그런 경우 배우자 사이의 성관계가 영향 받는 것은 아니지만 전환 기간은 연장된다.

이에 따라서 바쉬키르(Bashkir) 족에서 결혼은 미래[5]의 배우자들이 아직 아주 어렸을 때 결정되기도 한다. 경제적 협상을 이끄는 것은 중매인으로 슬라브 족의 스바티(svaty)이다. 그가 전체 액수와 지불일 등을 중재한다. 법적으로 신부에게 있는 카림 또는 신부를 "사는 값"을 결정하는 것이다.[6] 카림에 대한 합의는 공동의 식사에 의해서 확인되고, 그 다음에 서로의 가족에 대한 방문과 친척들, 친구들, 이웃들에 대한 선물의 교환이 이루어진다. 방문을 할 때 남성들과 여성들은 서로 다른 방에 있다. 선물의 교환이 끝나면, 약혼자는 약혼녀의 집에 자유롭게 갈 수 있고, 그가 다른 마을에 산다면 약혼녀의 집에서 살 수도 있다. 그런데 옛날에는 첫째로 그가 그의 장모를 보아서는 안 되고, 둘째로 약혼녀의 얼굴을 보아서는 안 된다는 조건이 있었다. 그래서 그는 약혼녀의 집에 밤중에 왔다. 이 전환기 동안 아이가 태어나면 장모에게 맡겨져서 아이를 돌보았다. "간단하게 말해서, 이 두 젊은이의 관계는 엄밀한 의미에서 부부관계였으며, 죽음만이 갈라놓을 수 있는 것이었다." 만약 어느 한쪽이 죽으면, 형제 연혼(緣婚, 형이 죽으면 동생이 형수를 취하는 것—역자 주)이나 자매 연혼(緣婚, 언니가 죽으면 동생을 취하는 것—역자 주)이 행해졌다.

그 문제에 관해서, 나는 형제 연혼이나 자매 연혼은 경제적인 이유뿐만 아니라 의례적인 이유 때문이기도 하다는 사실을 지적하고자 한다. 어떤

---

[5] P. Nazarov, *K etnografii Bashkir*, Etnografitcheskoe obozriénie, fasc. IV (1890), 186-189.
[6] 우랄-알타이 족의 카림의 액수를 자세하게 연구하면, 그것을 동물의 구매 가격과 비교할 수 있다. 신부의 부모에게 지불되는 선물의 액수와 결혼 비용들을 계산하고, 카림이 법적으로 누구에게 전체나 부분이 주어지는지를 살펴볼 때 "신부의 가격"이라는 말과 "지참금"이라는 말은 정확한 말이 아니라는 사실을 확인할 수 있다. 거기에는 아메리카 원주민의 포틀라치(potlatch)와 흑인 추장이 성대하게 베푸는 축제의 체계처럼 경제학자가 고안한 어떤 특별하고, 공평한 제도를 만들기 위한 "보상" 체계가 존재하는 것이다. 마르크스의 의미에서 부의 중앙 집중을 피하려고 만든 부의 중앙 집중과 분산이 교대로 이루어지도록 하는 것이다.

새로운 구성원이 일단 가족에 가입한다면, 그가 떠날 때에도 특별한 예식이 행해져야 하기 때문이다. 사실 새로운 관계의 수립은 두 개인들뿐만 아니라 무엇보다도 두 집단의 것이기도 하다. 집단은 계속해서 그들의 결합을 유지시켜 주는 것이다.[7] 그것은 이혼 의례에서도 나타난다.

바쉬키르 족의 결혼에 대해서 다시 살펴보면, 그것은 종종 몇 년에 걸쳐서 이루어지는데, 카림이 모두 지불되면, 신부의 아버지는 신랑의 비용으로 두 가족의 모든 구성원들과 이슬람교 사제(*mullah*)를 초대하여 식사 자리를 마련한다. 그때 신랑과 신부는 다른 방에서 식사를 하고, 그 방에는 가까운 친척들밖에는 들어가지 못한다. 저녁이 되면, 신부의 친구들은 신부를 마당이나 마을 어디에 숨기고, 신랑은 그녀를 찾는데, 밤새도록 찾을 때도 있다. 신랑이 신부를 찾으면, 그는 신부를 친구들에게 다시 돌려주고, 모든 하객(賀客)들이 모여 있는 특별한 방으로 돌아간다. 그는 방에 들어가기 전에 두 여성이 방문 앞을 가로질러서 잡고 있는 붉은 실을 발로 차서 끊어야 한다. 그가 그 실을 보지 못하고, 넘어지면 모든 사람들은 그를 놀린다. 그 다음에 그는 앉아 있고, 사람들은 한 사람씩 거기를 떠난다. 그가 혼자 남았을 때, 그의 친구들은 그에게 약혼녀를 데려다주고, 떠난다. 그녀는 그의 신발을 벗기고, 그는 그녀를 안으려고 하지만, 그녀는 그를 밀친다. 그는 그녀에게 돈을 주고, 그녀는 그를 안는다. 그 다음날 그녀는 친구들과 함께 그녀의 가족 한 사람, 한 사람에게 작별 인사를 하고, 사륜마차를 타고 남편의 가족들과 함께 살려고 떠난다. 그녀는 그녀의 시아버지에게 일 년 이상 얼굴을 보여주어서는 안 된다. 여기에서 실 조각은 통과의례이고, 약혼녀를 감추고 찾는 것은 그 지역의 성 집단으로부터의 분리의례이다. 우리가 보았던 것처럼, 약혼식에는 성적 결합이 포함되어 있다. 그러나 사회적 행위로서 결혼은 경제적 약정이 청산된 다음에만 이

---

[7] D. K. Zelenin, O leviratiè I niékotorykh obytchaiev Bashkir Skat. ouièsda. Etn. ob. 1908, liv. 78, 78 sq.

루어진다.

일부다처제를 행하는 민족뿐만 아니라 일처다부제를 행하는 민족들의 예식을 살펴보아도 똑같은 결론에 도달할 수 있다. 그 "단계들"이 리버스(Rivers)가 기술한 토다 족의 예식들에 분명하게 나와 있지만[8], 그것들을 이해하려면 토다 족의 가족 체계와 친족 체계를 자세하고, 길게 살펴보아야 한다. 나는 이 예식들이 사춘기 이전에 시작되어서 임신한 다음까지 계속된다는 사실만 알 뿐이다.[9] 따라서 나는 남부 티베트와 시킴(Sikkim)의 보티아(Bhotia) 족의 이런 예식들의 절차에 대해서 살펴보고자 한다. 1) 주술사들이 계획되어 있는 결혼이 길할 것인지 결정한다. 2) 소녀의 삼촌과 소년의 삼촌이 소년의 집에서 만나서 소녀의 집에 가서 그녀에게 결혼할 것을 요구한다. 3) 그들이 가져온 선물들이 받아들여지면 (nangchang이라고 불리는 의례) 결혼이 받아들여진 것이어서, 지참금 액수를 결정한다. 4) 중매인에게 의례적인 식사를 차려주고, 기도를 드린다(khelen이라고 불리는 의례). 앞에서 두 가족의 예비적인 가입의례라고 하였던 이 두 가지 예식이 끝나면 소년과 소녀는 완전히 자유롭게 서로를 볼 수 있다. 5) 1년 후에 니양(nyen)이라는 예식이 있다. 그것은 약혼녀 부모의 비용으로 치르는 식사이며, 양쪽의 모든 친척들이 참석하는데, 그것이 신부에 대한 대가이다. 6) 니양 1년 후에 창동(changthoong)이라는 예식이 있다. a. 주술사는 약혼녀가 그녀들의 부모의 집을 떠날 길일(吉日)을 정한다. b. 라마(lama, 라마교의 승려—역자 주)들이 참석하는 큰 잔치를 마련한다. c. 그때 "도둑놈"이라고 부르는 두 남성이 말하자면 약혼녀를 도둑질하려고

---

8 H. H. Rivers, *The Toda*, Londres, 1906, 502-539.
9 그 전체로서 입문식 의례들과 임신의례를 유기적으로 구성하는 결혼의례의 사례를 위해서는 Ch. Delhaise, *Ethnographie Congolaise : chez les Wabemba*, Bull. Soc. Belge Géogr., 1908, 185-207. 이 절차들은 일반적인 도식에 부응한다. "교차"의 사례는 내가 처음에 생각했던 것보다 훨씬 더 숫자도 많고, 체계적이다. 이런 현상은 반쯤만 문명화된 사회의 기능을 이해하는데 매우 중요하고, 특별한 논문으로 쓸 만한데, 여태까지 연구가 되지 않은 것 같다.

강제로 집에 들어오고, 그들과 거짓으로 싸운다. "도둑놈"들을 매를 맞고, 그들의 입에 반쯤만 익은 고기를 쑤셔 넣는다. 그들은 약혼녀를 지키는 사람들에게 돈을 주면서 도망간다. 이틀이 지난 다음, 그 "도둑놈"들은 칭송을 받고, "행복한 전략가들"로 불린다. d. 초대 받았던 사람들은 약혼녀와 그녀의 부모에게 선물을 준다. e. 기쁘게 출발하는 행렬이 만들어진다. f. 약혼자의 어머니와 아버지가 이들을 맞으러 나와서 그들의 집으로 데리고 간다. 2-3일 동안 잔치가 벌어진다. g. 약혼녀와 그녀의 친척들이 그들의 집으로 떠난다. 7) 1년이 지난 다음에 다시 파로크(parokh)라고 부르는 예식이 행해진다. 그때 소녀의 부모는 그녀에게 지참금을 다시 주는데, 그것은 그녀에게 처음 주었던 것보다 두 배 이상이다. 그녀는 하인들을 데리고 약혼자의 집으로 가서 거기에서 최종적으로 머문다.[10] 따라서 보티아 족에게 약혼과 결혼의 예식들은 적어도 3년 걸리고, 그것들 역시 성적인 것이라기보다 사회적인 것이다.

분리의례들에 대해서 다루려면, 먼저 보통 "약탈이나 납치에 의한 결혼의 잔존"[11]으로 여겨지는 서로 매우 비슷한 종류의 의례들에 대해서 살펴보아야 한다. 이런 종류의 과정이 하나의 제도의 형태로 사회적으로 영구적인 결합으로 되는 것은 거의 찾아볼 수 없다. 그래서 우리는 그것은 개인적인 형태로서 어쩌다가 일어나는 비정상적인 것이라는 그로쓰(E.

---

10   A. Earle, *Note on polyandry in Sikkim and Tibet*, Census of India, 1901, t. VI, Appendice V, xxviii-xxix.

11   Post, *Afrikanische Jurisprudenz*, Oldenburg et Leipzig, 1887, t. I, 324는 다음과 같이 구별한다. A. 소녀의 의지에 반한 납치: 1) 전쟁, 2) 같은 부족이나 다른 부족의 젊은 남자와 그녀의 친구들. B. 당사자들 사이의 동의가 있는 다음: 1) 결혼으로 이어질 것이라는 약정 다음, 2) 두 가족의 동의 다음. C. "결혼의 놀이"로서 이루어지는 것. 후자의 세 가지 경우는 단순히 의례들이고, 처음 두 가지 경우는 개인적인 것이고, 이따금 일어나는 것이며, 결국 노예로 잡아오는 것이며, 여성들은 부족원으로서의 권리를 누리지도 못한다. 웨스터마크는 포스트(Post)의 관점에 아무것도 덧붙이지 않고, 가족에 관한 다른 역사가들의 견해에도 마찬가지다. Westermarck, *Origine of human marriage*, 1891. 또한 아프리카의 결혼의례들에 관한 문서들을 위해서는 Post, *ibidem*, 326-398을 참조하시오.

Gross)의 견해를 이의 없이 받아들여야 한다. 이렇게 집단 전체에 의하여 얻은 여성들, 예를 들어서 말하자면 약탈에 의해서 얻은 여성들은 보통 약탈자의 씨족이나 부족의 여성들보다 열등한 상태에 있어서 언제나 노예나 첩으로 남는다. 약탈자들이 그런 여성들과 맺어질 때도 다른 부족이나 다른 씨족의 여성들과 결합할 때 행하는 것과 다른 특별한 예식을 한다.

다른 한편, 사랑하는 남녀가 그들의 부모의 뜻에 반하여 결혼하려고 하거나 그들에게 다소 무의미하고, 불합리한 듯한 사회 규칙에 반하여 결혼하려고 할 때는 보통 타협책이 있다. 이 경우 사람들은 그것을 기정사실로 인정하거나, 예식들의 절반 정도만 거행한다. 그러나 예식의 모든 것들은 그 부족의 통상적인 관습을 따라서 행하는 결혼에서 모든 것이 안정된 형태로 지켜진다. 그러므로 소위 약탈혼(掠奪婚) 제도라고 부르는 것은 직접적으로 관찰된 사실에 근거한 것이 아니라 우리가 어떻게 설명할 수 없는 특별한 의례의 범주를 그렇게 해석한 것에 근거한 것이다.

"납치의례"와 그와 비슷한 입문식의 의례의 유사성이 제도적 잔존이 아니라는 사실을 이해하려면 아무 편견 없이 납치의례들에 대한 자세한 기술들을 읽고, 거기에 접근하는 것만으로도 충분하다. 입문식과 결혼식마다 반복해서 일어난 것은, 죽음에서도 마찬가지이지만 납치의 잔존이 아니라 실제로 일어나는 사건이며, 그것을 통해서 특정한 개인의 환경과 상태가 변한다. 결혼하는 것은 유아적이거나 청년기적 사회에서 성인의 사회로 넘어가는 것이다. 한 씨족에서 다른 씨족, 한 가족에서 다른 가족, 한 마을에서 다른 마을로 넘어가는 것이다. 한 개인을 어떤 집단으로부터 떼어내는 것은 그 집단은 약화시키지만 다른 집단은 강화시킨다. 그런 약화는 숫자적인 것이며 (따라서 역동성의 약화) 동시에 경제적, 정서적인 것이기도 하다. 그래서 더 강해진 집단은 어떤 방식으로든지 그들이 혈연적, 민족적 또는 실제로나 힘의 상호성의 면에서 연결되어 있는 약화된 집단을 보상해 준다. 소위 약탈이나 납치의례로 표현되는 것은 그것을 당한 집단이 드러내는 저항의 표시이다. 떠나는 사람의 가치와 상대적인 부(富)의 크기에 따라서 저항의 강도가 정해진다. 그에 대한 보상은 지참금, 선물, 잔치, 공공의 즐거움의 형태로 나타나고, 당사자 쪽에서 출발을 방해하는 이런저런 장애물을 놓아서 몸값을 지불하게 하는 돈의 형태로 이루어지기도 한다. 마지막으로, 그것이 마땅하게 표현돼 있지는 않지만 우리 문학이나 속언(俗諺)에 존재하는 정서적인 측면도 고려해야 하는데, 그것은 반쯤만 문명화된 사회에서도 마찬가지다. 딸이 그녀의 어머니를 떠날 때 눈물이 쏟아지기 마련인데, 그것은 의례로도 나타나지만 실제로 슬픔을 느낄 것이다. 신랑과 신부의 여자 친구들과 남자 친구들 역시 고통을 느낄 수 있으며 그것을 표현하는데, 서구 사회와 아주 다른 방식으로 표현하도록 한다.

   이것을 말하기 위하여, 나는 고대 사회의 "납치에 의한 결혼" 이론을 입증하는데 가장 많이 사용되는 기술을 요약하려고 한다. 그것은 부르크하르트(Burckhardt)가 쓴 시나이(Sinai)의 아랍 족의 결혼예식에 관한 것이다.[12] 1) 젊은이 한 명과 다른 두 젊은이들이 산에서 젊은 처녀 한 명을 잡아서 그의 아버지의 막사로 데려간다. 2) 그녀는 저항을 한다. "그녀가 더 저항할수록, 그녀의 친구들은 그녀를 더 칭송한다." 3) 젊은이들은 강제로 그녀를 여성들이 있는 집에 가둔다. 4) 미래의 신랑의 부모 중 한 사람이 그녀를 천으로 덮으면서 소리 지른다: "그 사람(미래의 신랑의 이름을 대면서)밖에 너를 지켜 줄 사람이 없어." 5) 그 소녀의 어머니와 친척들이 그녀에게 혼례복을 입힌다. 6) 사람들이 그녀를 낙타에 태우고, 그녀는 약혼자의 친구들이 그녀를 붙잡는 동안 계속해서 싸운다. 7) 그녀는 막사에 가는 동안 그렇게 세 차례나 더 하고, 그녀의 친구들은 슬픔의 눈물을 흘린다. 8) 그 다음에 그녀는 약혼자의 막사에 있는 여성들의 방에 안내된다. 9) 그 막사가 멀리 있으면, 그녀는 가는 길 내내 눈물을 흘린다. 그것은 그

---

12 Burckhardt, *Voyage en Arabie*, t. III, 190 이하.

녀가 본래 속했던 집단과의 분리를 나타낸다. 그것이 약탈혼의 잔재라면, 그녀의 가족과 그녀가 속한 부족원들은 모두 그 젊은이의 부족과 가족과 친구들의 공격에 저항해야 한다. 그 대신에 실제로 싸우는 것은 두 연령 집단뿐인 경우도 많다.

약탈혼은 종종 이렇게 이루어진다. 그때 그녀를 돕는 것은 젊은 여성들뿐만 아니라 젊거나 나이 들었거나, 결혼을 했거나 미망인이거나 그녀의 모든 친척들이나 부족의 여성들이다. 그럴 경우 우리가 앞으로 콘드(Khond) 족의 사례를 통해서 살펴볼 테지만, 그때 연대하는 것은 연령 집단이 아니라 성(性)의 연대이다. 나는 이렇게 성의 연대가 일반적인지 하는 것에 대해서는 알지 못한다. 다시 말해서, 그 젊은이의 부족이나 친족 및 가족의 젊은 여성과 여성들 모두가 그 약혼녀가 들어올 때 저지하는지에 대해서는 알지 못하는 것이다. 그러나 그것은 크롤리의 이론을 반대로 읽으면 될 것 같다.[13] 그는 피손(Fison), 웨스트마크(Westermarck)[14], 그로쓰(E. Grosse)[15]를 따라서 "약탈혼의 잔존"은 환상이라고 했지만, "소녀가 납치되는 것은 부족이나 가족에 의해서가 아니라 우선적으로 성(性) 집단에 의한 것이다"[16]라고 주장했기 때문이다. 그녀는 "우선적으로나", 이차

---

13 E. Crawley, *The Mystic Rose*, 333, 354 이하, 367 이하.

14 그는 약혼녀의 저항이 조심성의 전통으로 된 표현이라는 스펜서의 이론을 채택하려고 한다. 이것은 개인적인 경우로는 받아들일 만하지만 맞서 싸우는 집단이 언제나 같은 집단이 아니라는 사실은 물론 그 싸움이 결혼 자체처럼 그렇게 보편적 제도가 아니라는 사실에 대해서는 설명해 주지 못한다.

15 그로쓰는 이 예식에서 나중에 평화롭게 된 민족들이 전쟁에서 진짜 약탈한 것의 왜곡된 잔존을 보았지만, 그래도 용감하다는 명성을 지키려는 명예에 대해서는 인정하였다. E. Grosse, *Die Formen der Familie und die Formen der Wirtschaft,* Fribourg-en-Brisgau, 1896, 107-108.

16 Crawley, *loc. cit.*, 351-352, 370. 성적 연대의 의례들은 특히 이슬람 사회에서 발달하였고, 거기에서는 모든 사회생활에서 성적 분리도 강조된다. 북아프리카 사회와의 비교에 대해서는 Gaudefroy-demombynes, *Les cérémonies du mariage chez les indigènes de l'Algérie*, Paris, 1901 et *Coutumes de mariage en Algérie*, Extr. Rev. Trad. Pop., 1907; Doutté, *Merrakech*, passim (biographie détaillée pour l'Afrique du Nord, 334), les *Archives*

적으로 성적 집단으로부터 납치될 수 없다. 그녀의 성이 바뀌지 않기 때문이다. 오히려 그녀는 가족적이거나 지역적으로 제한된 어떤 성적 집단을 떠나서 다른 가족적이거나 지역적으로 제한된 성적 집단에 가입하는 것이다. 이것이 다음에 소개하는 사모예드(Samoyédes) 족의 의례에 잘 나와 있다.[17] 사모예드 족은 "그들과 다른 가족에서 소녀를 구한다"(씨족의 족외혼을 지키는 것이다). 중매인이 신부대(kalym)를 흥정하는데, 반은 소녀의 아버지가 부담하고, 다른 반은 친척들이 부담한다. 식사비용은 장인과 젊은이가 낸다. 젊은이의 아버지는 "그 다음날 있을 결혼식의 선물들을" 준비한다. 신랑은 정해진 날 신부의 가족들이 모르는 여성들과 함께 신부를 찾으러 온다. 그는 카림과 관계되는 모든 친척들을 방문한다. 그들은 신랑에게 작은 선물을 준다. 신랑이 데리고 온 여성들은 새 신부를 붙잡아서 강제로 썰매에 태우고, 거기에 붙들어 맨 다음 출발한다. 받은 선물들을 모두 썰매에 싣는다. 새 신랑은 맨 마지막에 있다. 신랑의 유르트(iroute, 나무로 얽고, 그 위에 천을 씌운 천막—역자 주)에 도착하면 신부는 그녀와 신랑의 잠자리를 준비한다. 그들은 같은 침대에서 자지만, 성관계는 한 달 후에나 가능하다. 신랑은 신부가 처녀일 경우 장모에게 선물을 한다. 그 다음에 신부는 정기적으로 그녀의 아버지를 보러 가는데, 그때마다 신부의 아버지는 그녀에게 많은 선물을 주어야 한다. 그것은 신부대에 대한 보상이다. 신부가 죽거나, 이혼을 하면 장인은 신부대를 돌려준다. 우리는 여기에서 사람들이 신랑에게 반드시 주어야 하는 선물들에 의

Marocaines et et la Revue Africaine, passim; K. Narbeshuber, *Aus dem Leben der Arabischen Bevölkerung in Sfax,* Leipzig, 1907, 11-16과 주; E. Destaing, *Etude sur le dialecte berbère des Beni-Snous,* t. I, Paris, 1907, 287-291. 여기에서 약혼녀가 기다리는 방에 약혼자가 들어가려면 문지방에 누워 있는 그의 어머니를 뛰어넘어야 한다(289쪽). 종종 매우 복잡한 이 모든 예식들 속에서 우리는 언제나 보존 의례와 다산의례의 다양성 아래 통과의례가 직조되어 있는 것을 다시 찾을 수 있다. 그리고 어디에서나 북아프리카의 다른 예식들에서처럼 베르베르 원주민의 요소들과 이슬람교도적 요소 또는 아랍에서 수입한 엄격한 요소들이 조합된 것을 볼 수 있다.
17 Pallas, *Voyages dans plusieurs provinces de l'Empire de Russie et dans l'Asie septentrionale,* nouv. éd., Paris, an II, 171-174.

해서 신부대(*kalym*)가 상당히 많이 배상되어야 하는 것과 신부를 그녀의 처녀 시절의 집단으로부터 강제로 분리시키는 것은 새로운 집단의 제한된 성 집단의 대표자들이라는 것을 알 수 있다.

남부 인도의 콘드(Khond) 족에서 신부의 집단에는 그녀의 "친구들"뿐만 아니라 "마을의 모든 젊은 여성들"도 포함된다.[18] 두 집안 사이에서 모든 것이 합의되면, 신부는 붉은 천으로 된 옷을 입고, 그녀의 외삼촌의 손을 잡고 그 마을의 젊은 여성들과 함께 신랑이 사는 마을로 간다. 그 행렬에는 신랑에게 가는 선물들이 실려 있다. 신랑은 그 마을의 젊은이들을 데리고 대나무로 만든 막대기를 들고 길에서 기다린다. 신부 측 여성들은 막대기, 돌, 흙덩이로 젊은이들을 공격하고, 젊은이들은 그들의 대나무 막대기로 방어한다. 마을에 점점 가까이 올 때, 싸움은 즉시 끝난다. 신랑의 삼촌은 신부를 인계 받아서 신랑의 집 문으로 데리고 간다. "이 싸움은 결코 장난만은 아니다. 젊은이들은 심하게 다치기도 한다." 곧 이어서 신랑의 비용으로 공동의 식사가 펼쳐진다. 이런 의례는 세세한 점에서 조금 다르기는 하지만 콘드 족이 사는 전역에서 행해진다. 내가 이 의례를 언급하는 이유는 터스톤(Thurston)이 여기에서 "고대 사회의 약탈혼 관습의 훌륭한 사례"를 보았기 때문이다. 1) 신랑 측을 뒤로 물러서게 하는 것은 신부 측이다. 2) 서로 다른 성과 지역의 두 집단 사이에 싸움이 벌어진다. 그래서 나는 여기에서 신부가 그녀의 과거의 성 집단, 연령 집단, 가족과 마을의 집단과 분리되는 의례를 본다.

마지막으로 다음 사례에서는 성적인 요소가 사라지고, 싸움은 구혼자와 신부 집단의 방계 혈족들 사이에서 벌어진다. 여기에서 "형제"라는 말이 사용되는데, 그것은 친족 체계에서의 의미이다. 형제란 토템 씨족을 나타내는 것이다. 토레스(Torrès) 해협의 군도(群島)에 사는 마부이아그

---

18 E. Thurston, *Ethnographic notes in Southern India,* Madras, 1906, 8-13. 이 책의 1쪽부터 131쪽에는 남부 인도의 다양한 부족들의 결혼 예식들에 관한 자세한 훌륭한 논문이 있다.

(Mabuiag) 족에서 소년에게 결혼을 제의하는 것은 소녀이다. 그때 소녀는 풀로 팔찌를 만들고, 소년의 누이는 그것을 그의 팔목에 채워준다. 그러면 소년은 그 답례로 소녀에게 발찌(*makamak*)를 보내고, 소녀는 그것을 발목에 찬다. 두 젊은이는 낮과 밤에 만날 약속을 하고, 성관계를 가진다. 소년은 소녀의 어머니와 아버지의 간단한 일을 도와주는데, 그들은 짐짓 모르는 체 한다. 그러나 형제들은 소년과 싸우는 것처럼 하지만 그의 다리에 상처를 입히고, 마지막으로 몽둥이로 머리를 가격한다. 곧 신부의 오빠는 신부의 손을 잡고 신랑에게 건네준다. 그때 신랑은 정해진 날 모든 종류의 선물들을 어떤 공적인 장소에 놓은 매트 위에 쌓아놓고, 신부의 모든 친척들은 그 둘레에 앉는다. 신부는 예복을 입고, 화장을 한 채 그녀의 오라비 두 명의 아내들과 같이 있는데, 그녀들은 선물들을 받아서 신부에게 주며, 신부는 그것들을 오라비들에게 준다. 그 다음에 공동의 식사가 행해지고, 결혼식은 끝난다.[19] 우리가 보듯이, 여기에서 성적인 행위는 사회적 결합과 무관하다. 먼저 개인의 가입의례가 행해지고, 전환 기간이 있으며, 분리의례와 사회적 가입의례가 오며, 마지막으로 가족 집단이 감수한 손해에 대한 보상이 이루어진다.[20] 여기에서 가족 집단은 토템 체계와 친족 체계에 기반을 두고 있다. 하지만 신부는 아직 남편의 씨족의 구성원이 되지 못하고, 신부의 집안에서 남편에게 "지불이 끝나야" 비로소 구성원이 될 수 있다.[21]

이르티쉬의 오스티악(Ostiaks) 족에게서 결혼의 행렬은 신랑의 마을을 향해서 진행된다.[22] 신부의 마을의 젊은이들은 밧줄로 썰매를 세우고, 신부 측에서 은으로 된 선물을 던져야만 조금씩 나아간다. 그들은 썰매를 다

---

19 A. C. Haddon, *Cambridge anthropolpgical expedition to Torres Straits*, t. V (1904), 223-224, 224-229; t. VI (1907), 112-119.
20 이런 생각은 *ibidem*, 225에도 나온다.
21 경제적 "보상"에 대해서는 *ibid.*, 230-232을 참조하시오.
22 S. Patkanov, *Die Irtysch-Ostiaken*, t. I, St-Péterbourg, 1897, 141.

시 세우고, 은을 더 받으며, 다시 출발한다. 그들이 썰매가 떠나게 하는 것은 세 번째로 은을 받은 다음이다. 나는 오스티악 족에게 여성들의 숫자는 충분하지 않아서 러시아 여성들과 내연적인 관계를 통해서 살았다는 것을 알고 있다.

종종 나의 관심을 끄는 사실은 젊은 남성과 젊은 여성이 그들의 그 전 환경과 맺었던 관계(연령, 성, 친족, 부족 등)가 너무 강력할 때 그것을 끊으려면 여러 차례 시도가 행해져야 한다는 사실이다. 거기에서 숲이나 산으로 여러 차례 도망가고, 추격하는 것이 생기고, 지참금이나 신부대를 부분적으로 반복해서 치르는 의례들이 생긴다. 마찬가지로 새로운 환경(가족, 결혼한 여성들이나 남성들의 사회적 집단, 씨족, 부족 등)에의 가입도 때때로 단 번에 이루어지지 않는다. 새로 온 사람은 침입자, 특히 제한된 가족 관계에서 침입자이다. 그 때문에 나는 시부모와 장인, 장모가 며느리와 사위에게 금기들이 있다고 생각한다. 또한 신부의 지위는 임신하거나 아들을 낳을 때까지 불안정하다. 부부의 성적 결합이 있기 전에 예식들에 의해서 이미 설립되었던 두 가족의 관계는 때때로 새로운 선물과 공동의 축연(祝宴)을 통해서 공고히 하는데, 예를 들어서 북아프리카에서는 결혼식이 끝난 다음 7일 동안 일련의 예식들을 통해서 그렇게 한다. 고드프르와-드몸빈느(Gaudefroy-Demombyne)가 기술한 바에 따르면, 틀렘센(Tlemcen) 족에서는 한편으로 두 가족의 남성들, 그 다음에 두 가족의 모든 남성들과 여성들, 다른 한편으로 모든 여성들은 그들의 특별한 집단에 새로운 남성과 새로운 여성을 가입하게 한다.[23] 콘스탄틴(Constantine) 족에서 이 가입은 오직 두 가족에 속한 남성들과 여성들에게만 가능한 듯하다. 이렇게 해서 성적 집단들의 새로운 균형이 만들어지는 것 같다.

방금 말했던 약탈혼 의례 이외에 분리의례에 대해서 더 말해야 한다. 거

---

[23] Gaudefroy-Demombyne, *Les cérémonies du mariage chez les indigènes de l'Algérie*, Paris, 1901 71-76.

기에는 다음과 같은 것들이 포함된다: 옷을 갈아입고, 우유통을 비우며, 세 개의 베리(baie)를 터뜨리는 것; 어린 시절이나 독신 시절의 삶과 관계되는 어떤 것을 자르고, 부러뜨리는 것; 머리를 고치고, 자르며, 머리를 깎고, 수염을 깎는 것; 눈을 감는 것; 보석을 버리는 것; 그의 장난감(인형 등), 보석, 어린이옷을 신에게 바치는 것; 처녀막을 미리 파괴하고, 신체의 일부를 훼손하는 것; 순결이라는 속박에서 벗어나는 것; 허리띠를 푸는 것; 식단을 바꾸고, 일시적으로 음식의 금기를 변화시키는 것; 어린 시절의 친구들에게 그의 장난감들과 보석들을 나누어주거나 "기억들을" 나누는 것; 어린 시절의 친구들을 때리고, 욕설을 퍼붓거나 그들에게 맞고, 욕설을 듣는 것; 발을 씻거나 씻기게 하는 것; 목욕을 하고, 기름을 바르는 것 등; 화로, 신상, 원가족의 성물을 구렁에 빠트리고, 파괴하며, 옮기는 것; 손을 묶고, 팔짱을 끼는 것 등; 천으로 몸을 가리고, 가마, 마차에 타는 것 등; 흔들리고, 박해받는 것; 토하는 것, 이름과 인격을 바꾸는 것; 성과 관계되는 일시적이거나 영구적인 금기를 따르는 것 등이 그것들이다.

더 나아가서, 나는 두 개의 더 복잡한 의례들을 이 범주에 덧붙이고자 한다. 어떤 것을 넘어서 모든 행렬이나 약혼자들이나 그들 가운데 어느 한 사람이 통과해야 하는 의례는 아마 여러 가지 방식으로 해석될 수 있을 것이다. 그렇지 않으면, 어쩌면 처음 보기에 같아 보였던 행위가 참석자들에게 그렇게 보이지 않는 경우도 있다. 장애물을 성큼 뛰어넘을 수도 있는데, 그것이 여성의 경우라면 그것은 다산의례가 될 수 없다. 또한 펄쩍 뛸 수 있는데, 그것은 하나의 세계에서 다른 세계, 하나의 가족에서 다른 가족으로 뛰어넘는 것일 수 있다. 장애물을 만지거나 만지지 않을 수 있는데, 그것은 통과의례나 다산의례나 신성한(예방의) 의례일 것이다. 사람들이 일으켜지는 것은 장애물(문이나 문지방에 있는 방책)을 부수거나 문을 강제적으로나 기도를 통하여 부수거나 열게 하는 것 등 모두 통과의례이다. 간단하게 말해서, 이 의례에 대한 연구는 자세한 자료들을 재구성해야

만 행해질 수 있는 것이다.[24]

　마찬가지로, 약혼녀나 약혼자를 다른 사람으로 대체하는 의례는 어떤 경우, 크롤리가 생각하는 것처럼 위험의 전염을 대체하려는 목적이 있을 수도 있다.[25] 그러나 나는 자세한 기록들을 검토한 결과 그 의례는 거의 대부분 사회적으로 가치가 적은 개인들, 특히 경제적인 가치가 빈약한 어린 소녀나 늙은 여성, 어린 소년 등을 넘겨주거나 통합함으로써 관계되는 집단(연령 집단, 성 집단, 가족)의 약화를 방지하려는 것이라고 생각하게 되었다. 이런 것은 대체된 사람에 대한 조롱과 약혼자와 약혼녀의 친구들과 부모의 격렬한 항의에서 알 수 있다.[26]

　이제 가입의례에 대해서 살펴보자. 결혼 예식에 대해서 자세하게 기술한 여러 관찰자들은 종종 가장 커다란 의미를 나타내고, 결정적으로 전체로서 타협하는 의례가 어떤 의례인지에 대해서 주목하였다. 그 의례는 보통 신부대(*kalym*)나 지참금 지불이 끝난 다음에 하는 공동의 식사의례나 경제적인 약정과 무관한 공동의 식사, 또는 완전히 종교적인 예식에 집단적으로 참여하는 것이다. 우리는 가입의례들 가운데서 개인적인 의미를 지니고 있으면서 동시에 그 두 젊은이를 서로 결합하는 의례들을 구분할 수 있는데, 그것들은 허리띠, 팔찌, 반지[27] 입던 옷을 주거나 교환하는 것; 서로를 같은 줄에 묶는 것; 서로의 옷을 묶는 것; 이런저런 방식으로 서로

24　나의 것과 다른 문서들, 참고 문헌들과 이론을 위해서는 S. Hartland, *Legend of Perseus*, t. I, 173과 그 이하를 참조하시오. E. Crawley, *Mystic Rose*, 337; W. Crooke, The lifting of the bride, Folk-Lore, t. XXII (1902), 226-244. Thumbull, *The threshold covenant*, 140-143.

25　cf. H. Hepding, *Die falsche Braut*, Hessische Blätter für Volkskunde, t. V (1906), 161-164; E. Thurston, *Ethnogr. Notes in South. India*, Madras, 1906, 3, 29; 우리는 여기에서 남편이 아내의 집에서 살게 될 것이라는 점을 지적하고자 한다. 대체되는 것은 그 사람이다.

26　나는 사위에 대한 장모의 금기, 며느리에 대한 시아버지의 금기에 대해서 말한다. 타일러는 절단을 분리의례로 보려고 했지만(Journ. Anthrop. Inst., t. XVIII (1887), 246. 크롤리는 그것을 성적 연대의 더 광범위한 범주로 정리하였다. Crawley, *loc. cit.*, 406.

27　전설의 주제로서 결혼반지가 가진 구속력에 대해서는 P. Saintyves, *Les saints successeurs des dieux*, Paris, 1907, 255-257.

접촉하는 것[28]; 다른 사람의 물건(우유, 껌 같은 것, 담배, 작업에 쓰는 도구)을 사용하는 것; 상대방에게 마실 것이나 먹을 것을 주는 것; 같이 음식을 먹는 것(애찬식, 고대 로마에서의 종교적 결혼식); 같은 옷이나 천을 두르는 것; 같은 자리에 앉는 것; 서로의 피를 마시는 것; 같은 그릇이나 접시에 담긴 음식을 먹는 것; 같은 음료수나 같은 용기에 담긴 음료를 마시는 것; 서로 마사지하고, 서로 두드려주고, 서로 피나 흙을 발라주고, 서로 씻겨주고, 새 집에 들어가는 것들이다. 이것들은 엄밀하게 말해서 결합 의례들이다. 가입의례들은 이 사람이나 저 사람을 새로운 집단에 결합시키거나 둘이나 그 이상의 집단들을 결합하는 집단적 의미가 들어 있다. 이런 범주에는 다음과 같은 것들이 포함된다: 선물의 교환[29], 누이의 교환(오스트레일리아, 서부 아프리카의 바싸-코모 족 등), 의례적인 춤, 약혼식이나 결혼식의 식사 같은 집단적 예식에의 참여; 상호방문; 순회 방문; 성인이나 기혼 남녀의 의복을 다시 입기; 여성이 임신하거나 출산하기 등이다. 어떤 의례들은 개인적이며 동시에 집단적이다. 따라서 선물의 접수에는 그것을 받은 사람 개인적으로는 물론 그가 속해 있는 집단에게도 구속력이 있다. 이 의례는 종종 약혼의 첫 의례이기 쉽다.

나는 특별한 가입의례로 많은 학자들의 호기심을 자아내는 "나무와의 결혼"에 대해서 소개하려고 한다. 그것은 결혼이 어떤 경우 다른 지역과 더불어 콜 뒤 벵갈(Kol du Bengale)[30]에서 토템 씨족에 가입하는 것으로서 입문 예식이라는 사실을 상기한다면 쉽게 알 수 있다. 오늘날 결혼은 남자의 경우 16세-18세, 여자의 경우 14-16세에 이루어지지만, 과거에는 연령이 더 낮았다. 내가 주의를 기울이려고 하는 사실은 다음과 같은 것이다.

---

[28] 더 자세하게 말하면, 손을 잡고, 손가락 깍지를 끼고, 입을 맞추고, 포옹하고, 서로의 머리로 밀치고, 한 사람의 무릎 위에 앉거나 마주 보고 앉고, 나란히 눕는 것 등이다.

[29] 선물을 거부하는 것은 제안된 결합을 받아들이지 않겠다는 표시이다. 약혼에서 아이가 출생하기 전이나 너무 이른 나이의 약혼의 경우 선물의 반환은 계약 파기의 표시이다.

[30] F. Hahn, *Einführung in das Gebiet der Kolsmission*, Gütersloh, 1907, 74-82, 87-88. 콜(Kol) 족은 문다(Munda) 족의 분족이다.

죽은 이의 영혼은 특별한 지역으로 간다. 그러나 어린이에게는 영혼이 없으므로 거기에 들어가지 못한다. 어린이는 결혼할 때까지 씨족의 음식물 금기를 지키지 않아도 되고, 족외혼 규칙에 구애받지 않고, 성관계를 할 수 있다. 그에게 영혼을 부여하고, 씨족에 가입하게 하는 것은 결혼이다. 콜 족은 토템 씨족이고, 그들의 주요 토템은 망고(mango)와 마후아(mahua)이다. 콜 족의 결혼의례 가운데 하나에서 신랑은 먼저 망고나무를 포옹함으로써 결혼하고, 신부는 마후아나무를 포옹함으로써 결혼한다. 이 사실들 전체는 나에게 "의사"(疑似) 결혼에서 주목해야 하는 것은 "진정한 결혼의 성공을 보장하기" 위한 인격의 전이가 아니라 결혼 예식을 통해서 이루어지는 토템 씨족에의 입문의례라는 생각을 깨우쳐주었다. 그 예식들은 전체적으로 콜 족에게 씨족으로의 입회 예식이었던 것이다. 이런저런 이유 때문에 씨족에서 추방당한 개인은 여러 마을의 대표자들을 초대하여 그의 마을의 사제가 흰 염소나 흰 소를 희생제로 드리게 하고, 태양-신에게 기원을 드리면서 그 피를 마시거나 그의 집 지붕에 뿌린 다음 거기에 모인 씨족의 대표자들에게 그 고기를 먹이면 다시 들어올 수 있다.[31]

이 모든 가입의례들은 상징적인 의미에서가 아니라 엄격하게 물질적인 의미로 받아들여야 한다. 그들을 묶는 줄과 그들이 차는 반지, 팔찌, 관 등은 실제로 그들을 강제하는 행동을 하는 것이다. 이런 관점에서 아주 재미있는 것은 사람들이 난폭하게 지나가거나 거기 들어가는 곳에 사는 사람들의 허락을 받고 들어가는 문지방이나 문과 관련된 의례들이다.[32] 그래서 팔레스타인에서 신부는 물이 가득 담긴 단지를 머리에 이고 신랑의 집 가까이 가서 문지방을 넘으려는 순간, 신랑은 그 단지를 떨어트리게 한다. 거기에는 트럼불이 생각하는 것처럼 헌주(獻酒)의 의미가 있는 것이 아니다. 오히려 과거의 환경과의 분리와 일종의 세례를 통해서 새로운 환경에

---

31 F. Hahn, *loc. cit.*, 159.
32 Clay Trumbull, *The threshold covenant*, 26-29.

가입하는 의미가 담겨 있다. 마찬가지로 스카르판토(Skarpanto) 섬에서는 사람들이 문에 걸쳐 놓은 막대기를 뿌러트린다. 샤반(Chavanne)은 나에게 물리적 통과는 단 한 번에 이루어지지 않고, 여러 단계에 걸쳐서 이루어진다는 재미있는 중국 의례에 대해서 말해 주었다.[33] 운남성 남부에 사는 호미(Homi) 민족 집단에서는 장래의 사위가 장래의 장인의 집에 신부를 찾으러 들어가면, "장인은 두 번째 방과 세 번째 방을 거치고, 서고(書庫)를 거쳐서 별채로 데려간다. 각 문에서 보조자가 사위가 해야 할 의례에 대해서 크게 외치는데, 그것은 '배문'(拜門)이라고 부르는, 문에 절을 하는 것이다. 장인은 문들을 매우 중요하게 생각하고, 사위에게 어려움을 주는데, 그 이유는 이제 그가 문을 열면 그의 딸을 사위에게 넘겨주기 때문이다."[34]

체레미쓰(Tchérémisse) 족[35]에서 신부를 찾으러 온 행렬은 그녀의 부모가 사는 농장 마당의 문 앞에 선다. 예식의 지도자인 사부스(sabous)는 오두막(isba)에 들어가고, 주인은 그에게 먹고, 마실 것을 준다. 사부스가 그 행렬이 안으로 들어가게 해달라고 요청하면, 신부의 아버지는 무엇을 잃어버린 것이 있느냐고 묻는다. 사부스는 신랑이 옷소매를 잃어버려서 자기네들이 신부가 당신 집에 있는지 보러 왔다고 대답한다. 신부의 아버지는 아니다라고 대답하고, 사부스는 떠난다. 그 다음에 그는 다시 돌아오고, 세 번째 요청을 한 다음에야 신부의 아버지는 승낙하고, 문들이 열리면서 가입의례들이 시작된다.

전환 기간 동안에는 성적인 의미가 있을 수도 있고, 없을 수도 있다. 어떤 민족들에서 약혼자는 약혼녀와 함께 자고, 그 기간 동안 임신하거나 나은 아이들은 적자(嫡子)로 여겨진다(위에서 언급한 사례). 다른 민족들

---

33 *Toung-Pao*, déc. 1905, 602-603.
34 여기에서 지적할 것은 번역자가 이 의례에서 납치혼의 잔존을 말하는데, 잘못된 것이다.
35 G. Iakovlev, *Religiosnyie obriady Tsheremis(cérémonies religieuses des Tchérémisse)*, Kazan, 1887, 55-56.

에서 두 젊은이들의 분리는 절대적이라서 이 규칙을 어기고 태어난 아이는 가족이나 사회에서 제대로 된 자리를 차지하지 못한다. 그래서 "라퐁(Lapons) 족에서 약혼자들은 결혼하기 전에 함께 잘 수 없다. 만일 그런 일이 생기면, 아무리 그 아이가 약혼 후에 생겼고, 약속이 있었다고 할지라도 그 아이는 사생아로 취급된다. 그 아이는 사내아이든지, 계집아이든지 간에 언제나 그의 형제자매들보다 맨 나중이고, 매우 비참하게 된다. 그 아이가 자라면 순록을 길러야 하고, 집에서 종종 내쫓기기도 한다."[36] 이 마지막 부분은 흥미로운데, 그것은 그 아이가 부정한 기간(금기로 인한)에 임신되어서 불완전성과 위축된 특성을 지니고 있다는 사실을 보여주기 때문이다.

이런 태도는 독일령 동부 아프리카의 와드샤가(Wadschagga) 족에게서도 찾아볼 수 있다. 그들의 결혼 예식은 분명한 단계들로 되어 있다. 1) 어떤 젊은 여자(12세)를 점찍어 놓은 젊은 남자(16세)가 그녀에게 자신의 마음을 전한다. 2) 그 여자가 호의적이라면, 남자의 아버지는 집안의 어른을 찾아가서 암 염소 한 마리와 술 네 동이를 바치고, 약혼의 허락을 받는다. 3) 그 다음에 남자의 아버지는 여자의 집에 가서 여자의 아버지와 여자의 동의를 요청한다. 4) 젊은 남자는 젊은 여자에게 진주와 팔찌를 선물하고, 남자의 어머니는 여자를 초대하여 음식을 대접하고, 집에서 하루 재운다. 그런 초대는 종종 이루어진다. 5) 젊은 여자는 약혼의 마지막 두 달 동안 시어머니의 집에 들른다. 6) 약혼 기간은 몇 년 동안인데, 그 동안 젊은 남자는 그의 처가 부모와 친척들에게 정해진 약정에 따라서 "신부대"를 조금씩, 조금씩 지불한다. 7) 약혼의 마지막 행위는 황소를 잡아서 신부의 아버지에게 엉덩이 부분과 가슴뼈 부분을 드리고 신랑은 드라캐나(dracaena) 잎들로 치장된 신부의 아버지 집에 염소 한 마리를 데리고 가

---

[36] J. Scheffer, *Histoire de la Laponie*, trad. par le P. Aug. Lubin, Paris, 1678, 395. 275쪽의 보충.

서 바친다. 결혼 잔치의 중심적인 부분은 장인의 집에 데리고 온 암 염소 한 마리이다. 거기에는 두 젊은이의 친척들 모두가 참석한다. 8) 그 다음에 모든 사람들은 젊은이의 집으로 가는데, 신부는 신랑의 뒤를 따라서 그녀의 손을 신랑의 어깨에 얹고 간다. 신부의 친척들은 그의 가족이 딸이며, 누이를 잃어버렸다고 한탄을 한다. 이것이 분리의례이다. 9) 그렇게 석 달이 지나는데, 그 동안 신부는 아무것도 하지 않고, 모든 일들은 그녀의 어머니나 시어머니가 한다. 시어머니는 신부에게 살림살이를 가르친다. 신랑도 마찬가지로 그의 아버지와 장인에게 배운다. 10) 이 수련기간은 "이 결혼을 인증하는" 우아리(uali)라고 부르는 잔치에 의해서 끝난다. 그 전에 낳는 모든 아이들은 적자로 인정받지 못한다. 이 잔치는 엘레우신(éleusine) 이라는 수확기를 따라서 두 사람이 같이 살기 시작한 2개월에서 5개월 사이에 이루어진다. 이 잔치에 모든 친척, 친구들, 이웃들이 초대되어 우아리를 마시고, 춤추며, 노래한다. 거의 대부분의 경우 노래들은 선정적이다. 신랑은 신부에게 구리로 만든 무거운 반지를 주고, 신부는 왼팔에 찬다. 신부가 임신했을 경우 노인들만 초대한다. 3일째 되는 날, 암염소를 죽여서 같이 먹는다. 잔치가 끝나면 신부는 일을 해야 한다.[37] 우아리 잔치까지 그 결혼은 한정된 두 집단(가족적이고, 성적인 집단)과 개인들에게만 관계되는 행위일 뿐이고, 우아리 잔치는 그 행위에 사회적이고, 일반적인 의미를 부여한다.

시에나(Siéna) 족은 "그들의 민족적 관습에 충실하다. 어떤 젊은 여성과 결혼하고 싶은 젊은 남성은 그의 계획을 그 여성이나 그녀의 가족에게 감춘다. 그러나 그녀의 부모들이 오가는 것을 지켜보다가 그녀의 어머니가 숲에 들어가서 죽은 나무들을 가져오는 것을 보면, 그녀가 집에 갈 때까지 기다렸다가 그녀에게 달려가서 그녀의 머리에 진 짐을 내리고 자기 머리

---

[37] M. Merker, *Rechtsverhältnisse und Sitten der Wadschagga*, Peterm. Mitteil. no 138, 1902, 4-6.

에 진다. 또 다른 때는 그녀의 아버지가 흰개미 집의 일부분을 집에서 기르는 암탉에게 주려고 가져오는 것을 도와주기도 한다. 며칠 후, 그 구혼자는 그가 사랑하는 여성의 집에 가져다 줄 나무를 긁어모을 것이다. 그 다음에 그는 콜라 나무 열매들을 모아서 그녀의 아버지에게 병아리를 선물하고, 조개 화폐(caurie)를 가져다준다. 그러면 그녀의 아버지는 가족들을 불러 모으고, 마을의 유력자를 모셔온다. 그리고 그녀의 아버지는 그 젊은이가 자기에게 베푼 친절에 대해서 말하고, 자신은 그런 친절에 대해서 딸의 결혼을 허락함으로써 보상하려고 한다고 말한다. 거기에 모였던 사람들은 그것을 승인하고, 마을의 유력자는 그가 받아들여질 수 있다고 선언한다. 그러나 미래의 신랑의 일은 이것으로 끝나지 않는다. 경작기가 되면 그는 그의 형제들과 친구들을 데리고 미래의 장인의 밭에 가서 갈아주어야 한다. 그리고 씨 뿌리기가 끝나면, 잡초를 제거해 주고, 곡주(穀酒)를 사서 약혼녀의 가족 모두에게 대접해야 한다. 그때에야 비로소 약혼식이 공식적으로 이루어진다. 흔히 그녀가 아직 결혼 적령기가 아닐 수도 있다. 그러면 그녀는 적령기가 될 때까지 그녀의 아버지의 집에 머무르는데, 기다리는 기간 동안에도 젊은 남자는 약혼녀의 집의 재정, 일, 수입에 도움을 계속해야 한다. 그러다가 결혼할 나이가 되면, 약혼녀의 아버지는 그녀를 약혼자에게 데려가고, 약혼자는 약혼녀의 아버지에게 다섯 개나 열 개의 조개 화폐를 주며, 신부의 어머니에게도 같은 값어치가 있는 선물을 한다. 젊은 부부가 같이 살기 시작한 지 한 달이 지나면, 신부의 아버지는 신부를 자기 집에 데려가서 두세 달을 지내게 하고, 신랑이 10프랑을 주고 신부를 데려간다. 두 번째의 동거 역시 한 달이 되는데, 마지막 즈음에 신부의 아버지는 두세 달 다시 데려가고, 신랑은 다시 10프랑을 주면서 신부를 결정적으로 데려간다. 신부가 그 예비 기간 동안 임신을 하면, 신부의 아버지는 아이가 태어날 때 신랑에게 허리에 두르는 옷을 준다. 노인들은 이런 관습은 새로운 부부가 서로를 알고, 서로 고맙게 생각하게 함으로써 잘못된 결합을 방지하려는 것이라고 말한다."[38]

다음 사례에서 우리는 약혼식의 전환 기간은 입문식의 전환 기간과 연관되어서 입문식이 시작될 때부터 사회적으로 용인 받는 성적 결합이 될 때까지와 같은 기간이라는 사실을 볼 수 있다.

라이베리아의 바이(Vai) 족에서는 여성들이 결혼하기 전까지는 산디(sandy)를 떠나지 않는다는 사실에서 성적(性的) 분리가 강화되어 있다. 산디는 숲속에 있는 신성한 곳으로 모든 소녀들은 열 살 이전이나 열 살 경에 이곳에 와서 초경(初經) 무렵까지 머문다. 벨리(belly)[39]에 머무는 남자아이들처럼 이 소녀들은 죽은 것처럼 여겨지고, 그것은 소녀들을 방문해서 집안일과 성적 행동에 대해서 가르치는 노파들도 마찬가지다. 매년 있는 외출 잔치는 재생의 날이다. 그런데 소녀의 부모는 그녀가 산디에 머무는 동안 종종 약혼시키는데, 그럴 경우 그녀는 연례적인 잔치날에도 외출하지 못한다. 그녀는 초경이 될 때까지 거기 머물러야 한다.[40] 월경이 이루어지면, 그 소식은 즉시 소녀의 부모에게 알려지고, 그들은 그것을 다시 약혼자에게 알린다. 그리고 약혼자는 산디에 선물을 보낸다. 사람들은 그녀에게 향유를 뿌려 주고, 보석을 달아 주며, 그녀의 부모는 그녀를 신성한 숲의 입구로 데리고 간다. 식사 예식을 마친 다음, 소녀의 어머니는 그녀를 약혼자의 오두막으로 데리고 가고, 두 가족과 친구들이 식사하는 동안 성교가 행해진다. 신랑은 성교를 마친 다음 오두막에서 나와서 식사하는 장소에 간다. 이런 의식은 약혼식이 소녀가 산디에서 나온 다음에도 같은 방식으로 이루어진다.[41] 따라서 바이 족에게 약혼 기간은 입문식 기간과 잇닿아 있으며, 그녀가 이미 약혼을 했을 경우에만 초경이 그녀가 산디에서 나오는 데 중요하다. 다른 수많은 민족들에서처럼 바이 족에서도 신

---

38 M. Delafosse, *Le peuple Siéna ou Sénoufo*, Rev. des Et. Ethnogr. et Sociol., 1908, 457.
39 Büttikofer, *Reisebilder aus Liberia*, Leyde, 1890, t. II, 304-308.
40 여기에서도 입문식 예식이 사춘기와 무관하다는 것을 알 수 있다.
41 Büttikofer, *loc. cit.*, 308-343.

체적 사춘기가 결혼의 법적 조건이 된다. 더구나 여기에서 약혼자 사이의 성적 분리는 산디의 신성한 특성에 의해서 보장된다.

이 모든 기술들을 보면, 결혼의 단계, 특히 중요한 약혼식에는 다른 것들과 더불어서 경제적 의미가 있는 것이 확실하다. 더 나아가서 모든 결혼은 결혼하는 두 당사자뿐만 아니라 어느 정도 광범위한 여러 가지 상황들을 통하여 사회적 혼란을 야기하기도 한다. 결혼은 거기에 관계되는 사람들 사이에서 수많은 요소들의 이동을 가져오고, 그 이동은 점차 균형의 균열을 가져오는 것이다. 그런 현상이 서구의 대도시에서는 별로 눈에 띄지 않지만, 우리 시골의 외진 지역에서는 무시할 수 없는 일이다. 거기에서 결혼식들은 생산 활동의 중단을 가져오고, 경제적 지출이 심하게 되며, 일상적으로 무감동했던 상태에서 감각이 일깨워지기도 한다. 그것은 터키-몽고 부족이나 아랍 족, 오아시스 지역 및 반쯤만 문명화된 사회에서는 더욱 더 뚜렷하게 보인다. 그 지역들에서는 언제나 많지 않은 사람들이 매우 결속되어서 살기 때문이다. 결혼이 일상적인 삶에 미치는 이런 영향은 웨스터마크와 해브록 엘리스(Havelock Ellis)의 생물학적 이론과 함께 결혼이 봄이나 겨울이나 가을, 다시 말해서 들에서 일을 하지 않는 한적한 계절에 주로 행해지는 이유를 설명해 주는 것 같다. 그렇다고 해서 나는 고대에서부터 존재하는 발정기(發情期)나 식물을 소생시키고, 인간이나 동물을 성적으로 흥분시키는 우주의 주기의 영향을 부인하는 것은 아니다. 그러나 이것은 결혼식이 가을에 많이 이루어지는 것에 대해서는 거의 설명해 주지 못한다. 그 대신 그때 농사 활동이 끝나고, 곡식 창고와 귀중품 창고가 가득 차기 때문에 그 날을 선택했노라고 종종 이야기한다. 그때가 독신자들에게는 겨울을 지내려고 집안을 정리하기 좋은 때인 것이다.

그래서 나는 같은 기간에 결혼이 많이 이루어지는 것이 발정기의 잔재나 과거의 집단혼의 잔재라는 상당히 광범위하게 퍼진 해석을 받아들일 수 없다. "원시시대의 난혼"(亂婚)이 환상이기 때문에 더욱더 그렇다.

더 나아가서 일 년 또는 더 이상의 시간에 하나 또는 두 기간에 이루어지는 동시적인 합동 결혼은 다른 의례들의 동시성들과 비교해서 살펴보아야 한다. 왕의 아이와 같은 날, 같은 달, 같은 해에 태어난 모든 아이들을 위한 잔치나 같은 해에 출산한 여성들을 기리는 연례적인 잔치(Lushei 족), 또는 입문식을 연례적이나 주기적으로 기념하는 행사, 특히 어떤 아이들이 같은 시기에 입문식 한 것을 매년이나 격년 또는 3년에 한 번씩 잔치를 벌이는 것이나 죽은 이들을 매년 성대하게 기념하면서 잔치를 벌이는 것들과 비교해서 살펴보아야 하는 것이다.[42] 간단하게 말해서, 이 모든 행위들에는 사회적으로 일반적인 의미가 있으며, 거기에 관계되는 체계는 이 일반적인 사회적 특성의 극단적 형태인 것이다. 제한된 집단(가족이나 씨족) 밖에 참가할 수 없는 예식들 대신 사회 전체를 구성하는 모든 집단들이 참가하는 예식들도 있다. 예를 들어서 말하자면, 비아르네(Biarnay)가 말한 우아르그라(Ouargla)의 흥미있는 결혼 예식이 그것이다.[43]

그와 반대로 전환 기간과 약혼의례들은 때때로 짧게 줄어들기도 한다. 그래서 헤레로(Herero) 족에서 젊은 남성이 젊은 여성에게 쇠로 만든 구슬을 주면 그녀는 그것을 앞치마에 매단다.[44] 그 다음에 그는 떠나고, 결혼예식 때까지 그녀를 보지 못하며, 그녀의 울타리에도 들어가지 못한다. 이 예식의 특징적인 요소는 그녀와 그녀의 친구들 및 그녀의 씨족과의 연대를 나타내는 아주 성스러운 식사이다. 신랑과 그의 친구들은 그 식사에 참

---

[42] 바그다드 지역의 숩바(Soubba) 족의 교회는 해마다 새롭게 봉헌식을 거행한다. N. Siouffi, *loc. cit.*, 120.

[43] 바세트(Basset)는 나에게 비아르네가 우아르그라에 대해서 쓴 책을 알려주는 호의를 베풀었다. 거기에서 결혼은 매년 봄에 한다. 의례의 순서는 매우 엄격하다. 먼저 거기에는 관계되는 사람들과 두 성적인 집단들만 참석한다. 그 다음에 의례들은 점차 사회적으로 된다. 가족들이 참석하고, 그 다음에 오아시스 분족이 참석한 다음 전 오아시스 주민들이 참석한다. 나는 비아르네가 개인, 지역, 주술적-종교적 기법 등을 따라서 자세히 기술한 것들을 다 소개할 자리가 없어서 유감스럽다. Biarnay, Etude sur le dialecte de Ouargla, Paris, 1909, Apr. 379-492.

[44] J. Irle, *Die Herero*, Gütersloh, 1906, 105-109.

석하지 못한다. 그 식사가 끝나면, 그들은 그녀를 찾으러 가서 그녀를 그의 집으로 데려간다. 그 다음에 그녀를 새로운 가정 예배에 가입시키고, 새로운 부족 사회에 가입시키는 의례들이 행해진다. 식사가 끝난 다음 그녀의 어머니는 그녀에게 "모자"를 씌워 주고, 결혼한 여자의 옷을 입혀 준다. 따라서 신랑의 집 울타리 안에서 이루어지는 성적 결합 전이(轉移)다. 신랑은 그의 어머니에게 새 신부의 "앞치마"를 예식을 따라서 가져다준다. 헤레로 족에게도 "신부대"가 있으며, 토템 씨족들로 이루어져 있다.

  결혼 예식들이 비슷하고, 종종 입양 예식들과 세세한 것들까지 비슷한 것은 결혼식에서 이방인을 어떤 집단에 결정적으로 가입시키는 것을 생각하면 당연한 듯하다. 아이누 족들은 어떤 경우에는 신랑이 신부의 가정에 살러 가고, 어떤 경우에는 신부가 신랑의 가정에 살러 가는데, 각 집에 모두 가족 예배가 있으며 거기 참석한다. 그런데 처음에 이방인으로 그 가족에 들어가는 것은 입양의 경우와 완전히 똑같다.[45]

  마찬가지로 결혼 예식들은 종종 세부적인 점에서도 즉위 예식들과 유사하다. 왕이나 신랑의 머리 위에 천을 늘어뜨리고, 관을 씌운다. 이때 약혼자의 특별한 신성한 물건들은 장래의 왕의 성물(聖物)과 똑같다. 이런 유사성은 특히 다음과 같은 점에서 두드러진다. 북아프리카와 인도의 어떤 지역 또는 기독교적 결혼의례에서 신랑은 왕, 술탄, 왕자라고 부르고, 신부는 여왕, 여자 술탄, 공주라고 부른다. 중국에서는 신랑을 "나으리"(mandarin)라고도 한다. 결혼을 재생으로 생각하는 경우에는 그런 것이 드물지만, 그 반면에 입문식이나 성직 수임식으로 보는 경우들에서는 그렇지 않다. 이런 모든 유사성과 동일성은 언제나 똑같은 생각, 즉 사회적 신분의 변화가 물질적으로 나타내는 것에 기반을 둔 통과의례 때문이다.

  이제 나는 결혼의례와 정반대되는 예식들인 이혼 예식들과 미망인의 예식들에 대해서 잠시 말하려고 한다.

---

[45] cf. Batchelor, *The Ainu and their folk-lore*, Londres, 1901, 224-225.

대부분의 민족들에게 이혼 의례들은 매우 단순하게 나타나는 듯하다. 여성은 보통 부부의 집을 떠나서 그녀의 부모의 집으로 가거나, 그렇지 않으면 남편이 그녀를 집에서 쫓아내는 것으로 충분하다. 하지만 나는 이혼 예식들이 민속지 문헌에 그렇게 간단하게 나온 것은 관찰자들이 거기에 흥미를 가지고 있지 않았거나 어떤 행위들에 대해서 이해하지 못했기 때문이라는 생각이 든다. 특히 몸의 분리와 이혼에서 단지 법적이고, 경제적인 행위만 보았기 때문이다. 그러나 개인적으로나 집단적으로 그렇게 수고를 했고, 복잡한 절차를 따라서 이루어졌던 관계가 어느 날 간단한 동작에 의해서 끝어질 수 없는 것은 당연한 일이다. 예를 들어서 말하자면, 가톨릭교회에서는 이혼을 받아들이지 않고, 주술적-종교적인 것이 전혀 섞이지 않은 조사를 거친 다음에서야 결혼 무효가 행해진다. 그 반면에 유대인들은 그것 자체가 이혼하려는 많은 사람들의 욕망에 장애물로 작용할 정도로 아주 복잡한 이혼 예식을 고안하여 시행하고 있다. 그 자체가 신성한 문서처럼 완벽하게 작성된 의례화된 문서가 부인에게 전달되는 것이다. 성직자(rabbin)가 이 문서를 공중에 던지면 부인의 증인 가운데 한 사람이 그것을 공중에서 잡아야 한다. 그러나 그것을 잡지 못하면 처음부터 다시 시작해야 한다. 우리는 여기에서 결정적인 분리의례를 볼 수 있다.[46] 나이지리아 고원에 사는 하베(Habbé) 족에서는 결혼이 전통적인 방식을 통하여 가정 예배에 의해서 축성되었을 경우 떠나는 배우자는 가족의 신과의 관계를 단절하기 위하여 희생제를 드려야 한다.[47] 에스키모 족들은 이혼할 때, 남편이 부인을 바라보다가 아무 말없이 집을 나간다. 추바쉬(Tchouvaches) 족에서는 자기 부인이 마음에 들지 않고, 부인과 헤어지려는 남편은 아내가 쓴 베일을 가져다가 찢어버리는데, 이런 의례는 체레미쓰(Tchérémisses), 모르드빈(Mordvines), 보티악(Votiaks), 보굴

---

[46] cf. Jungendres, *Jüdisches Zeremoniell oder Beschreibung*, Nuremberg, 1726; *Jewish Encyclopedia*, etc.
[47] Desplagnes, *Le Plateau central nigérien*, Paris, 1903, 222.

(Vogoules) 족들에서도 찾아볼 수 있다.[48] 쟈바(Java)에서는 이혼을 할 때, 사제가 "결혼의 줄"을 끊어버린다.[49] 남부 갈라(Galla)에서는 어떤 부인이 남편에게 학대당할 경우, 그녀의 오라비는 그녀를 찾아올 수 있다. 그러나 그는 그녀의 남편이 허락하지 않으면 그의 집이나 마을에 들어올 수 없고, 그의 누이가 집 밖으로 나올 때, 예를 들어서 물을 길러 나올 때 등 밖에 나올 때까지 기다려야 한다. 그때 데려갈 수 있다. 그런 방식으로 이혼한 여성은 재혼할 수 없고, 남편도 그녀를 다시 부를 수 없다. 그러나 당사자인 두 집단은 양이나 염소를 줌으로써 화해한다.[50] 와라모로(Wazaromo) 족들은 남편이 특별한 종류의 갈대를 부인에게 줌으로써 그가 더 이상 부인에게 마음이 없음을 알게 한다. 그리고 우뇨로(Unyoro) 족에서는 남편이 가죽 조각을 반으로 잘라서 반은 자기가 가지고, 반은 장인에게 보낸다.[51] 이슬람에서 분리의례는 말로 행해진다. 남편이 그의 아내에게 "당신은 이혼 당했다"거나 "나는 당신과 이혼한다"고 세 번 말하면 되는 것이다. 그러면 그 여성은 자기 물건들을 가지고 집을 떠나야 한다. 그때 남편은 보통 그녀가 가져온 지참금의 1/3을 돌려준다. 그러나 여성이 이혼을 원한다면 재판관의 판결을 받아야 하는데, 우리가 알고 있듯이 그 기능과 사법절차는 근본적으로 종교적 성격을 가지고 있다. 일반적으로 이렇게 세 번 반복하는 것은 마술적 공식(公式)이다. 그것은 인도와 스와힐리에서도 그렇게 한다.[52] 때때로 부족 회의가 소집되어 이혼으로 인한 이쪽 편과 저쪽 편

---

48 J. G. Georgi, *Russland, Beschreibung aller Nationen des Russischen Reiches*, etc., Leipzig, 1783, pet. in-4, t. I, 42.

49 Crawley, *The Mystic Rose*, 323.

50 E. S. Wakefield, *Marriage customs of the Southern Gallas*, Folk-Lore, t. XVIII (1907), 323-324.

51 Post, *Afrikanische Jurisprudenz*, t. I, 452.

52 W. Crooke, The Folk-Lore in the Legends of the Panjab, Folk-Lore, t, X (1899), 409-410. 스와힐리(Suahèli) 족의 공식 선언("나는 당신의 얼굴을 더 이상 보고 싶지 않아")에 대해서는 Velten, Sitten und Gebräuche der Suaheli, Göttingen, 1903, 237-238. 모로코, 팔레스타인, 터키, 스와힐리 등지의 이슬람 사회에서 이혼장도 많이 사용된다.

의 경제적 이익에 대해서 결정한다. 그러나 더 광범위하게 퍼진 절차는 예식적이거나 의례적인 것이 아니고, 배우자의 어느 한쪽을 쫓아내거나 단순하고 깨끗하게 떠나면 된다.

하지만 이것은 통과의례들의 도식과 전혀 반대되지 않고, 내가 제시했던 사회학적 설명과도 반대되지 않는다. 결혼이 일단 이루어지면 소년과 소녀는 사회적으로 성인인 남성과 여성의 범주 속에 편입되고, 그 어느 것도 그들을 되돌릴 수 없기 때문이다. 그것은 홀아비와 미망인의 경우도 마찬가지다. 그러나 가족들 사이에서 맺어진 관계는 두 배우자가 헤어진다고 해서 단절될 수 없다. 모든 단절의 위협은 특히 헤어진 사람들이나 이혼한 사람들의 장래의 지위를 결정하기 위한 화해가 막아주기 때문이다. 물론 개인들 사이의 감정적인 문제들은 남아 있을 수 있다. 그러나 아이들이 있으면 특히 집단적 관계는 남아 있다. 그런 점에서 많은 민족들 사이에서 아이들이 있을 경우 이혼은 허락되지 않는다. 간단하게 말해서, 내가 제시한 해석 체계가 확실하고, 보편적인 것이라고 주장하고 싶지는 않지만, 이혼에 정교한 의례들이 없다는 사실이 나의 생각을 반박하는 것이라고 느껴지지는 않는다.

더 나아가서 이혼에 의해서 그렇게 쉽게 끊어지는 관계가 죽음에 의해서는 거의 그렇지 않거나 전혀 끊어지지 않는다는 사실(남편이 죽었다고 해서 미망인이 자살하는 법은 거의 없다)은 주목할 만하다. 나는 상례(喪禮)에는 예방적이거나 보호적인 수많은 의례들이 포함되어 있다는 사실을 안다. 하지만 미망인들이 참여하는 장례에는 애도 이외에 다른 것들도 포함되어 있고, 그렇기 때문에 이론 상 거기에는 일반적으로 사회적인 의미가 담겨 있다는 사실을 인정하지 않을 수 없다.[53] 이런 것은 후파(Hupa)

---

[53] 다음에 소개하는 유대인의 의례 역시 통과의례의 범주에 포함된다. 죽은 자신의 남편의 아내(수혼제)가 되기 싫은 미망인은 신발을 벗고, 얼굴에 침을 뱉으며, 정해진 공식 문구를 외운다(Jewish Encyclopedia, 170 이하. s. v. Halizat; cf. 174의 대부분의 해석은 받아들일 수 없다). 이런 의례는 분명히 남편의 가족과의 분리의례로서 그녀가 자유로운 미망인이나

족의 의례에서도 볼 수 있는데, 그에 의하면 미망인이 자유롭게 되려면 죽은 남편이 집을 떠나기 전에 그의 다리 사이로 지나가야 한다. 그렇지 않으면, 그녀는 죽을 때까지 그에게 묶여 있고, 망자에 대한 모든 불성실이 그녀에게 불행한 결과들을 가져온다.[54]

이혼한 남성들처럼 미망인들의 재혼은 예식적인 관점에서 매우 간단한데, 이것은 다음에서 설명할 이유들 때문이다.

폐경이나 머리가 하얗게 되는 것에 대한 의례들은 없는 듯하다. 하지만 그것들은 삶에서 새로운 국면으로 접어드는 것이고, 반쯤만 문명화된 사회에서는 매우 중요한 국면이다. 사실, 늙은 여성들은 남성들과 동일시되거나 남성들의 의례들과 정치 행위 등에 참여하거나 성 집단에서 특별한 지위, 즉 중요한 의례들을 주관하는 지위를 얻는다. 노인들은 특히 사회적으로 관심을 기울여야 하는 사람들이다.

재혼이 가능한 여성의 범주에 속하는 통과를 보장하려는 의례이다.
[54] P. E. Goddard, *Life and culture of the Hupa*, Calif. Univ. Public., t. I. fasc. 1, Berkeley, 1903, 70.

제8장
장례식

장례식에서 분리, 전환, 들의 상대적 중요성 ― 분리와 전환의례로서의 상례 ― 장례식의 두 단계 ― 이 세상에서 저 세상으로의 여행 ― 죽은 자들의 통과에 반하는 물질적 장애물들 ― 죽은 자들의 세계의 지도 ― 고대 이집트에서 죽은 자들의 매일의 재생 ― 죽은 자들의 세계의 다양성 ― 죽은 자들의 일반적인 세계에 가입할 수 없는 죽은 자들 ― 재생과 환생의 의례들 ― 죽은 자들의 거처가 그의 집, 무덤, 공동묘지일 때의 의례들 ― 분리와 가입의례들의 목록

처음 보기에, 장례식에서는 분리의례들이 언제나 가장 중요한 자리를 차지하고, 그와 반대로 전환과 가입의례들은 별로 발달하지 않은 듯이 보인다. 하지만 연구 결과들을 보면, 어떤 경우 그와 반대로 분리의례들은 많지 않고, 매우 단순하며, 전환의례들이 종종 일종의 자율성을 보일 정도로 길고, 복잡해서 장례식의 모든 것을 차지하는 것을 볼 수 있다. 가장 공들이고, 가장 커다란 중요성을 부여하는 것은 죽은 이를 망자의 세계에 가입하게 하는 것이다.

여기에서도 나는 몇 가지를 빨리 말하려고 한다. 모든 사람들은 민족들에서 장례식만큼 나이, 성별, 사회적 지위에 따라서 차이가 나는 것이 없다는 사실을 알고 있다. 하지만 세부적인 요소들의 예외적일 정도로 다양한 것들 속에서 우리는 주요한 사항들을 범주화할 수 있다. 게다가 장례식은 같은 민족 내에서도 보통 사후 세계에 대한 서로 다르거나 정반대되는

관념들이 뒤얽혀 있고, 그것들이 의례에 반영돼서 더 복잡해진다. 그리고 사람은 죽음이 왔을 때, 운명이 서로 같지 않은 몇몇 요소들로 이루어져 있다고 생각된다: 몸, 생명력, 숨으로서의 영혼, 그림자-영혼, 난장이-영혼, 동물-영혼, 피-영혼, 머리-영혼 등으로 이루어져 있다고 생각되는 것이다. 이 가운데 어떤 영혼들은 언제나 또는 영원히 살지만, 어떤 것들은 죽는다. 나는 앞으로 이 요소들이 통과의례의 형식적인 복잡성에만 영향을 주고, 내적인 뼈대에는 별다른 영향을 주지 않기 때문에 이 모든 변이(變異)들은 생략할 것이다.

나는 그 전에는 상(喪)에서 금기와 부정적인 실행들만 보았지만 이제는 그것들이 좀 더 복잡한 현상으로 다가온다.[1] 죽음은 일반 사회와의 관계에서 볼 때 실제적이고, 물질적 사건으로서 신성하면서도, 불결하기 때문에 소외를 만들어내는 것이다. 사실, 상례는 산 사람들이 분리의례에 의해서 그 안으로 들어가고, 일반 사회로 재통합하게 하는 의례들을 통해서 그것으로부터 나오는(탈상 의례) 전환 상태이다. 어떤 경우, 산 자들의 전환기는 망자(亡者)의 전환기와 정반대이다.[2] 산자들의 전환기의 끝은 때때로 망자의 전환기의 끝과 일치하는 것이다. 그때 망자는 죽은 자들의 세계에 가입한다. 그래서 나이지리아 고원의 하베 족들은 "홀아비와 과부로 사는 기간은 망자의 영혼이 방황하면서 떠돌아다니다가 조상들의 신령의 세계에 들어가거나 환생하는 순간까지의 기간과 일치한다"고 말한다.[3] 초상 기간 동안 친척들은 한편으로는 산 자들의 세계, 다른 한편으로는 망자들의 세계 사이에 있는 특별한 집단을 이루고 있다. 또한 상례의 참여는 망자와의 혈족 관계의 정도에 따라서 다르며 각 민족은 혈족 관계(부계, 모계, 집

---

1 *Tabou et Tot. à Mad.*, 40, 58-77, 88, 100-103, 333-339, 342.
2 이것은 빌켄(Wilken)이 인도네시아에서 이미 살펴보았던 것이다(*Über das Haaropfer*, etc., Revue coloniale internationale, 1886, t. II, 1887, t. I, 254). R. Hertz, *loc. cit.*, 82-83, 101, 105, 120. 사실 초상 기간은 앞으로 말할 테지만 흔히 다른 두 가지 요소들에 따라 달라진다.
3 Desplagnes, *Le Plateau central nigérien*, Paris, 1907, 221. 저승에 관한 믿음에 대해서는 *ibid*., 262-268을 참조하시오.

단 등)를 감안하여 특별한 방식으로 정한 것을 따라서 행한다. 물론 홀아비와 미망인이 그 특별한 세계에 가장 오래 머물고, 적당한 의례를 통해서 그 세계로부터 나오는데 신체적 연관 관계(임신 등)도 상관없다. 따라서 상례의 모든 금지와 모든 규칙(특별한 복장 등)으로부터의 탈상례들은 신입자(novice)의 재통합 의례들처럼 제한적이거나 일반적인 사회생활로의 재통합 의례들로 생각되어야 한다. 초상 기간 동안 관계되는 모든 사람들에게는 오랫동안 사회생활이 정지된다. 1) 망자와의 자연적 관계(미망인, 친척 등)에 따라서 달라지며, 2) 망자의 사회적 지위가 높으면 더 길어진다. 망자가 추장일 경우, 사회생활은 전체적으로 정지된다. 거기에서 아프리카 소(小) 공국의 어떤 왕이 죽은 다음 공공의 애도 기간과 휴가와 그에 따르는 "방종의 기간" 등이 주어지기도 하였다. 최근에 중국에서 황제와 섭정 황후가 죽었을 때도 그에 따르는 집단적 영향을 상당히 많이 감소시키려는 정치적, 경제적, 행정적 필요성이 있었다. 옛날 같았으면 중국에서는 그럴 경우 집 안에서의 사회생활까지 여러 달 동안 모두 절대적으로 정지되었다. 그러나 오늘날 그런 일이 생긴다면 대재앙이 일어날 것이다.

장례식에서 전환 기간은 우선 시신을 어느 정도 머물게 할 것인가 또는 망자의 방이나 집의 현관에 관에 넣어서 할 것인가(밤을 새워서 지킨다)하는 등 물질적인 것으로 표현된다. 그러나 그것도 라피토(Lafitau)가 그 중요성과 보편성에 대해서 이미 지적하였듯이 의례의 모든 절차들에서 완화된 형태로 되었다.

"대부분의 미개 국가들에서 시신은 그들이 처음 모셨던 묘지에 안전하게 둔다. 어느 정도 시간이 지나면, 새로운 장례식이 거행되고, 새로운 장례식의 의무에 의해서 그들이 망자에게 해야 될 것들을 하면서 완결된다."[4] 이어서 그는 카리브 해 지역의 의례들에 대해서 다음과 같이 말하였

---

4 Lafitau, *Moeurs des Sauvages amériquains comparées aux moeurs des premiers temps*, Paris, 1724, t. II, 444.

다: "그들은 죽은 이들에게서 살이 다 없어지지 않는 한 영혼의 세계에 가지 못한다고 생각한다." 미카일로프스키는(Mikhailowski)는 이 전환 기간에 대해서 흥미를 느낀다.[5] 주요한 의례는 살들을 제거하거나 살들이 저절로 떨어져 나갈 때까지 기다리는 것으로 되어 있다. 마다가스카르의 베스틸레오(Bestiléo) 족의 예식들의 기반에는 이런 생각이 자리 잡고 있다. 그 예식의 첫 번째 (기다리는) 절차는 해골을 매장하는 의례 절차를 한 다음에 시신이 그의 가묘(큰 불의 도움으로 부패를 촉진한다)에서 분해되게 하는 것이다.[6]

더 나아가서, 절차들은 때때로 여러 다른 단계로 나누어지고, 후반기에 이 현상은 결혼 기념일, 생일, 때로는 입문식 기념일과 같은 종류의 추모식 형태(8일, 14일, 한 달, 40일, 일 년 등)로 체계화된다.

장례식의 단계들에 대해서는 앞에서 이미 살펴보았기 때문에[7] 이제는 다른 지역의 사례들에 대해서 살펴보려고 한다. 토다 족의 예식에는 똑같은 성격이 있다: 화장, 유물의 보존, 공들여서 하는 전환의례들이 그것이다. 그 다음에 유물들을 다 태우고, 재들을 나무와 함께 묻는다. 이 모든 것을 하는데 한 달이 걸린다. 죽은 이는 지하 세계인 암노드르(Amnodr)로 가서 아마톨(Amatol)이라고 불릴 것이다. 거기에 가는 길은 씨족에 따라서 다르며, 그 길에는 장애물들이 많다. "고약한 사람들"은 다리 역할을 하는 실에서 떨어져 강에 빠지는데, 그 기슭에서 모든 종류의 부족에 속하는 사람들과 함께 한동안 산다. 물소들도 암노드르에 간다. 아마톨들은 거기에서 많이 걷는다. 그러다가 그들의 다리가 무릎까지 닳아서 없어지면 땅

---

5 N. M. Mikhailowski, *Shamanstvo*, fasc. I, Moscou, 1892, 13.
6 cf. A. van Gennep, *Tabou, Tot, Madag.*, ch. VI & 277-278.
7 cf. Hertz, *Contribution à l'étude d'une représentation collective de la mort*, Année sociologique, t. X (1907), 50-66. 사후 세계와 거기까지의 여행에 대한 자세한 기술의 묶음이 A. C. Kruijt, *Het Animisme in den Indischen Archipel*, La Haye, 1906, 323-385에 있으며, 이것은 타일러, 빌켄, 르투르노의 이론에 근거한 저작이다.

으로 돌아온다.[8]

옵도르스크(Obdorsk)의 오스티악(Ostiak)[9] 족에서 사람들은 죽은 이가 쓰던 도구들을 제외하고는 집에서 모든 것들을 내버린다. 그리고 죽은 이에게 옷을 입히고, 그를 통나무를 잘라서 만든 카누에 싣는다. 샤만은 그에게 왜 죽었는지 묻는다. 그는 그의 씨족의 무덤에 데려가고, 카누는 언 땅에 놓여진다. 발을 북쪽을 향하게 하고, 그의 주위에는 저승에서 필요한 모든 것들이 놓여진다. 땅에는 그가 먹었다고 여겨지는 식사가 차려지고, 그는 떠난다. 여자 친척들은 그의 이미지를 한 인형을 만들고, 씻기며, 옷을 입히고, 음식을 주는데, 죽은 이가 남성일 경우 2년 반 동안, 여성일 경우 2년 동안 매일 그렇게 한다.[10] 그 다음에 인형을 무덤에 가져간다.

그러나 남성의 상례는 5개월이고, 여성의 상례는 4개월이다. 죽은 이는 죽은 자들의 세계가 있는 북쪽을 향해서 길고, 꼬불꼬불한 길을 따라서 간다. 그곳은 어둡고, 추운 곳이며[11], 여행 기간은 인형을 보관하는 기간과 일치한다. 따라서 전환 기간인 예비적 의례가 있고, 죽은 자가 그의 최종적인 거주지에 도착할 때 결정적인 장례식이 끝나는 것을 알 수 있다. 북부

---

8 H. Rivers, *The Toda*, Londres, 1906, 336-404. 의례들에 대해서 더 살펴보려면 다음을 참조하시오. E. Thurston, *Ethnographic notes in Southern India*, Madras, 1906, 145-146, 172-184.

9 옵도르스크에 사는 오스티악 족은 본래의 오스티악 족과 사모이에드즈(Samoiedes) 족이 뒤섞여 있지만, 나는 나에게 그들의 정보를 알려준 사람의 말대로 오스티악 족이라는 이름을 그대로 쓴다. A. van Gennep, *Origine et fortune du nom de peuple 'Ostiak'*, Keleti Szemle, 1902, 13-22.

10 Gondatti, *Sliédy iazytchestwa u inorodtsev Sièvero-Zapadnoi Sibirii*("북서부 아시아 원주민의 이교도적 흔적"), Moscou, 1888, 43에서는 6개월이다. 이르티쉬(Irtysch)의 오스티악 족에서는 죽은 이가 남성이면 미망인은 인형을 그녀의 곁에 눕게 한다. Patkanov, *Die Irtysch-Ostiaken*, St.- Péterbourg, 1897, 146. 오늘날에는 인형이 죽은 이의 베게와 면 속옷으로 대체되었다.

11 Bartenev, *Pogrebalnyia obytchai Obdorskikh Ostiakov*("옵도르스크의 오스티악 족의 장례식"), Shivaia Starina, t. V. (1905), 487-492; Gondatti, loc. cit., 44.

오스티악 족은 죽은 자들의 세계가 북극해[12]의 옵(Ob) 지역 하구(河口) 너머에 있다고 생각한다. 그곳에는 달빛밖에 비치지 않는다. 이 세계의 멀지 않은 곳에서 세 개의 문으로 이어지는 세 개의 길이 갈라진다. 첫 번째 문은 암살당한 사람들, 물에 빠져 죽은 사람들, 자살한 사람들이 들어가는 문이고, 두 번째 문은 죄지은 사람들이 들어가는 문이며, 세 번째 문은 정상적으로 살았던 사람들이 들어가는 문이다. 이르티쉬(Irtysch)의 오스티악 족에게 저승은 하늘에 있는데, 그 나라는 굉장히 좋은 나라이다. 그곳에 가려면 사람들은 각각 100미터에서 300미터가 되는 사다리를 타고 올라가거나 긴 사슬을 타고 올라간다. 거기에는 그들의 토템[13]인 듯한 신들, 즉 신성한 곰들과 죽은 이들이 살고, 고대의 서사시적 전설에 의하면 죽은 이들은 때때로 땅으로 다시 내려오기도 한다.[14] 간단하게 말해서, 인형을 보관하는 기간과 죽은 이가 저승에 도달하는 기간 사이에 어떤 관계가 있는 것이 틀림없는 듯하다.

인도의 콜(Kol) 족의 장례식은 예방 의례로 알려진 것과 통과의례가 조합된 좋은 예를 보여준다.[15] 그 의례들의 절차는 다음과 같다. 1) 어떤 사람이 죽으면, 곧 사람들은 시신을 땅에 놓는다. "죽은 이의 영혼이 땅에 있는 죽은 자들의 거처(居處)에 가는 길을 제일 빨리 찾도록 하기 위한 것이다." 2) 죽은 이의 영혼이 하는 여행을 방해할 수 있는 악마를 쫓으려고 시신을 씻기고, 노란색을 칠한다. 3) 똑같은 목적에서 거기 모인 친척들과 이웃들은 소리지르면서 통곡한다. 4) 죽은 이의 영혼이 그가 살던 집으로 가

---

12   나는 왜 곤다티가 파트카노프(Patkanov)를 따라서 바다 속에 있는 그 나라를 땅속에 있다고 말했는지 이해할 수 없다. Patkanov, *loc. cit.*, 146. 더구나 그 점에서는 보굴 족과 오스티악 족 신앙에 기독교가 침투한 것이 틀림없다(악마, 지옥, 기원).

13   이 점에 대해서는 내가 다음 논문에 요약한 것이 있다. Rev. de l'Hist. des Rel., 1899, t. XL, cf. N. Kharouzine sur *Le serment par l'ours et le culte de l'ours chez les Ostiak et les Vogoul*.

14   Patkanov, *Die Irtysch-Ostiaken*, 146.

15   cf. F. Hahn, *Gebiet der Kolsmission*, 82-88.

는 길을 다시 찾지 못하도록 시신의 발을 앞쪽으로 하고, 시신을 대나무로 만든 발판 위에 놓는다. 똑같은 목적에서 빙 둘러서 간다. 5) 이 행렬에는 어린 사내아이들과 여자아이들은 낄 수 없다. 여성들은 소리를 지르고, 남성들은 침묵한다. 6) 그 행렬에 참석한 사람들은 장작더미에 놓을 마른 막대기들을 가지고 간다. 7) 죽은 이의 성별에 따라서 거기에 쌀이나 그가 쓰던 연장을 놓고, 그가 다음의 여행을 할 수 있도록 그의 입에 떡과 돈을 물려준다. 영혼이 "육신이라는 그림자"를 지고 가기 때문이다. 8) 여성들은 돌아가고, 남은 사람들은 장작에 불을 붙이는데[16], 죽은 이가 돌아오지 못하도록 상여도 같이 태운다. 9) 사람들은 재가 된 뼈를 수습하고, 단지에 넣어서 죽은 이의 집에 가져와서 장대에 걸어 놓는다. 10) 길에 낟알들을 뿌리고, 죽은 이의 집 앞에 음식을 차려 놓는데, 그것은 죽은 이가 그렇게 조심했는데도 다시 돌아오면 아무도 해치지 않고, 그것을 먹으라고 하는 것이다. 11) 죽은 이가 거기 숨어 있을 수도 있는 그가 쓰던 모든 도구들을 멀리 가져다버린다. 그것들이 부정하게 되었기 때문이다. 12) 죽은 이의 집에서 공동으로 식사함으로써 집을 정화시킨다. 13) 어느 정도 시간이 지나면, "약혼식" 또는 "죽은 이와 지하세계에 사는 이들의 결합"을 위한 예식이 행해진다. 사람들은 결혼 노래를 부르고, 춤을 추며, 죽은 이의 뼈를 담은 단지를 든 여성은 기쁘게 뛰어다닌다. 14) 사람들은 풍악을 울리면시 결혼 행진을 하며 죽은 이와 그의 조상들이 태어난 마을 가까이 간다. 15) 그 단지를 작은 구덩이에 놓고, 그 위에 돌을 세운다. 16) 돌아오는 길에 모든 참석자들은 반드시 목욕을 해야 한다. 그러나 호랑이에게 물리거나 사고로 부상당한 사람들과 죽은 사람들은 악령이 되고, 죽은 자들의 나라에 가지 못한다. 그 나라는 조상들이 사는 곳이고, 오직 결혼한 사람들만 갈 수 있다.[17] 그들은 그들이 원할 경우 때때로 지상으로 내려오기도 하

---

16 비가 너무 심하게 올 경우, 시신을 특별한 의례들을 따라서 매장하고, 추수한 다음 시신을 파내어 화장한다. 이때의 예식은 세 단계로 나눠서 진행한다.

17 앞의 163쪽을 참조하시오.

는데, 아들로 환생하여 조부와 증조부를 잇는다.[18]

여기는 저승에 대한 비교 연구를 할 자리가 아니다.[19] 가장 널리 퍼진 생각은 저승이 우리가 사는 세상과 비슷하지만 더 살기 좋고, 사회도 이승처럼 조직되어 있다는 것이다. 따라서 모든 사람들은 이 세상에서 가졌던 씨족, 계급, 나이, 직업 등으로 범주화된 속으로 다시 들어간다. 살아 있는 사람들의 세계에 아직 가입하지 못한 어린아이들이 저승에서도 범주화될 수 없다는 것은 그런 논리에서 나온 생각이다. 그래서 가톨릭교회의 세례를 받기 전에 죽은 아이들은 영원히 전환기인 연옥에서 살고, 반쯤만 문명화된 사회에서 어린아이의 시신은 아직 이름도 없고, 할례도 받지 못해서 일상적인 예식들도 없이 매장되거나 내버리거나 화장된다. 그 민족들이 그 아이에게는 영혼이 없다고 생각하기 때문이다.

저승으로의 여행과 입회에는 그곳까지의 거리와 지도에 따라서 다른 일련의 통과의례가 포함되어 있다. 나는 먼저 저승이 죽은 자들의 섬인 경우를 언급하려고 한다: 그것들은 이집트[20], 앗시로-바빌로니아[21], 그리스의 다양한 시대와 다양한 지역에서 볼 수 있듯이 오디세이 9장에 있는 하

---

18 나는 이 자료가 앞에서 말했던 갓난아이를 시신처럼 땅에 놓는 의례(70-72쪽)를 입증해 주기 때문에 다시 언급한다(콜 족에서도 그렇게 한다. cf. Hahn, *loc. cit.*, 72). 디터리히는 그것들과 같은 자료들을 모았고, 그것을 "대지모의 품으로 돌아가는 것"이라고 설명하였다. Dieterich, *Mutter Erde*, 25-29. 나는 거기에 덧붙여서, 콜 족들은 어린아이들이 죽으면 화장을 하지 않고, 매장을 한다고 말하려고 한다. "그들에게는 영혼이 없기 때문이다"(콜 족들은 결혼하는 날 영혼이 생긴다고 믿는다). 또한 그 아이들은 조상들의 나라에 갈 권리도 없다. 화장을 하는 것은 그 나라에 갈 수 있도록 하려는 것임에 틀림없다. 디터리히는 여기에서 다르게 말한다. Dieterich, *Mutter Erde*, 21-25.

19 cf. E. B. Tylor, *Primitive Culture*, ch. XIII.

20 죽은 이의 여행과 재판, 이아루(Iarou) 섬들과 들판에 대해서는 Gaston Maspéro, *Histoire ancienne des peuples de l'Orient classique*, t. I, 180 이하와 참고문헌들을 참조하시오.

21 Gaston Maspéro, *ibidem*, 574 이하.

데스[22], 켈트 족[23], 폴리네시아 지역[24], 오스트레일리아 지역[25] 등이다. 그 지역들에서는 죽은 이에게 그의 카누나 작은 모형 카누와 노를 주는 풍습이 있는 듯하다. 다른 민족들은 저승을 벽들로 둘러싸인 성채, 즉 히브리 족들의 세올(Schéol)[26]처럼 굳게 닫힌 문으로 된 성채나 바빌로니아의 아랄루(Aralou)[27] 또는 구획으로 된 지역(이집트의 Douat)이나 높은 산에 있거나(Dayaks 족), 산 속에 있는 것(인도의 힌두 족 등)으로 생각한다. 여기에서 우리에게 중요한 것은 죽은 이가 여행을 해야 하기 때문에[28] 산 사람들은 그들의 여행을 보장해 줄 수 있는 필요한 모든 물질적인 것들(옷, 식량, 무기, 도구 등)과 주술적-종교적인 것들(부적, 징표, 암호 등)을 마련해주어야 하는 것이다. 그것은 마치 산 사람의 여정이나 항해, 그리고 환대를 받을 수 있도록 준비하는 것과 같은 것이다. 또한 이 의례들은 어떤 세밀한 것들에서 우리가 이 책의 제3장에서 살펴보았던 것들과 같다. 그래서 라퐁(Lapons) 족은 죽은 이의 무덤에서 순록을 죽이는데, 그것은 죽은 이가 3주가 걸릴지, 3년이 걸릴지 모르는 험난한 여행을 통해서 최종 목적지

---

22 cf. E. Rohde, *Psyché*, 2e éd., Fribourg-en-B, 1898; A. Dieterich, *Nekya*, Leipzig, 1893; Ad. J. Reinach, *Victor Bénard et l'Odyssée*, "Les Essai", 1904, 189-193.

23 K. Meyer & A. Nutt, *The voyage of Bran* (Grimm Library), Londres, 1895.

24 J. Zemmrich, *Toteninseln und verwandte geographische Mythen*, Int. Archiv. für Ethnogr., t. IV.

25 cf. Strehlow-Leonhardi, *Die Aranda und Luritja-Stämme*, Francfort, 1907, t. I(1907), 15 & t. II(1908), 6.

26 cf. Schwally, *Das Leben nach dem Tode*, etc., Giessen, 1892.

27 Gaston Maspéro, *loc. cit.*, 693 이하.

28 사벤(Sabéennes) 족의 신앙에 의한 죽은 자들의 세계에 대해서는 N. Siouffi, *Etudes sur la religion des Soubba*, Paris, 1880, 156-158을 참조하시오. 또한 그곳으로 가는 여정과 그것들을 잇는 것에 관해서는 *ibidem*, 126-129를 참조하고, 그에 따르는 장례식에 대해서는 *ibidem*, 120, 121 주를 참조하시오. 영혼의 여행에는 75일이 걸리지만 상례가 지속되는 것은 60일이다. 그래서 공동의 식사와 추모를 위한 식사는 반드시 필요하다. 죽은 이에게 "마지막으로 한 입 넣어주는" 의례는 저승으로 가는 길에서 그에게 "살아 생전에 보통 충분하지 않았던 식량보다 무엇인가를 더 주는" 의미가 있다.

에 도달하도록 여행을 할 수 있게 하려는 것이다.[29] 이와 비슷한 것들은 아주 많이 언급할 수 있을 것이다. 예를 들어서 말하자면, 통과의례는 "샤론의 오볼" 의례에서도 찾아볼 수 있다.[30] 프랑스에서도 옛날에는 죽은 자가 "저승에서 가장 잘 받아지도록 하기 위하여" 가지고 있는 것 가운데서 가장 많은 돈을 주곤 하였다.[31] 그것은 지금도 그리스에서 마찬가지다. 슬라브 족에게 그 돈은 저승으로 가는 여행 비용으로 지불되고, 일본 불교에서 그것은 산주(Sandzu)를 건너가게 해주는 노파에게 주며, 바다가(Badaga) 족들은 죽은 이들이 저승으로 가는 해협을 통과할 때 사용된다. 이슬람교도들은 순수하고, "선한" 사람들이 아니면 죽은 다음에 날카로운 칼로 만들어진 다리를 건너가지 못한다. 리그-베다(Rig-Veda)에 나오는 네 개의 눈을 가진 얼룩 개 야마(Yama)는 고대 힌두교도들이 어두운 지하세계를 통해서 "닫혀 있고, 폐쇄된" 일종의 동굴인 무덤 너머의 거처(居處)로 가는 길을 지키고 있으며, 아베스타(Avesta)에서는 개들이 신바트(Cinvat)를 지킨다.[32]

   때때로 이 특별한 힘들, 즉 마술사, 악마, 신들은 죽은 이들에게 길을 보여 주거나 그들을 집단으로 이끌고 간다. 영혼의 안내자인 것이다. 이시스와 헤르메스-메르쿠르가 그런 역할을 하는 것은 잘 알려져 있다. 무스카키

---

29 N. Kharuzin, *Russkie Lopary,* Moscou, 1890, 157-158. 같은 계열의 다른 사실들을 위해서는 Mikhailowski, *Shamanstvo,* 19-24을 참조하시오.
30 cf. R. Andree, *Totenmünze,* Ethnogr. Parall, 2e sér., 1889, 24-29; *Mélusine,* passim.
31 J. B. Thiers, *Traité des superstitions,* Paris, 1667. 또 다른 비슷한 프랑스의 것을 위해서는 P. Sébillot, *Le Folk-Lore de France,* t. I, 419. 우리는 거기에서 지하세계에 가려면 내면에 있는 바다를 건너가야 한다는 것을 알 수 있다.
32 cf. Oldenberg, *La religion du Véda,* trad. V. Henry, Paris, 1903, 450-462. 다른 거처는 하늘에 있다. 올덴버그가 서로 독립적이고, 병치되는 두 개의 관념들을 믿는 데는 이유가 있다. 그러나 이것들은 이원론적 체계의 요소들은 아니다. 이렇게 같은 민족 내에서 서로 다른 믿음이 공존하는 것은 흔히 있는 현상이다. 어떤 죽은 이들은 이 세계에서 살고, 다른 이들은 다른 세계에서 사는데, 그것은 윤리적 원리 때문이 아니라 사회적이고, 주술적-종교적 원리 때문이다.

(Musquakie, 보통 르나르 족이나 우탕가미 족으로도 알려진다) 족에게서 탈상 무렵에 죽은 이를 저승의 평원으로 안내하는 인도자는 전장에서 죽은 젊은이의 이름을 하고 있다. 그는 몇 마일을 달려왔다가 돌아가고, 다시 온다. 그 다음에 그는 그 이름을 가지고, 죽은 이의 친척의 입양아가 된다고 여겨진다.[33]

마지막으로 캘리포니아의 루이세니오(Luisenio) 족들에게는 직접적인 행동이 행해지는 극적인 예식이 있다. 1) 그들은 죽은 이의 영들을 이승에서 떠나보내고, 2) 그 영들을 마치 어떤 물건을 그렇게 하듯이 하늘의 네 귀퉁이나 더 특별하게는 은하수에 "붙들어 매거나", 고정시킨다.[34]

이제 나는 저승에 대한 하이다(Haida) 족의 생각이 널리 퍼져 있는 주제와 관계되기 때문에 소개하려고 한다.[35] 그 나라로 가는 길은 일종의 만(灣) 가에 있는데, 그 반대편에 영혼의 나라가 있으며, 거기에서 영혼이 죽은 이에게 스스로 움직이는 뗏목 하나를 보낸다. 죽은 이가 저쪽 기슭에 도착하면, 그는 그의 아내를 찾기 시작하는데 그 시간은 오래 걸린다. 마을들이 하이다처럼 듬성듬성 있고 모든 죽은 이가 그에게 배당된 아내를 한 사람밖에 취하지 못하기 때문이다. 사람은 죽을 때 그가 어떤 마을에서 살기를 원하는지 말하고, 사자(使者)가 파견되어 그를 여행으로 안내한다. 죽은 이에게 바쳐지는 공물들이 많아지고, 그가 사용한다. 장송곡들은 죽은 이가 그의 마을에 의기양양하게 들어가게 한다. 죽은 이는 땅에 있는 그의 가엾은 부모에게 재화들을 보낸다. 영혼의 세계에서 영혼들은 신성한 춤을 추고, 즐겁게 지낸다. 영혼의 세계 너머에는 "움직이는 위대한 구름"(Grand Nuage Mouvant)이라고 불리는 추장이 사는데, 그는 연어

---

[33] Miss Owen, *Folk-Lore of the Musquakie*, Londres(Folk-Lore Society), 1902, 83-86.
[34] C. Goddard du Bois, *The religion of the Luisenio Indians*, Univ. Cal. Publ., t. VIII, no 3, Berkeley, 1908, 83-87.
[35] J. R. Swanton, *Contributions to the ethnology of the Haida*, Jesup North Pacific Expedition, t. V, part I, New York & Leyde, 1905, 34-37.

의 풍어(風魚)를 관장한다. 얼마가 지나면, 죽은 이는 그의 재산들을 모아서 카누를 마련하여 동료들이 슬퍼하는 가운데 사다(Xàda)라는 나라로 간다. 이것이 그의 두 번째 죽음이고, 그 다음에 그는 두 번째, 세 번째, 네 번째 죽음을 거친다. 다섯 번째 죽음에 그는 파란 파리가 돼서 지상으로 다시 온다. 다른 사람들은 네 번의 죽음들은 그가 인간으로 여러 번 재탄생한 다음에 이루어진다고 생각하기도 한다. 마지막으로 익사한 사람들, 폭력에 의해서 죽은 사람들, 무당들의 또 다른 나라들도 있다.

이제 정상적으로 죽은 사람의 장례식에 대해서 살펴보자.[36] 죽은 이의 얼굴에 색칠을 하고, 머리에 신성한 치장을 하며, 관 위에 앉히고, 4일에서 6일 동안 지낸다. 사람들은 주술적인 특별한 "노래"를 부른다. 먼저 죽은 자의 씨족의 구성원들이 부르고, 그 다음에 반대 씨족의 구성원들이 부른다. 사람들은 "통곡의 불"에 모든 종류의 음식과 음료와 연초(煙草)를 던지는데, 죽은 이가 그것들을 모아서 저승으로 가져간다. 그의 친척들은 상례의 표시(머리를 밀고, 얼굴에 송진을 바른다)를 하고, 사람들은 구멍을 통해서 관을 암벽의 속으로 날라서 "장례의 집"에 안치한다. 그곳에는 죽은 이의 씨족 이외에는 갈 수가 없다. 죽은 이의 아내는 열흘 동안 금식하고, 돌을 베개 삼아서 베고, 매일 목욕을 하지만 얼굴은 씻지 않는다. 그 다음에 그녀는 반대 씨족의 아이들을 모아서 "결혼을 위하여" 식사를 하게 한다(하이다 족에는 족외혼 풍습이 있다). 또 다른 정보 제공자는 스완톤(Swanton)에게 상례들은 "사춘기를 맞은 소녀들의 의례들과 거의 비슷하다"고 알려주었다. 간단하게 말해서 그 의례들에는 시신을 그 씨족의 구성원들과 다시 연합시키고, 그가 저승으로 가는 여행과 거주하는데 필요한 것들을 마련하는 것에 목적이 있기 때문에 거기에는 정령론적으로 예방하고(장례의 집 암벽과 관과 동굴 등을 열고, 귀환하는 것을 막는다), 전염적으로 예방하는(상례, 목욕 등) 것이 동시에 내포되어 있다.

---

36 cf. *ibidem*., 52-54 & 34-35.

고대 이집트의 장례식 의례들에는 죽은 이를 사자들의 세계에 가입하게 하는 통과의례 체계에 대한 좋은 예가 들어 있다. 나는 여기에서는 오시리스 의례들에 대해서만 살펴보려고 한다.[37] 그 의례의 근본적인 사상은 한편으로는 오시리스와 죽은 이, 다른 한편으로는 죽은 이와 태양의 동일성이다. 따라서 나는 거기에는 우선적으로 죽음과 재생이 합쳐지는 두 개의 분명한 의례들이 들어 있다고 생각한다. 죽은 이는 오시리스로서 해체되고, 재구성된다. 그는 죽고, 죽은 자의 세계에서 다시 태어나며, 거기에서 일련의 부활의례들이 펼쳐진다. 죽은 이는 태양-레(Re)로서 매일 저녁에 죽어서 하데스의 경계선까지 도달한다. 그의 미이라는 구석에 던져져서 유기되는 것이다. 그러나 밤 동안 태양의 거룻배에서 행해지는 일련의 의례를 통해서 그는 조금씩 살아나고, 아침이 되면 새롭게 태어나 살아 있는 자들의 세계 위로 빛 속에서 매일의 여행을 떠날 채비를 한다. 태양 의례의 이런 수많은 재탄생은 죽은 이가 하데스에 처음 도착했을 때의 유일한 복구와 합쳐진다. 그래서 이 복구는 매일 시행되게 된다. 더 나아가서 이 수렴 현상은 신성한 것, 신적인 것, 주술적인 것, 정한 것들은 주기적 의례들을 통해서 다시 새롭게 되지 않으면 그 특성들을 상실한다는 일반적인 생각을 낳는다.

이제 나는 『하데스에서 있어나는 일』과 『문(門)에 대한 책』을 종합해서 하나의 노식에 대해서 살펴보려고 한다.[38] 여러 시기들과 지역들에서 두아트(Douat, 하데스)에 대해서 여러 가지로 말해왔다. 그러나 테베의 사제들은 그것들을 종합하고, 혼합해서 완벽한 지도로 만들었다. 그래서 하데스는 "문들에 의해서 상당히 많은 방들로 나누어진 아주 길고, 거대한

---

37   G. Maspéro, *Les hypoées royaux de Thèbes*, Et. de myth. & d'arch. ég., t. II(1893), 1-187, G. Jéquier, *Le Livre de ce qu'il y a dans l'Hadès*, Paris, 1894; A. Moret, *Le Rituel du culte divin journalier*, Paris, 1902 & *Du caractère religieux de la royauté pharaonique*, Paris, 1903.

38   이 책은 태양의 이론과 『하데스에서 있어나는 일』에는 나오지 않는 오시리스 이론을 화해시키려고 저술되었다. G. Maspéro, *Etudes de myth. et d'arch. ég.*, t. II, 163-179.

사원으로 각각의 끝에 바깥 마당이 있고, 동시에 내부 세계와 외부 세계로 갈 수 있는 성문이 있는"[39] 곳이다. 밤이 시작되는 첫 시간, 즉 이미 죽은 태양이 그의 거룻배에 "깨끗한" 영혼들, 다시 말해서 필요한 부적을 지니고 있으며, 의례를 따라서 매장된 영혼들을 받아들인 다음에 비비 원숭이와 영들이 지키는 굽은 문을 열게 한다. 그러나 다른 죽은 자들은 그 현관 입구에서 영원히 곤궁한 삶을 살아가야 한다.[40] 『문(門)에 대한 책』에 의하면, 요새의 문들과 같은 그 굽은 문들의 입구와 출구는 미이라 형태의 신이 지키고, 구부러진 곳은 불을 토하는 두 마리의 뱀들과 미이라-신의 9일 기도에 의해서 지켜진다. 통과는 주술에 의해서 얻어지는 것이다.[41] 그 다음에 여행은 『저승 여행 안내』[42]에 나와 있는 것을 따라서 시작된다. 자세한 것은 위에서 말한 것들을 참고하기 바란다. 그리고 나는 각 구획은 의례적으로 열려야 하는 앞과 뒤에 있는 문들에 의해서 나누어져 있다는 것을 지적하고 싶다. 우리는 처음 세 개의 문과 마지막 문의 이름은 알지 못한다. 네 번째 문과 그 다음의 문들의 이름은 다음과 같다: "복도를 보이지 않게 하는 문", "신들의 기둥", "칼의 장식 줄", "오시리스의 현관", "움직이지 않고, 서 있는 문", "홍수의 수호신", "존재들의 어머니, 형상들을 만드는 이", "하데스의 신들을 가두는 이" 등이다. 출구에도 똑같이 현관이 있다. 매일의 예배 의례에서 "문들의 개방"은 나오스(naos, 담으로 둘러싼 사원의 한 부분―역자 주)의 문들의 개방에 상응한다. 1) 묶은 것이 잘라지고, 2) 땅의 인장들이 파괴되며, 3) 빗장을 끄른다.[43] 그 다음에 신을 해체하고, 다시 복구시키는데, 그것도 역시 장례식의 한 부분이다

39　Jéquier, *loc. cit.*, 19.
40　Jéquier, *loc. cit.*, 20, 39-41. G. Maspéro, *Hypogées*, 43-44. cf. "문의 개방"에 대해서는 신이 비비 원숭이에게 하는 담론을 참조하시오.
41　G. Maspéro, *loc. cit.*, 166-168. 심판 날에 열리는 문에 대해서는 *Livre des Morts*, ch. CXXV, 1, 52 이하.
42　G. Maspéro, *Etude*, t. I, 384.
43　Moret, *Rituel*, 35 이하.

(시신의 입[44] 열기 등이다). 나오스의 두 번째 개방은 첫 번째 개방을 확인해 준다. 사람들은 신을 물과 향으로 씻고, 신성한 천으로 싸매며, 분과 향유로 도유하는 것이다. 그리고 죽은 자의 미이라와 상을 장례식에서 그렇게 하듯이 신상을 모래에 묻으면서 나오스 안에 다시 가져다 놓고, 나오스를 닫는 의례를 성소를 나오는 주된 의례로 거행한다.[45] 신에게 매일 예배드리는 목적은 장례식 의례들처럼 태양인 라-오시리스(Ra-Osiris)를 부활시키려는 것이었다: 1) 죽은 이를 미이라로 만들고, 여러 가지 의례를 통하여 그를 신이 되게 하면서 부활시키고, 2) 밤 동안에 복구시키며, 재생하게 함으로써 진정하고, 결정적인 죽음을 방지한다.[46] 여기에서 장례식과 매일 드리는 예배, 사원의 개원, 즉위의례 등의 유사성이 생긴다.[47] 이와 같은 평행(平行)은 극단적인 경우에서 틀림없이 나타나고, 죽음과 재생의 주제의 극적인 표현에서 가장 체계적으로 나타난다. 그것은 태양신 라, 오시리스, 호루스, 왕, 사제, 모든 "정(淨)하게" 죽은 이들의 죽음과 재생을 통해서도 볼 수 있다. 마지막으로 나는 지상의 삶으로의 탄생은 그 자체로서 재탄생이라는 사실을 덧붙이고 싶다.[48]

이 모든 의례들은 죽은 이가 매일 다시 죽는 것을 막으려는 것이다. 많은 사람들은 이것이 가능하다고 생각하며, 이런 생각은 때때로 하이다 족

---

44 *Ibidem.*, 73-83, 87-89; cf. G. Maspéro, *Le rituel du sacrifice funéraire, Etude*, etc., t. II, 289-318.

45 *Ibidem.*, 102-212와 plate III.

46 Moret, *Rituel,* 226. cf. *ibidem.*, 10-15와 그 위.

47 하데스의 구획은 적어도 본래 두 가지 다른 체계에 속한다. 제키에(Jéquier)는 거대한 뱀 "신들의 생명"(La Vie-des-Dieux)의 재생은 테베의 의례를 따라서 신의 거룻배가 관통하여 지나감으로써 열두 번째 시간에 머리끝부터 꼬리까지 이루어진다. 그것은 뱀이 매년 허물을 벗는 작용의 도움을 받아서 새로워지는 것과 같다. *loc. cit.*, 132-133. 그러나 이것은 황소의 머리 두 개를 지나가는 통과의 의미에 대해서는 설명해주지 않는다(G. Maspéro, *loc. cit.*, t. I, 169-171). cf. 열두 번째 시간에 대해서는 *ibidem.*, 96-101.

48 cf. G. Maspéro, *loc. cit.*, t. I, 23 sqq, 29. 미이라를 만드는 목적은 죽은 다음의 삶으로서의 재생을 하려는 목적인 것이 틀림없다.

에게서 보는 것처럼 죽은 이는 한 주거지에서 다른 주거지로 매번 옮겨 간다는 생각과 결합되어 있다. 마찬가지로, 체레미쓰 족은 한 번만 죽을 수 있다고 믿거나, 비아트카(Viatka)에 사는 체레미쓰 족은 사람이 죽으면 이 세계, 저 세계를 옮겨 다니면서 일곱 번 죽었다가 결국 물고기로 변한다고 믿는다.[49] 그래서 체레미쓰 족은 먼저 죽은 이에게 종종 음식물을 주고, 그 다음에도 "추모식"을 통하여 정기적으로 음식물을 준다. 이것으로 보굴 족과 오스티악 족의 사치스럽기까지 한 영양 공급 의례들이 일부나마 설명된다. 그들 가운데 일부는 죽은 이의 영혼이 바다 속이나 하늘에서 살다가[50], 점점 작아지면서 아주 작은 곤충 크기로 되거나 그 곤충으로 되었다가 완전히 사라진다고 믿는다.[51] 더 나아가서 서로 겹쳐져 있는 세계에 대한 교리는 아시아에 광범위하게 펴져 있으며, 미트라이즘(Mithracisme)에 아직도 남아 있다. 그들은 일곱 개의 행성의 세계가 있으며, 계속해서 입문식을 해야 한다고 믿는 것이다.

장례식이 아직 치러지지 않은 사람은 세례를 받지 않았거나 이름이 지어지지 않았거나 입문식을 거치지 않은 아이들처럼 죽은 자들의 세계에 들어갈 수 없고, 그곳에서 이루어지는 사회에 가입할 수 없는 가련한 존재로서의 운명에 처한다. 그들은 가장 위험한 존재이다. 그들은 산 자들의 세계에 다시 가입하려고 하지만 그럴 수가 없어서 그들 나름대로 적의를 가진 경계인(境界人)으로 살기 때문이다. 그들에게는 다른 죽은 이들이 그들의 세계에서 가지고 있는 생계 수단이 없어서 산 사람들에 빌붙어서 얻어야 하는 것이다. 더 나아가서 그들은 집도 절도 없어서 종종 복수하려는 욕망을 느낀다. 이렇게 장례의 의례들은 길게 볼 때 유용한 작용을 한다. 그 의례들은 산 사람들에게 영원한 적들을 물리쳐 주는 것이다. 이렇게 죽

---

49 Smirnov-Boyer, *Les populations finnoises de la Volga et de la Kama*, t. I, Paris, 1898, 138.
50 앞의 216쪽과 거기에 관한 참고문헌을 참조하시오.
51 Gondatti, 39.

은 사람들은 여러 다른 민족들에서 서로 다르게 취급된다. 더 나아가서 이런 사람들에는 가족이 없는 사람, 자살한 사람, 여행 중에 죽은 사람, 벼락 맞아서 죽은 사람, 금기를 위반해서 죽은 사람 등이 포함된다. 이것은 일반적인 이론일 뿐이고, 모든 민족에서 똑같이 취급되지는 않는다. 그래서 나는 다시 한 번 통과의례의 보편성과 통과의례 도식의 절대적 필요성에 대해서 주장하지 않는다는 사실을 밝히고자 한다.

그런 의미에서 나는 자살한 사람들의 사후의 운명의 다양한 모습들에 대해서 살펴보려고 한다. 거기에 관해서 라쉬(R. Lasch)는 네 가지 범주에 대하여 말하였다. 1) 자살은 정상적인 것으로 간주되고, 그 다음 그의 운명은 정상적으로 죽은 사람들과 똑같다. 심지어 병이 위중하거나 부상당했을 때의 자살은 영혼이 좋은 상태에 있게 하고, 병들거나 약해지지 않게 하려는 수단으로 된다. 2) 자살은 저승에서 보상 받는다(미망인의 자살이나 전쟁 중의 자살). 3) 자살한 사람은 다른 죽은 이들의 세계에 가입하지 못해서 산 자들의 세계와 죽은 자들의 세계 사이에서 방황해야 한다. 4) 자살한 사람은 저승에서 처벌 받아서 그가 정상적으로 살았어야 하는 시간까지 두 세계 사이에서 방황해야 하거나 죽은 자들의 세계의 저급한 지역에서 밖에 받아들여지지 않는다. 그렇지 않으면, 고문 등으로 처벌 받는다(지옥). 당연히 자살이 이 네 가지 범주 가운데 어디에 속하느냐 하는 것에 따라서 장례의례들은 예방적이고, 정화적인 의례로서는 물론 통과의례로서도 다른 방식으로 치러진다.

이것들은 부활의례들과 환생의례들에서도 볼 수 있다. 영혼이 비록 산 사람들과 분리되고 죽은 자들의 세계에 가입할지라도, 영혼은 반대 방향으로 갈 수 있고, 영혼의 모습 그대로 또는 다른 모습으로 우리 가운데 나타날 수 있다. 그 매커니즘은 때때로 아주 단순하다. 영혼은 어떤 여성으로 환생하든지, 아이의 모습으로 다시 태어날 수 있는 것이다. 이것이 영혼들이 돌이나 나무에 숨어 있다가 젊고, 살집이 있으며, 육감적인 여성에게 뛰어든다고 생각하는 오스트레일리아의 아룬타(Arunta) 족의 경우이다. 그때 산 사람의 세계에 재통합하는 의례들은 출생과 명명 의례들에 대해서 연구했던 것과 같이 이루어진다. 아삼의 루쉐이 족은 "영원회귀(永遠回歸)"에 대한 좋은 예를 보여준다. 죽은 이에게는 그가 가진 옷 가운데 제일 좋은 옷을 입히고, 앉은 자세로 대나무로 만든 발판 위에 앉혀진다. 그 옆에 그의 성별대로 연장들과 무기들을 놓는다. 돼지, 염소, 개들을 도살하고, 모든 친척들, 친구들, 이웃들이 고기를 같이 먹는다. 죽은 이에게도 마실 것과 먹을 것을 준다. 그 다음에 저녁이 되면, 그를 집 바로 옆에 구덩이를 파서 그 속에 놓는다. 그와 가장 가까운 친척이 그에게 작별을 고하고, 앞으로 그와 함께 할 사람들을 위해서 모든 것을 준비하라고 부탁한다. 사실, 영혼은 돼지, 염소, 개의 영혼들과 같이 가는데, 그 영혼들이 없으면 그는 길을 찾지도 못할 것이다. 하지만 그는 옷을 잘 차려 입고, 무장을 단단히 한 채 그곳에서의 삶이 고단하고, 긴 미-티-후아(Mi-thi-hua)로 간다. 그러나 죽은 이가 사냥에서 동물을 죽였거나 전투에서 사람을 죽였거나, 마을 전체를 위해서 잔치를 베풀어 주었더라면, 그는 강 반대편에 있는 좋은 나라에 가서 계속해서 호사를 누리게 된다. 전투나 사냥을 할 수 없고, 잔치를 베풀어 줄 수도 없는 여성들은 그녀들의 남편이 그녀들을 데리고 가지 않는 한 그 나라에 갈 수가 없다. 시간이 많이 지나면, 영혼은 하나씩 하나씩 그 지역을 떠나서 말벌의 모습을 하고, 지구에 다시 돌아온다. 새로운 기간의 시간이 지나면, 영혼은 물로 변하고, 그 다음에 증발되어 이슬이 된다. 그 이슬 방울이 어떤 남성에게 떨어지면, 그 남성은 죽은 이가 환생한 다음 다시 태어날 아이의 아버지가 된다.[52] 아이가 태어나면, 닭 두 마리를 잡고, 아이의 어머니는 자기도 씻고, 아기도 씻긴다. 처음 7일 동안 아이의 영혼은 마치 새처럼 그의 부모님의 옷이나 몸에 앉아서 지낸다. 그래서 부모들은 가능한 한 움직이지 않고, 공양을 드리면서 가내

---

[52] 이것은 환생이 아버지에 의해서 이루어지는 사례로서 매우 드문 예이다.

신을 달랜다. 그 다음에 모든 종류의 예식들이 행해지며, 그 예식들 가운데 한 예식에서 가장 가까운 모계 친척이 아이의 이름을 지어 준다. 갓난아기를 씨족에 새롭게 다시 가입시키는 것이다.

마지막으로 나는 죽은 이들의 영혼들이 때때로 직접 동물들이나 식물들, 특히 토템 속으로 환생되는 사례들도 알고 있다. 그럴 경우, 죽은 이를 토템 종(種)으로 가입시키는 의례를 거행한다.

죽은 이들에게 언제나 묘지 저편에 특별한 장소가 있는 것은 아니다. 그들의 거처는 종종 그들의 집 주위에 있는 보티악(Votiak) 족이 "죽은 이들의 이스바"(Isba)라고 부르는 무덤이나 만단(Mandan) 족이 "죽은 이들의 마을"이라고 부르는 공동묘지이다. 그럴 경우 죽은 이들의 일반적인 세계에의 진정한 가입의례는 매장이 된다. 더 나아가서 체레미쓰 족은 타타르(Tatar) 족의 이슬람교의 영향으로 오스티악 족에서 말하는 하늘과 비슷한 저승, 가마솥 위에 다리처럼 만든 장대를 타고 올라가거나 사다리를 타고 올라가는 저승을 믿은 것이 분명하다.[53] 마찬가지로 모르드빈(Mordvines) 족의 죽은 이들의 거처도 무덤이나 공동묘지이다.[54] 이렇게 될 경우 죽은 이들과 산 사람들이 관계 맺는 전환 기간은 앞에서도 말했듯이 공동의 식사를 하거나 방문하거나 죽은 이에게 음식물을 주면서(땅이나 관에 난 구멍을 통하여 갈대로 음식물을 무덤 위에 놓음) 주기적으로 관계를 다시 맺으며 더 길어진다. 그러나 이 관계는 언제나 조금씩 풀어진 다음에 완전히 깨지는 순간이 온다. 그럴 경우, 마지막 추모식이나 마지막 방문은 죽은 이와의 분리의례가 되고, 산 사람들을 제한되거나 넓은 사회와 재결속시키는 결정적인 의례가 된다.

이제 독립적으로 행해지는 통과의례들의 목록을 소개하겠는데, 그것들은 이 책에서 말한 다른 것들처럼 아직 완전한 것이 아니라는 점을 밝힌다.

---

[53] Smirnov(trad. P. Boyer), *Les populations finnoises des bassins de la Volga et de la Kama*, t. I, Tchérémisses et Mordves, Paris, 1898, 133-144.

[54] *Ibidem*., 357-376.

다음에서 말하려는 분리의례들 가운데는 앞에서 이미 살펴본 것들도 있지만 정리해서 말하면 다음과 같다: 시신을 바깥으로 옮기는 다양한 절차들, 죽은 이의 연장들, 집, 보석들, 소유물들을 불에 태우는 것, 그의 아내들과 노예들과 애지중지하던 동물들을 죽이는 것, 씻기, 기름 바르기, 일반적으로 말해서 정화하기, 모든 종류의 금기 지키기 등이다. 그 밖에도 물리적인 분리 절차도 있다: 구덩이, 관, 울타리 등으로 분리시키거나 숲 속에 놓거나 돌무더기 안에 놓는 것 등이다. 이것들은 관 뚜껑을 닫거나 관을 땅 속으로 내리면서 의례적으로 행해지거나 사용되는데, 종종 의례 전체를 특별히 장엄한 방식으로 마치게 한다. 집단적 의례들로서 주기적으로 영혼들을 집, 마을, 부족의 영역에서 내쫓는 예식들도 있다. 그 가운데는 시신을 빼앗으려고 하는 싸움이 있는데, 그것은 약혼녀를 "납치하는" 것에 대응하는 의례로서 아프리카에 널리 퍼져 있다. 그러나 아직도 그것의 진정한 의미에 대해서는 파악되지 못한 듯하다. 산 사람들은 그들의 구성원 가운데 어느 누구라도 강제적인 방법에 의해서 밖에는 빼앗기지 않으려고 하는데, 그것은 사회적 힘이 약화되기 때문이다. 그래서 그 싸움은 죽은 이의 사회적 지위가 높았을 경우 더 과격해진다.[55] 시신을 화장하거나 일찍 부패시킴으로써 시신을 파괴하는 것에는 그의 구성 요소들인 몸이나 다양한 혼들을 분리시키려는데 목적이 있다. 뼈나 재 등 나머지 것들은 헤르츠가 아무리 그렇게 생각했을지라도, 죽은 이의 몸을 새로운 생(生)에서 다시 만들게 할 것 같지는 않다.[56]

나는 가입의례로서 먼저 장례식과 추모식에 이어서 행하는 식사, 즉 모든 살아 있는 집단의 구성원들과 때때로 죽은 이까지도 다시 결합시키려는 목적을 가진 식사에 대해서 말하려고 한다. 그 사슬은 고리가 사라짐으로써 깨진 것이다. 이런 종류의 식사는 종종 탈상 때도 한다. 장례식이 두

---

55 cf. Hertz, *loc. cit.*, 128, 주 2.
56 Hertz, *loc. cit.*, 78. 헤르츠는 클라인폴(Kleinpaul)의 지나치게 엄격한 이론을 수정해서 말하고 있다.

단계(예비 단계와 최종적 단계)로 이루어져 있을 때는 보통 첫 번째 단계 마지막 부분에서 친척들이 모여서 같이 식사를 하는데, 그때 죽은 이도 참석하는 것으로 여겨진다. 마지막으로 부족이나 씨족이나 마을 사람들이 놀이를 한다면 그때 북이나 고함이나 메시지를 통해서 관계되는 구성원들을 그 식사에 부르는 방식은 더욱더 그 식사의 의례적인 성격을 더 두드러지게 드러낸다.

저승으로의 가입의례들은 손님을 환대(hospitalité)하는 의례, 씨족에의 가입의례, 입양의례와 같다. 거기에는 종종 금기의 형태로 된 지옥으로의 하강이나 죽은 이들의 세계로의 여행 등 전설의 중심적인 주제가 암시되어 있다. 죽은 이와 같이 그 나라에서 생산된 것을 먹거나 마셔서는 안 되고, 접촉하거나 그들이 끌어안게 해서도 안 되며, 선물을 받아서도 안 된다. 다른 한편, 죽은 이와 같이 마시는 것은 죽은 이 자신과 다른 죽은 이들에게 가입하는 것으로서 아무 위험 없이 그들의 세계에 여행할 수 있게 하는 것으로 되기도 한다. 그것은 마치 통행료(동전 등)를 지불하는 것과 같은 것이다. 세부적인 의례도 하나 있는데, 죽은 자들이 새로 온 죽은 자의 머리를 곤봉으로 치는 것도 있다.[57] 이것과 관계되는 것은 병자에게 기름을 바르는 병자 성사(extreme onction)나 죽은 이를 땅바닥에 놓는 것이 있다. 마지막으로 이 범주에 속하는 것으로는 북미 원주민들과 아프리카의 아냥자(Anyanja)[58] 족이 하는 "숙은 이들의 춤"(dance des morts)과 비밀 결사 구성원들이나 다른 종류의 특별한 마술적-종교적 집단 구성원들이 추는 춤도 있을 것이다.

---

57 Haddon, Cambridge expédition to Torres Straits, t. V, 1906, 355. 이와 같은 의례는 결혼의례 가운데서도 찾아볼 수 있다. cf. 이 책의 158쪽을 참조하시오.
58 cf. A. Werner, *The Natives of British East Africa*, Londres, 1906, 229; R. S. Rattray, *Some folk-lore, stories and songs in Chinyanja*, Londres, 1907, 179.

제9장
다른 종류의 통과의례들

따로 따로 검토되는 통과의례들: 1) 머리카락, 2) 베일, 3) 특별한 말들, 4) 성에 관한 의례들, 5) 때리기와 채찍질, 6) 첫 번째로 하는 것 — 매년 하는 예식, 계절별 예식, 월별 예식, 매일하는 예식 — 죽음과 재탄생 — 희생제, 순례, 맹세 — 전환기 — 고대 이집트에서 체계화된 의례들과 비슷한 것

이제 다른 통과의례를 검토하고, 거기에도 분리의례, 전환의례, 가입의례들이 있는지 살펴보려고 한다. 그러나 각각의 특정한 의례들이 완전한 체계 내에서 이루어지는지, 아니면 독립적인 의례인지, 이따금씩 이루어지는지 하는 것에 따라서 여러 가지 방식으로 해석될 수 있기 때문에 그렇게 하려면 책 한 권이 필요할 것이다.[1] 그것들에 대해서는 이미 여러 차례 논의하였고[2], 한편으로 끊고, 다른 한편으로 잇는 모든 의례들에 대해서는 더 논의할 것이 없을 것이다. 그래서 나는 할례를 분리의례라고 설명하였으며, 다른 한편 "거룩한 줄", "거룩한 끈", 매듭을 사용하는 것이 매우 널리 퍼져 있으며, 그와 비슷한 것이 허리띠, 반지, 팔찌와 왕관이라고 주장하였다. 특히 관(冠)은 결혼의례들과 즉위식에서 사용되는데, 그 가장 원시적인 형태는 두건이다.

그런데 내가 어떤 의례들을 통과의례로 간주한 것에 대해서는 그 이유

---

[1] 이 점에 관해서 우리는 몽쇠르가 말한 의례들과 비교하려고 한다. cf. E. Monseur, *La proscription religieuse de l'usage récent*, Rev. de l'Hist. des Rel., t. LIII(1906), 290-305.

[2] 이 책의 20-22, 37-41, 51-52, 63, 67, 72, 79, 158-159, 160-161, 162, 197-199 쪽을 참조하시오.

를 설명해야 한다. 그 의례들 가운데는 머리카락, 베일, 특별한 말, 성적 의례, 매질하는 것, 첫 번째로 하는 것 등이 있다.

1. 머리카락

빌켄(Wilken)[3]은 머리카락을 주제로 하여 논문을 썼는데 스미드(R. Smith)[4]와 하르트랜드(S. Hartland) 등은 그의 견해를 받아들였고, 발달시켰다. 사실, 우리가 "머리카락 공양"(供養)이라고 부르는 것에는 두 가지 구분된 단계가 있다. 첫 번째는 머리카락을 자르는 단계이고, 두 번째는 머리카락을 바치고, 봉헌하며, 희생시키는 단계이다. 그런데 머리카락을 자르는 것에는 그 전 세계와 분리되는 것이고, 머리카락을 바치는 것은 신성한 세계와 관계를 맺는 것, 더 특별하게는 신이나 신과 연관된 악마와 관계를 맺는 것이다. 그러나 그것은 자른 머리카락을 이용하는 것 가운데 한 가지 형태일 뿐이다. 머리카락에는 자른 손톱이나 포피처럼 인격의 한 부분이 들어 있다고 생각된다. 그러나 그렇게 생각하지 않는 곳도 많고, 그런 폐기물들을 아무렇게나 처리하는 곳도 많다. 또 다른 곳에서는 그것들을 땅에 묻거나 태우거나 작은 봉지에 담아두며, 친척에게 맡기기도 한다. 그래서 머리카락을 자르거나 삭발하는 의례는 수많은 다른 상황 속에서도 거행된다. 사람들은 어린아이가 삶의 다른 단계로 들어간다는 것을 가리키기 위하여 머리를 밀기도 하고, 젊은 처녀가 결혼할 때 머리를 짧게 깎기도 한다. 그것은 연령 집단이 달라졌다는 것을 알리려는 것이다. 마찬가지로 미망인은 결혼에 의해서 만들어졌던 관계를 단절하기 위하여 스스로 머리카락을 자르고, 그것을 무덤에 놓음으로써 의례를 강화시키기도 한다. 때때로 같은 생각에서 죽은 이의 머리카락을 자르기도 한다. 분리의 례가 머리카락에 영향을 미치는 것에는 이유가 있다. 머리카락의 형태, 색

---

3 J. A. Wilken, *Das Haaropfer*, Revue coloniale Internationale, t. III. 다른 민족의 자료들을 잘 수집한 책으로는 Frazer, *Golden Bough*, t. I, 368-389을 참조하시오.

4 Robertson Smith, *Die Religion der Semiten*, 248-255.

깔, 길이, 정리 방식 등은 개인이나 집단을 쉽게 알아볼 수 있는 특성을 나타내는 것이다. "모로크의 레함나(Rehamna) 족에서는 여자아이가 아주 어릴 때는 앞머리와 정수리의 머리 타래를 제외하고는 아주 짧게 깎는다. 그러다가 사춘기가 되면 앞이마에는 머리카락을 남겨 놓고, 나머지 부분들은 둥글게 감아올린다. 이윽고 결혼하면, 머리를 두 부분으로 땋아서 뒤로 내린다. 그러나 여성들이 아이의 어머니가 되면 그녀들은 머리 두 갈래를 가슴의 앞부분으로 오게 하고, 어깨 위로 위치시킨다."[5] 이렇게 레함나 족의 여성들의 머리 형태는 그녀가 어떤 범주의 집단에 속하며, 삶의 어떤 단계에 있는지를 보여준다. 같은 것들을 말하는 다른 많은 자료들도 많이 있다. 내가 여기에서 말하고자 하는 것은 사람들이 머리카락을 이렇게 저렇게 하는 것들은 통과의례와 깊은 관계가 있다는 것이다.[6]

2. 베일

플루다르크(Pludarque)는 "사람들은 왜 신들에게 예배드릴 때 머리를 가리는가?" 하는 질문을 하였다. 거기에 대한 답은 간단하다. 그것은 샤마르(Shammar) 족에 대해서 이미 말하였듯이 눈으로 본다는 것은 이미 접촉하는 것이기 때문에 속한 것들로부터 분리되고, 신성한 세계에서만 살기 위해서이다. 경배하고, 희생제를 드리며, 결혼의례들을 할 때 "베일을 쓰는 것"은 일시적인 것이다. 그러나 다른 경우들에서 분리나 가입 또는 이 둘은 결정적인 것이다. 튀니지의 이슬람교도 여성들과 유대교 여성들은 한편으로는 여성들 집단에 속해 있고, 다른 한편으로는 특정한 가족 집단에 속해 있는데, 그녀들은 베일로 가리면서 스스로를 다른 세계로부터 분리시켜야 한다. 마찬가지로 가톨릭교회에서도 신입자의 단계를 지나고

---

5 E. Doutté, *Merrakech*, t. I, Paris, 1905, 314-314.
6 스미드는 머리카락을 자르거나 삭발하는 것은 널리 퍼진 입문의례임을 잘 보여주지만, 그것을 봉헌과 동일시한다. 그런데 이 같은 의례는 통과의례와 봉헌의례에 나타난다고 하는 것이 더 정확할 것이다. Robertson Smith, *loc. cit.*, 250-252.

공동체에 결정적으로 가입하는 단계에 들어가려면 "베일을 써야" 한다. 또한 어떤 민족들에서 미망인은 그녀의 남편이 죽었을 때, 베일을 쓰면서 상례 중이나 항상 스스로를 죽은 남편과 분리시키거나 다른 결혼한 여성들이나 남성들과 분리시킨다. 소크라테스는 독을 마신 다음 베일을 쓰면서 죽은 자들의 세계와 신들에게 가입하기 위하여 살아 있는 사람들의 세계와 스스로를 분리시켰다. 그러나 그는 크리톤(Criton)에게 애슐라피우스(Esculape) 신에게 수탉 한 마리를 바칠 것을 부탁해야 했기 때문에, 다시 말해서 살아 있는 사람으로서의 행동을 해야 했기 때문에 베일을 걷었다가 곧 다시 베일을 썼다.[7] 마찬가지로 로마인들도 신들에게 "봉헌"을 할 때 그 제물을 가림으로써 그들을 이 세상으로부터 분리시키고, 신적이고, 거룩한 다른 세상에 들어가게 하려고 하였다. 앞에서 말했던 기독교 의례는 비의 집단에의 입문식에 존재하였고, 그 설명도 두 경우 다 똑같이 할 수 있다.

3. 특별한 말

우리가 앞에서 말했던 대부분의 예식들을 진행하는 중에, 특히 전환 기간에 사람들은 특별한 말을 사용한다. 거기에는 때때로 알 수 없는 어휘나 일반 사회에서 사용되지 않는 어휘가 포함되어 있으며, 때때로 어떤 일상적인 단어들을 사용하지 못하게 하기도 한다. 그래서 여성들을 위한 말, 입문자를 위한 말, 대장장이들을 위한 말, 사제들을 위한 말(전례 언어)들이 존재한다. 우리는 거기에서 옷을 바꿔 입거나 몸을 상하게 하거나 특별

---

[7] 레나크가 "제물을 가리는 것"에 대한 연구에서 그랬던 것처럼 여기에서 "시체를 보는 것이 하늘의 빛을 더럽힐 것이다"라는 관념을 들먹일 필요는 없다. 더 뒤에서(309쪽) 그는 내가 말하는 것과 비슷하게 설명했지만 그것을 끝까지 그렇게 하지 못하였다. "정화, 회개, 상례 사이의 상관성" 및 그 다음에 입문자의 베일로 가리는 것과 가톨릭교회, 기독교에서 결혼의례 때 베일을 사용하는 것 사이의 연관성은 그에게 문제가 되는 관습이 분리와 통합의례를 동시에 하는 것이라는 인상을 주었을 것이 틀림없다. S. Reinach, *Cultes, Mythes et Religions*, t. I, 299-311.

한 음식을 먹는 것(음식물에 대한 금기를 지키는 것) 등과 같은 계열의 현상을 보아야 한다. 다시 말해서, 완전히 정상적인 분화 과정이 있는 것이다. 나는 이 점에 대해서 다른 논문에서 더 자세하게 다루었기 때문에 더 말하지 않겠다.[8]

4. 성적 의례

성 행위의 금지는 대부분의 전반적인 예식의 요소이며, 특별한 말처럼 생각되어야 하고, 예외적인 것으로 분류되어서는 안 된다. 성교가 부정(不淨)한 것이 아니고, 마술적-종교적으로 위험한 것도 아닌 민족들에서 문제가 되는 금기는 존재하지 않는다. 그러나 그런 견해가 존재하는 곳에서는 신성한 세계에 들어가려는 개인이나 신성한 세계에 들어갔지만 거기에서 활동하려는 개인이 "정결"(淨潔)해야 하고, 정결을 유지해야 하는 것은 자연스러운 일이다. 그러나 다른 한편, 제1장에서 말한 것처럼 신성함에 대한 관념이 유동적인 곳에서도 성교는 부정하지만 "강력한" 것이다. 그런 이유 때문에 성교는 매우 효과적인 의례로 사용된다. 신에게 봉헌된 성전 창녀와의 성교는 성찬식과 같은 종류의 신성과의 결합이거나 그녀와 동일시되려는 하나의 수단인 것이 분명하다.[9] 삽입의 물질적 의미는 그 행위에서 나타나기 때문이다. 모든 처녀들이 이방인과 한 번은 관계를 맺어야 하고, 그에게 돈을 받아야 하는 밀리타(Mylitta) 족의 경우는 매우 복잡하다. 웨스터마크는 거기에 관해서 해석을 가장 잘했다. 그는 그들이 그렇게 하는 것은 이방인들이 신성한 능력을 가지고 있기 때문에 처녀들의 다산성을 보장받기 위한 것이라고 해석하였다.[10] 엄밀하게 말해서, 그녀들은 성전의 창녀

---

8   A. van Gennep, *Essai d'une théorie des langues spéciales*, Revue des Etudes Ethnographiques et Sociologiques, 1908, 327-337.
9   크롤리, 프레이저 이전의 모든 이론들을 논의하는 것은 쓸데없는 일이다. 긴밀하고, 내적인 통합을 나타내는 더 좋은 과정을 찾기가 쉬운 일은 아니다. 공동 식사 자체는 성교에 비해서 더 복잡해 보인다.
10 Westermarck, *The origin and development of moral ideas*, t. II, Londres, 1908, 445-

들은 아니었다. 그러나 그 행위는 신성한 영역에서 행해졌다. 그 행위의 목적은 이방인을 신이나 그 도시에 통합하려는 것도 동시에 있었을 것이다. 그것 역시 내가 성교를 입문식의 최종적인 예식으로 해석한 것처럼 하나의 가입의례이다. 그래서 오스트레일리아에서 성교는 외부의 사자(使者)를 부족에게 결합시키려는 의례로 사용되고, 다른 경우 진행 중인 예식이 순조롭게 이루어지게 하려는 의례로 사용되며, 또 다른 경우 친교를 위한 행위(부인이나 자매를 빌려 주거나 교환하는 것 등)로 사용되기도 한다.

입문식 예식들에 이어서 이루어지는 "성적 방종"은 러시아의 어떤 종교 집단의 예식과 마찬가지로 남성들과 여성들이 그들의 즐거움을 위해서나 아니면 되는 대로 결합하게 하는데, 그것을 소위 "난혼"의 잔재로 볼 것은 아니다. 나는 거기에서 이런 통합의 완전한 표현을 본다. 그것은 특별한 집단의 모든 구성원들이 참여하는 공동의 식사와 정확하게 꼭 같은 것이다. 공동의 식사가 보편적으로 존재했다는 사실로부터 음식물을 공동으로 나누는 원시 공산사회가 존재할 수 있었을 것이라는 논의를 이끌어낼 수 있을까? 그렇게 될 때, 단순한 피크닉에서 모든 사람들이 서로 가지고 온 것들을 같이 먹을 때 개인적인 소유권이 사라진 것이라고 해야 한다. 이와 같이 모든 사람들이 모든 사람들과 하나가 돼서 특수한 집단(토템 집단이나 혈연집단 등)의 구성원들 사이의 연합이 깊고, 완전하게 된다. 성적 기관을 손상시키는 것, 심지어 혼전에 이루어지는 성교에 의한 처녀막의 훼손일지라도, 내가 앞에서 여러 차례 언급했듯이 그것들에는 엄밀한 의미에서 성적인 의미는 하나도 없다.

이성들 사이에서 행해진 모든 것들은 동성 사이에서 행해지는 것들과 완전히 그대로 적용된다. 그러나 논의가 더 혼란하고 자료들이 상세하지 않기 때문에 여기서 몇 가지 예들을 언급해 보겠다. 잉지에트(Ingiet) 족의 입문식에서(앞의 105-106쪽) 그 집단의 나이든 구성원 가운데 한 사람

446.

이 벌거벗고, 머리끝에서 발끝까지 석회를 뒤집어쓴다. 그는 매트의 한쪽 끝을 손으로 쥐고, 다른 쪽 끝을 신입자가 쥐게 한다. 그들은 서로 그 끝들을 잡고 싸우다가 나이든 사람이 신입자 위에 쓰러질 때까지 한다. 그리고 성관계가 이루어지는데, 모든 신입자들은 그의 차례가 되면 그렇게 해야 한다. 그런데 멜라네시아인들에게 남색(男色)은 악덕으로 생각되지 않고, 즐거운 일로 생각된다.[11] 다른 한편 고대 에페베(Ephèbe) 사회에서 남색은 지금 알바니아 사람들에게 우정의 계약으로 생각되는 것처럼 정상적인 행위였다. "메종 코뮌"(maison commune)에 사는 사내아이들과 여자아이들[12] 사이에서 공동의 삶이 없을 경우 최초의 동성애는 친교의례가 된다. 여기에서 굳이 레나크처럼 "군사 교육과 시민 교육을 받기 위해서 에페베에서 그랬듯이 강력한 전사(戰士)의 남성적 힘을 전이(轉移)시키려는 것"[12]이라는 생각을 끌어들일 필요는 없다. 성전 창녀(kedèshoth)는 유대인들에게 수동적으로 남색을 하는, 신에게 바쳐진 케데쉼(kedèshim)에 해당된다. 거기에서도 성 행위는 가입의례이다. 나는 여기에서 남성-여성에 대해서 말하는 것이 아니다. 하지만 코스(Cos)의 의례는 말해야 한다. 거기에서 헤라클레스(Hercule) 사제는 여성의 복장을 하고, 약혼자도 여성의 옷을 입고 약혼녀를 맞이한다.[13] 이런 평행은 다음과 같은 것들을 받아들이게 하면서 쉽게 설명이 된다. 1) 사제들은 헤라클레스의 "아내들"이었으며, 그에 따라서 그 신과의 통합은 남색을 하는 것이었다. 2) 약혼자는 남성이 여성으로 되고, 여성이 남성으로 되는 완전히 코리악(Koryak) 족의 무당처럼 행동하였다.[14] 그에 따라서 문제가 되는 이런 평행은 성교가

---

[11] R. Parkinson, *Dressing Jahre in der Südsee*, Stuttgart, 1907, 611. 뉴기니에서도 남색은 입문의례처럼 행해졌다. J. Chalmers, *Notes on the Bugilai, British New-Guinea*, Journ. Anthropo. Inst., t. XXXIV(1904), 109.

[12] Ad. J. Reinach, *La lutte de Jacob avec Jahveh*. Rev. des Etudes Ethnogr. et Sociol., 1908, 356, note 5.

[13] Frazer, *Adonis, Attis, Osiris*, 2e éd., Londres, 1907, 433.

[14] cf. Iochelson, *The Koryak; religion and myth,* Jesup North Pacific Exp., t. VI, New York

아닐 수 없다. 그렇지 않으면 적어도 결혼의례는 사원(寺院)의 의례에 영향을 끼쳤고, 약혼자가 옷을 바꿔 입은 것은 이유야 어떻든지 간에 사원의 의례가 신과 결합하는 의례라는 사실을 가정하게 한다.[15] 의례에 의한 남색(男色)은 푸에블로 족에서도 볼 수 있는데, 그들은 일부러 젊은 남성들(mujerados)에게 여장(女裝)을 시켜서 여러 가지 예식들에 이용한다.[16] 이것은 아마 아룬타 족이 여성들을 의례적으로 이용하는 것과 같은 목적 때문일 것이다. 이런 행동은 두 경우에서 모두 "주술적 윤활제"이다.

마찬가지로 수간(獸姦)도 어떤 경우 가입의례일 수 있다는 것을 보여주는 사실들도 있다. 그것은 마다가스카르(Madagascar)에서 어떤 형태로 뚜렷이 나타난다. 앙테모로(Antaimoro) 족에서 여행에서 돌아온 남성은 특별히 꽃과 꽃 장식으로 치장한 암송아지와 관계를 맺은 다음에야 비로소 그의 아내와 성 관계를 가질 수 있다. 앙테모로 사람들의 별명이 "암소의 구혼자"인 것과 그 의례는 토테미즘과 관련이 있을 것이다.[17] 영국령 뉴기니의 어떤 부족들에서 수간(bestialité)은 입문 예식에서 하나의 의례이다.[18] 수간의 가장 극적인 표현이나 행위 자체는 적어도 어떤 오스트레일

& Leyde, 1905, 52-54.

15 그러나 사제와 마술사가 여성의 복장을 하는 것은 상당히 널리 퍼진 사실이고, 그것을 위해서는 또 다른 설명도 필요할 것이다. 거기에 대해서 재미있는 설명을 요첼슨(Jochelson)이 하였다. *The Koryak*, 53; J. M. M. van der Burgt, *L'Urundi et les Warundi*, Bar-le-Duc, 1905, 107; J. G. Frazer, *Adonis, Attis, Osiris*, 2e éd., Appendice, 428-435. 복장을 바꿔서 입는 생각에는 사제에게 그는 그가 동일시하려는 여신이나 여성의 영(靈)에 의해서 움직인다는 것을 믿었기 때문일 것이다. 프레이저(434쪽)는 이런 의례를 결혼의례로 보았으며, 그것은 또한 남자아이의 출생을 보장하기 위한 것이라고 믿었다. 하지만 이 이론을 받아들일 수는 없다. 그렇다면 약혼자는 여자아이들을 낳거나 오직 여자아이만 계속해서 낳을 것이라는 말인가! 내 생각으로는 젊은 남성이 여성의 가족에게 가입하고, 여성이 약혼녀의 가족에게 가입하거나 그렇지 않으면 두 사람이 반지나 음식물을 교환하면서 단순히 결합하려는 것일 수 있다.

16 F. Karsch, *Uranismus oder Päderastie und Tribadie bei den Naturvölkern*, Jahrbuch für sexuelle Zwischenstufen, t. III(1901), 141-145.

17 cf. A. van Gennep, *Tabou, Tot, Madag.*, 249-252, 280-282, 343.

18 J. Chalmers, *loc. cit.*, 109.

리아와 아메리카 원주민과 카라하리(Kalahari)의 부쉬맨(bushman)들의 같은 예식들 속에서 중요한 역할을 한다. 부쉬맨은 동물들과의 수간을 아주 정확하게 실행하면서 황소, 암소, 칠면조, 사나운 돼지의 춤을 춘다.[19] 마지막으로 동물들과의 성교의 주술적-종교적 효과는 미트로비치(Al. Mitrovics)의 달마티(Dalmatie) 족에 대한 다음과 같은 기술에 잘 나와 있다. 오랜 중병으로 인한 체력 소모에서 벗어나기 위해서는 암탉이나 오리와 성교해야 하고, 임질이 나으려면 암탉과 성교하면서 암탉의 머리를 잘라야 한다. 또한 흑주술(art diabolique)의 대가가 되려면 암소와 성교해야 하고, 행복해지려면 암탉과 성교하며, 동물의 언어를 배우려면 암 뱀과 교접하고, 빌라(Vila, 해로운 요정)가 가축들을 해치지 않도록 하기 위해서는 암말과 교접해야 한다. 잡히지 않고 도둑질을 하려면 고양이와 교접하고, 집에 행운이 들게 하려면 염소와 교접하고, 정자를 모아서 집의 문에 뿌려야 한다.[20] 안남(安南) 지방의 동물과의 수간(닭이나 오리 등)은 너무 널리 퍼져 있어서 유럽인들은 현장에서 도살하지 않으면 이 가금(家禽)들을 먹지 않았는데, 이런 풍습은 아마 같은 맥락에서 행해지는 관습일 것이다.

5. 채찍질하기

채찍질하기는 비록 의례적으로 행해지기는 하지만 여러 가지 방식으로 해석되지 않을 수 없는 행위 가운데 하나이다. 채찍질은 성 심리학에서도 중요한 작용을 한다. 그것은 성욕을 자극하는 가장 강력한 수단이다. 그러나 그 경우에서도 의례에서와 마찬가지로 채찍질하는 것은 더 넓은 범주에서 이루어진다. 때리는 횟수가 한 번 때리느냐, 아니면 반복적으로 때리느냐 하는 것 전체가 새디즘의 형태처럼 이루어지는 것이다. 채찍질하기와 횟수는 때때로 의례로서 성적인 행동이기도 하다. 채찍질에 성적 효과

---

[19] Passarge, *Die Buschmänner der Kalahari*, Berlin, 1907, 101-104.
[20] Fr. S. Krauss & R. Reiskel, trad. Dulaure, *Des Divinités génératrices*, Leipzig, 1909, 181.

가 있지 않다면, 여태까지 받아들여졌던 해석들을 보완해야 하는데, 여태까지는 그것을 악과 부정으로부터 악마를 추방하려는 의례로 해석하였다. 레나크는 고대 세계의 의례적인 채찍질의 사례들을 모았고, 채찍질이 루퍼칼(Lupercales) 족에서 악마를 쫓아내는 효과가 있다고 한 만하르트의 이론을 소개하였다.[21] 프레이저는 채찍질에서 정화의례를 보려고 하였고, 톰센은 채찍질을 그것을 가지고 때리는 나무(개암나무)나 동물(숫염소나 암염소)의 힘과 활력이 환자의 몸으로 들어가게 하려는 수단으로 보았다. 레나크는 이 이론을 채택하였고, 채찍질하기를 "친교의례"라고 하였는데, 나는 그것을 가입의례라고 하였다. 이런 해석은 루퍼칼 족은 물론 아르테미스 오르티아(Arthèmis Orthia)의 제단에서 채찍질하는 것에서도 받아들여질 것이다. 채찍질하기는 주니(Zuni)[22] 족의 경우에서도 보았듯이 수많은 입문예식에서 중요한 의례로 자리를 차지하고, 뉴기니에서 한 개인을 토템 씨족, 가족, 죽은 자들의 세계에 가입시키려고 곤봉으로 머리를 가격하는 의례와도 같은 것이다.[23] 하지만 채찍질하기나 가격하기는 어떤 경우(라이베리아, 콩고) 종종 그 전 세계와 분리의 물리적 의례로 사용되기도 하는 것을 지적해야 한다. 그때 때리는 것은 끊거나 부수는 것과 같은 것이다. 마지막으로 나는 어떤 물건을 치는 의례는 매우 널리 퍼져 있고, 특히 "땅을 치거나" "경계를 두드리는" 것은 전유(專有)의례 가운데 하나라는 것을 말하고 싶다.[24]

6. 첫 번째로 하는 것

민간의 속언에는 "첫 번째만이 중요하다"는 말이 있다. 이런 생각은 정

---

21 S. Reinach, *La flagellation rituelle*, dans *Cultes, Mythes et Religions*, t. I, 173-183.
22 cf. 위의 112-113쪽을 참고하고, 다른 전형적인 사례를 위해서는 H. Webster, *Primitive secret societies*, 113을 참조하시오.
23 위의 195-196쪽을 참조하시오.
24 cf. Brand, *Popular Antiquities*, ch. XXXVI; Warde Fowler, *The Roman Festivals*, 319.

말 널리 퍼져 있을 뿐만 아니라 어느 정도 특별한 의례들의 형식으로 나타난다는 사실은 주목할 만하다. 우리는 통과의례들은 완전한 형태로 나타나지 않고, 뚜렷이 드러나지도 않으며, 심지어 하나의 사회적 범주에서 다른 범주나 하나의 사회적 신분에서 다른 신분으로 처음 옮겨질 때 외에는 드러나지도 않는다는 사실을 여러 차례 보았다. 또한 나는 이 책이 이미 상당히 두꺼워졌기 때문에 여기에서는 몇 가지 사항만 말하는데 그치려고 한다. 나는 먼저 모든 정초(定礎) 의례들과 개관(開館)의례들이 이 범주에 속한다는 것을 말하고 싶다. 거기에는 일상적이거나 세속적인 것으로부터의 분리의례들과 전유의례, 봉헌의례들이 포함되어 있는 것이다. 더 자세하게 말하면, 이 예식들에는 많은 예방의례, 속죄의례들이 포함되어 있지만, 그 근본적인 뼈대는 통과의례들의 도식, 특히 처음 들어가는 의례들인 것이 뚜렷하게 나타난다. 마찬가지로, 이방인이 최초로 들어갈 때, 의례가 행해진다. 그 다음에 그는 들어가거나 나오는 것을 마음대로 할 수 있다. 최초의 임신과 출산도 비록 위생적이고, 의학적 동기의 면에서 최초의 것들과 다른 것들 사이에 큰 차이가 없기는 하지만, 최초의 임신과 출산은 의례적인 면에서 매우 중요하다. 그리고 첫 번째 아기의 탄생, 특히 첫 아들의 출산은 가장 중요한 사건이다. 이런 관점은 법률적으로 장자권(長子權)이나 상속권에서도 두드러지게 나타난다. 처음 머리카락을 자르는 것, 첫 이가 빠지는 것, 처음으로 이유식을 먹는 것, 첫 번째 걸음마, 첫 번째 월경 등은 그 예식들이 모두 형태들에 있어서는 서로 다르지만 기본적인 생각은 중심적인 도식에서 평행이 된다. 첫 번째 약혼은 다른 것들보다 훨씬 더 중요하다. 우리는 첫 번째 약혼이 깨진 여성들이 어떤 불명예를 안게 되는지 잘 알고 있다. 여성의 첫 번째 성 관계는 처녀성의 상실과 관계되는 일련의 의례들 때문에 의례적인 성격을 가진다. 첫 번째 결혼은 가장 중요한데, 그것은 처녀성이 상실되기 때문만이 아니다. 왜냐하면 많은 민족들에서 여성들은 젊은 남성들과 전환 기간 동안 성교를 하거나(필리핀의 공동 가옥에서), 처녀들은 미리 처녀성을 상실한 채 약혼자에게 인도되기 때문이다. 그래서 이혼한 사람이나 미망인이 재혼할 때 결혼예식들은 단순화돼서 시늉만 하기도 한다. 그런 것이 우아르그라(Ouargla) 족의 사례에 있다. 그것들이 보편적으로 적용될 수 있기 때문에 나는 비아르네(Biarnay)가 보고한 것을 소개하려고 한다.[25]

"우아르그라에서 결혼은 네 가지 범주로 나뉜다. 첫째는 결혼을 하지 않았던 두 젊은이들 사이의 결혼이다. 결혼하기 전과 결혼과 더불어서 벌어지는 잔치와 예식에서 신랑은 아슬리(asli), 신부는 타스레트(taslet) 혹은 타셀트(taselt)라고 불리며, 그 전체 과정은 이슬란(islan)이라고 불린다. 둘째는 혼자가 됐거나 한 여성 또는 여러 다른 여성들과 결혼했다가 이혼한 남성과 젊은 처녀와의 결혼인데, 그 결혼은 부마우드(boumaoud)나 타셀트(taselt)라고 불린다. 셋째는 결혼을 전혀 하지 않았던 젊은 남성(asli)과 미망인이거나 결혼했던 여성(tamet'out)과의 결혼이다. 넷째는 두 사람 모두 그 전에 결혼했던 사람들의 결혼이다. 결혼의 기쁨과 잔치의 횟수는 첫 번째 범주로부터 네 번째 범주로 올수록 숫자에 있어서나 중요성에서 점점 줄어든다. 마지막의 것들은 평범한 형식으로만 생각되고, 미래의 배우자들이 잘 살 것인지에 대한 관심밖에 흥미를 끌지 못한다."

나는 일부다처제(polygynes)에서도 첫 번째로 결혼한 여성은 다른 여성들에 비해서 결정적인 권리들을 가진다는 사실을 덧붙이고자 한다. 일처다부제(polyandres)[26]인 토다 족에서도 맨 처음에 아버지가 된 사람이 그 다음에 아버지가 된 사람들을 통제하고, 일부다처제인 사카라바(Sakalava) 족의 남편은 특별한 의례를 통해서 그의 첫 번째 아이의 부권을 보장 받는 동시에 그 다음 아들들의 아버지가 되는 조치를 취한다.[27] 마

---

25 Biarnay, *loc. cit.* 부록.
26 H. Rivers, *The Toda*, 322, 517.
27 A. Walen, *The Sakalava*, Antanarivo Annual, fasc. VIII(1884), 53-54.

지막으로 결혼의례가 끝나거나 카메룬[28]에서처럼 젊은 아내를 완전한 성인 여성 집단으로 분류하는 것은 종종 첫 번째 아이의 출생과 더불어 시작된다.

그 용어가 가리키는 것처럼 입문의례들은 한 개인을 비의(秘儀) 예식이나 형제 집단에 결정적으로 입회하고, 참가하는 것을 보장하는 가장 중요한 의례들이다. 성물(聖物)을 최초로 보는 것도 모든 곳에서 중요한 행위이다. 그래서 그 개인에게 마술의 고리가 처음 끊어졌다면, 그것은 이제 다시 닫히지 못한다. 브라만교에서 최초의 희생제와 마찬가지로 가톨릭 사제의 첫 번째 미사 집전은 특별한 자리를 차지해서 어디에서나 특별한 의례로 나타난다. 첫 번째 장례식들은 그 다음의 장례식들보다 더 복잡하다. 나는 한 가정에서 처음에 죽은 아이의 장례식은 때때로 복잡하거나 특별한 의미를 가진다는 사실을 덧붙이려고 한다. 마지막으로 가장 훌륭한 공물은 첫 번째 태어난 가축, 첫 열매(맏물)이다.

이런 사례들을 얼핏 살펴만 보아도, 입문의례에 대해서만 살펴보았던 슈르츠(Schurtz)가 거의 보지 못하였던 "첫 번째로 하는 것에 대한 의례"가 보편적 특성을 가지고 있다는 사실을 알 수 있다.[29] 그런데 슈르츠는 입문의례가 점점 더 단순하게 되는 것은 다음과 같은 이유 때문이라고 보았다. 1) 사람들이 높이 올라갈수록 비밀이 더 이상 필요하지 않기 때문이고, 2) 높은 자리에 있는 사람들이 "장막 뒤에서" 조종하기 때문이라고 보았다. 그러나 그런 주장은 다른 모든 사례들을 살펴볼 때 받아들일 수 없다. 이 의례들은 하나의 영역이나 지위에서 다른 영역이나 지위로 단순히 들어가는 의례들이라서 일단 새로운 영역이나 지위에 들어간 다음에는 최초의 행위를 반복하지 않아도 되기 때문에 단순하게 되는 것은 자연스러운 일이다. 게다가 심리학적으로 볼 때, 두 번째 행위는 첫 번째 행위를 자동

---

28   소녀들과 여성들은 첫 번째 아이가 출생할 때까지 옷을 벗고 있다. Hutter, *Nord-Hinterland von Kamerun*, Brunswick, 1902, 421.

29   H. Schurtz, *Altersklassen und Männerbünde*, 354-355.

적으로 하는 것이 된다.

*

통과의례의 범주 속에는 해와 계절과 달이 바뀌고, 경우에 따라서 그 변화를 보장하는 의례들이 포함된다. 이 주기(週期)들에 대해서는 다양한 저자들, 특히 만하르트와 프레이저가 이미 특별한 관점에서 연구했지만, 그들이 말한 주된 의미는 다른 통과의례들과 연계가 잘 되지 않는 듯하다.

한 해의 마지막 날과 새해의 첫 날에 하는 예식들은 충분히 알려져서 더 이상 강조할 필요도 없다.[30] 한 해의 마지막 날 북경에서는 가족의 모든 구성원들이 모여서 식사를 하는데, 평상시 다툼이 있어서 소원했던 사람들까지 같이 모인다. "용서" 의례는 부차적인 것인데, 그것은 모든 집단을 결속시키려는 목적에서 하는 예비적인 의례이다. 그 다음에 지나가는 해에 "인사"를 하고, 가족의 모든 구성원들은 조상 앞에서 여성들을 제외하고 가장 연장자부터 큰 절을 올린다. 여성들은 다른 가족에 속하기 때문이다. 그리고 혈연관계에 있는 친척들 집을 방문하여 절을 한다.

지난해에서 새해로의 전환 기간은 민족들에 따라서 밤 전체나 자정부터 한 시까지 혹은 몇 분 동안 있을 수도 있다. 북경에서는 중국인들과 타르타르인들 지역 사이에 있는 문을 30분 동안 닫는다. 그리고 집 문과 장롱의 문에 빨간 종이조각을 붙인다. 그런 다음 새해를 맞이하는 접대의례를 거행한다. 북경에서는 조상들과 신들에게 희생제를 드리고, 친척들이 모여서 공동 식사를 한다. 전환 기간은 여기에서 하루, 일주일, 한 달의 잔치나 휴가의 형태를 띤다. 따라서 중국에서는 "봉인을 함으로써" 한 달 동안 관청 업무가 중단되고, "봉인을 뗌으로써" 그것이 끝난다.[31] 많은 민족에

---

30 cf. Warde Fowler, *The Roman festivals*, 35-43.
31 cf. Dolittle, *Social life of the Chinese,* 1867, t. II, 38-40. Grube, *loc. cit.*, 98-99.

게 있어서 새해 첫날은 특히 인도-차이나에서 죽은 자들이 지상에서의 삶을 다시 맛보기 위하여 그들이 살던 곳에서 나온다는 점에서 일반적으로 삶이 정지되는 날이다. 마찬가지로 12일절(Période des Douze Jours ou des Douze Nuits, 성탄절과 주현절 사이의 12일—역자 주) 기간도 전환기인데, 거기에 대한 통과의례적 관점에서의 연구는 매우 교훈적이다.

또한 통과의례들은 계절과 관계되는 예식들 속에서 일반적인 도식을 따라서 언제나 볼 수 있는데, 그것들은 종종 하지와 동지(이 의례들은 유럽에서 한 해를 마무리 짓은 예식들과 관계된다), 춘분과 추분에 행한다. 여기에서 나는 분리의례는 겨울을 쫓아내는 것으로 행해지고, 가입의례는 마을에 여름을 가져오는 것으로 행해진다는 것을 지적하려고 한다. 다른 경우 겨울은 죽고, 여름이나 봄은 다시 태어나는 것이다.

사람들에게 계절은 겨울에는 더 근면한 삶이 이루어지고, 봄과 여름에는 농경과 목축의 삶과 관계되는 등 그들에게 경제적 영향을 미치면서 관계된다. 여기에서 계절적 특성을 보이는 통과의례들은 겨울 동안 식물의 성장을 쇠퇴시키는 전환기 다음에 식물의 재생을 보장하는 의례들 속에서 정확하게 일치되어 나타나는 것을 볼 수 있다. 이 의례들은 가축의 증가를 목적으로 하는 동물의 성 생활을 회복시키는 것도 보장해 준다. 그래서 모든 예식들에는 첫째로 통과의례, 둘째로 직접적이거나 간접적이고, 긍정적이거나 부정적인 다산, 증식, 성장의 감응의례들이 포함되어 있다. 이 감응의례들만이 만하르트와 프레이저 및 그들의 뒤를 이은 호프만-크레이어의 관심을 끌었다는 사실은 주목할 만하다.[32] 이 학자들은 각자가 통과의례의 도식이 사실 내가 말했던 두 번째 범주의 예식들 속에 공존하고 있다는 사실을 생각할 수 있도록 그들의 글들 속에서 아주 자세하게 밝히고 있다. 계절적이고, 경제적인 힘이 오시리스나 아도니스 등으로 인격화될

---

32 Hoffmann-Krayer, *Die Fruchtbarkeitsriten im schweizerischen Volksbrauch*, Archives suisses des Trad. Pop., t. XI(1907), 238-268.

때, 그 도식 가운데서 가장 두드러진 요소는 죽음과 기다림과 재생에 대한 생각의 극화(dramatisation)이다.[33] 아도니스의 초상이 치러지고, 장례식을 성대하게 거행할 때 모든 사회적인 삶은 정지되고, 그가 재탄생할 때 사람을 사회와 통합하는 관계가 다시 맺어진다. 마지막으로 나는 에스키모 족에서 사회적인 삶은 여름과 겨울에 서로 다른 기반 위에서 이루어진다는 사실이 모쓰(Mauss)와 뵈샤(Beuchat)에 의해서 잘 조명되었다는 사실을 말하고 싶다.[34] 하나의 형태에서 다른 형태로의 이행이 특정한 통과의례에 의하여 표현된 것이다.

다른 모든 범주의 의례들은 통과의례의 도식을 잘못 알고 있기 때문에 완전히 잘못 해석되었는데, 그 가운데는 달의 위상(位相)과 관련된 예식들이 있다. 거기에 관해서 프레이저는 많은 것들을 모아서 기술했지만 그것들 가운데서 오직 하나의 요소인 감응의례만을 보았다.[35] 달의 위상과 동물, 식물, 인간의 삶의 차고, 기울음 사이의 연관성에 대한 믿음은 인류의 가장 오래된 믿음 가운데 하나이고, 사실 어느 정도 실제와 부합되는 것이

---

33 cf. Frazer, *Golden Bough*, 제2권의 거의 전체와 제3권의 138-200; *Adonis, Attis, Osiris*, 2e éd., 187-193, 219-230, 254-259, 299-345; Fr. Cumont, *Les Religions orientalesdans le paganisme romain*, Paris, 1907, 300, 310; S. Reinach, Cultes, Mythes et Religions, 3 vol. passim.

34 Beuchat & Mauss, *Essai sur les variations saisonnières eskimos*, Année sociologique, t. IX(1906), 39-132. 저자들은 거주지가 변화될 때 이루어지는 관습에 대해서 특별한 연구를 하지 않았지만, 우리는 그가 언급한 자료들에서 그것에 관해서(이사하거나 헹진히거나 여러 가지로 화해하는 것 등) 언급한 것을 찾아볼 수 있다. 이런 것들은 계곡에서 살다가 산지(사브와, 스위스, 티롤, 카르파트 등으로 피서 가는 것)로 갈 때, 즉 출발할 때와 돌아왔을 때 같이 식사하고, 마을의 잔치를 벌이며, 행진하고, 축복하는 통과의례에서 볼 수 있다. 이와 비슷한 모든 의례들은 그런 범주에 포함시킬 수 있는데, 예를 들어서 말하자면, 러시아에서는 겨울이 끝나고 가축들을 처음으로 우리 밖으로 내보낼 때 문지방에 있는 막대기를 밟고 넘어가게 하는 관습이 있다. Trumbull, *Threshold covenant*, 17. 이것은 닫혔던 집 안의 세계와 분리되고 탁 트인 외부 세계에 재가입하게 하려는 것이 분명하다.

35 cf. Frazer, *Golden Bough*, t. I, 156-160; *Adonis, Attis, Osiris*, 2e éd., 369-377, 앗시리아-바빌로니아의 달의 신인 신(Sin)에 대해서는 Et. Combe, *Histoire du culte de Sin*, Paris, 1908을 참조하시오.

기도 하다. 달의 위상은 그 자체가 천체로부터 피의 순환에 이르기까지 모두 주관하는 우주의 거대한 리듬의 요소이기 때문이다.[36] 그러나 나는 달이 없으면, 물리적인 삶은 물론 사회적인 삶이 일반적으로나 특별하게 정지되고, 그에 따라서 전환기가 이루어진다는 사실을 지적하고자 한다.[37] 이런 예식들에는 이 기간이 끝나고, 기대했던 생명력이 최대한으로 되도록 하고, 달이 기울었을 때도 그것이 결정적인 것이 아니라 일시적인 것으로 되게 하려는 목적이 담겨 있는 것이 분명하다. 그래서 이런 예식들에는 갱신(renouveau), 주기적인 죽음과 재생에 대한 생각이 극적으로 드러나 있고, 달의 모든 위상들이나 보름달의 분리, 입회, 전환의례와 관계되는 예식들이 특징적으로 들어 있다.

한 주(週)는 한 달을 나눈 것이기 때문에 그 주가 장에 가는 것과 관련되지 않는 한(특히 아프리카에서) 어떤 날과 관계되는 통과의례를 행하지 않는다. 그러나 고대 이집트에서 모든 예식들은 태양의 매일의 운행을 보장하려는 것이었고, 거기에는 다른 요소들과 더불어서 통과의례의 도식이 들어 있었다.

동물과 식물이 풍성해지게 하고, 땅을 비옥하게 하는 홍수의 주기와 관계되며, 땅이 다산적으로 되게 하고, 곡식과 과일이 정상적으로 자라고 잘 익게 하려는 모든 의례들은 경제적으로 좋은 상황을 얻으려는 수단들이다. 그것은 낚시와 사냥 의례 및 토템을 증가시키려는 예식들(중부 오스트레일리아의 인티치우마 족)에서도 마찬가지이고, 어떤 점에서는 전쟁과 결혼의 예식들에서도 마찬가지이다. 나는 여기에서 예식적 주기의 경제적 측면은 물론 그 어떤 주술적-종교적 요소도 포함하지 않은 전환의 외적 표시에 대해서도 다루지 않을 것이다.

전이 현상은 수많은 인간의 활동들 속에서 나타나고, 생물들의 일반적

---

36 cf. Havelock Ellis, *Etudes de psychologie sexuelle*, t. I(1908), 120-225.
37 cf. 그에 대한 예로서 둑-둑(Duk-Duk) 족의 구성원들은 하현달일 때 숲을 떠난다. Webster, *Primitive secret societies*, 114.

인 활동과 물리적 에너지가 작용하는 곳에서는 물론 우주의 리듬 속에서도 찾아볼 수 있다. 전이는 서로 반대되는 두 가지 운동이 정점(停點)에서 나누어지기 때문에 필연적인 것이기 때문이다. 이 정점은 역학에서 최소한 중심에서 벗어나 있으며, 순환 운동에서 힘으로만 존재한다. 어떤 물체가 공간에서 일정한 속도로 원을 그리면서 움직일 수 있을지는 몰라도 생물학적이거나 사회적 활동에서는 그렇게 될 수 없는 것이다. 그것들은 사용된 다음 어느 정도 짧은 간격으로 다시 새로워져야 하기 때문이다. 통과의례들은 결정적으로 어떤 때는 죽음의 의례들, 다른 때는 재생의 의례들의 형태를 취하면서 이런 근본적인 필요성을 충족시켜 준다.

그래서 그에 대해서 위에서 몇 페이지에 걸쳐서 언급하였는데, 계절과 관계된 예식들 가운데서 가장 놀라운 요소 가운데 하나는 달, 계절, 년(年)의 죽음과 재생에 관한 극적인 표현이며, 식물과 식물을 주관하고, 조절하는 신들의 죽음과 재생에 관한 극적인 표현도 마찬가지이다. 그러나 이와 똑같은 요소가 다른 많은 순환 예식들에서도 발견된다. 그것들이 어느 정도 비슷한 것은 어느 하나가 다른 것을 차용했거나 영향을 받아서 그런 것이 아니라는 것을 설명할 필요는 없을 것이다. 이와 관계되는 생각은 계절과 관계된 예식들과 임신과 출산에 관한 예식들[38], 환생을 받아들이는 민족의 출생에 관한 예식들[39], 입양예식들[40], 사춘기예식들[41], 입문 예식들[42],

---

[38]   그래서 마다가스카르에서 임신한 여성은 "죽은 것"이고, 출신한 다음에 사람들은 그녀가 "부활했다"고 축하해 준다. cf. A. van Gennep, *Tabou, Tot, Madag.*, 165.

[39]   cf. 위 74-75쪽을 참조하시오.

[40]   cf. 위 55쪽을 참조하시오.

[41]   cf. 위 90쪽을 참조하시오. 또한 이에 대한 분명한 사례가 Frazer, *Golden Bough*, t. III, 210쪽(브로네오)에 언급되었다.

[42]   위의 116-117쪽을 참조하시오. 우리는 Frazer, *Golden Bough*, 2e éd., 1900, t. III, 422-446에서 입문 예식에서 죽음과 부활의 사례를 수집한 좋은 자료들을 볼 수 있다. 그러나 프레이저가 하는 설명을 받아들이기는 어렵다. 그는 그것이 토템과의 동일시를 위해서 영혼이 외재화되는 의례라고 생각하는 것이다. 그러나 이 이론은 내가 언급한 예식들의 의례들에 적용될 수 없을 뿐만 아니라 토템과의 결합이나 동일시가 본질적으로 정령론적 기초를 가지고

결혼예식들[43], 즉위예식들[44], 성직 수임예식들[45], 희생예식들[46], 죽은 다음의 개인적인 생존이나 더 나아가서 환생[47]을 믿는 민족들의 장례식들에서 지적되거나 극적으로 표현된다. 그리고 어쩌면 맹세하거나 순례에서 극적으로 표현되는지도 모른다. 슈르츠가 이런 의례들에서 관찰했지만 찾지 못해서 그 존재를 부인한 듯했던[48] 유사성에 들어 있는 "논리적 생각"은 하나의 상태에서 다른 상태로 넘어가는 것, 다시 말해서 "옛 사람을 벗어버리는 것", 문자 그대로 말해서 "새 살이 돋아나는 것"이다. 하지만 죽음과 재생에 대한 생각이 원인인지, 아니면 결과인지 결정하기는 쉬운 일이 아니다. 그것은 입문예식들과 성직 수임예식들에서는 결과인 듯하다. 거기에 엑스타시와 외재화[49] 등이 포함되어 있으며, 심지어 수많은 아메리카 원주민들에게서 보는 것처럼 꿈이나 잠이 포함되어 있기 때문이다. 그래서 무스카키(우타가미 족이나 르나르 족) 족에서 9년이 걸리는 입문식의 마지막 날 저녁, 신입자들은 '춤-추는-집'의 바닥에 누워서 잠을 자고, 그

있다는 것을 입증할 어떤 근거도 없다. 예를 들어서 말하자면, 중부 오스트레일리아에서처럼 토템에서의 의례적인 식사(스미드가 말한 토템 만찬)로써 직접적으로 이런 현상이 나타날 수 있다. 입문의례에서의 죽음과 부활에 대해서는 다음 것들을 참조하시오. Kulischer, *Zeitschrift für Ethnologie*, t. XV, 194 이하. Webster, *Primitive secret societies*, 38 이하. Goblet Alviella, *Revue de l'Histoire des Religions*, 1902, t. II, 341-343(엘레우시스 비의); .E. Harrison, *Prolegomena to the study of greek religion*, Oxford, 1903, 590(오르페우스교); Farnell, *Evolution of Religion*, Londres, 1905, 57과 주; A. Dieterich, *Eine Mithras-Liturgie*, Leipzig, 1903, 157-158; H. Schurtz, *Altersklassen und Männerbünde*, 98, 99-108. 자세한 것은 다른 문헌들을 참조하시오. 슈르츠는 죽음과 부활을 극화한 의례들이 필연적인 순서 때문에 다른 입문의례들과 같은 범주가 될 수 없다는 것을 알지 못하였다.

43   cf. 위 166-167, 170-171쪽을 참조하시오.
44   cf. 위 138-139쪽을 참조하시오.
45   cf. 위 133-134쪽을 참조하시오.
46   cf. Hubert & Mauss, *Essai sur la nature et la fonction du sacrifice*, Année sociologique, t. II(1898), 48, 49, 71, 101.
47   Hertz, *La représentation collective de la mort*, Année Sociologique, t. X, 1907, 126.
48   H. Schurtz, *Altersklassen und Männerbünde*, 355-356.
49   O. Stoll, *Suggestion und Hypnotismus in der Völkerpsychologie*, Leipzig, 1904, 289 이하.

다음날 어른이 돼서 일어난다.[50] 또한 그것은 "자연이 잠을 자고", "깨어날 때" 계절과 관계된 예식들 속에서 결과이지만 오시리스, 아도니스, 아티스 숭배에서 사용하는 극적이고, 특별한 의례에서는 원인이 되고, 기독교에서는 그 자체가 하나의 현존으로 된다. 구세주의 죽음과 부활은 신입자의 죽음과 재생을 상징적으로 해석하는 출발점이 되는 것이다. 이런 생각이 입문의례에서만 보는 것이 아니기 때문에 그것은 최면 상태, 강직증, 일시적인 기억상실, 정신병리 현상으로 해석될 수는 없다. 그러나 이런 견해를 고려해 볼 때, 하나의 상태에서 다른 상태로의 이행은 특별한 주의를 기울이지 않는 한 도저히 이루어질 수 없는 매우 중대한 행위라는 것이 간단하고, 정상적인 생각이다.[51] 마지막으로, 어떤 경우 의례적인 죽음과 재생은 인간의 삶의 단계들과 달의 위상을 동일시한 것에서 나왔다. 아주 많은 민족들이 처음 죽음에 대해서 생각하게 된 것은 적어도 달을 보고서 떠올린 것이라는 사실을 여기에서 말하고 싶다.[52]

통과의례의 전형적인 절차(분리, 전환, 가입)는 희생제에 뼈대를 제공하고, 그런 의미에서 고대 인도와 유대 의례들의 상세한 부분들까지 체계적으로 만들었고, 때때로 순례와 헌신에도 영향을 미쳤다.[53] 가톨릭교회의 순례에는 떠나기 전에 순례자가 세속적인 세계에서 떠나고, 거룩한 세계에 가입하게 하는 수많은 사전 성화(聖化) 규칙이 존재한다. 바깥에 하는 징표로 부적, 묵주, 조개 모양의 장식 등 특별한 표시를 하고, 순례 중에는

---

50   M. Owen, *Folk-Lore of the Musquakie Indians*, 69.
51   어떤 경우 구부린 자세로 매장하는 것은 죽은 다음에 재생한다는 생각을 나타내는 것일 수 있다. 그러나 이런 의례가 모든 곳에서 그런 의미를 나타내지 않으며, 그런 생각이 본질적인 것도 아니다. 디터리히와 많은 다른 이론가들을 반대하는 견해는 다음의 것들에 잘 나와 있다. R. Andree, *Ethnologische Betrachtungen über Hockerbestattung*, Archiv für Anthropologie, N. F., t. IV(1907), 282-307.
52   A. van Gennep, *Mythes et Légendes d'Australie*, 183-184, Hollis, *The Masai*, 271을 참조하시오.
53   H. Hubert & Marcel Mauss, *Essai sur la nature et la fonction du sacrifice*, Année sociologique, t. II(1898).

음식물의 금기(수척해지도록)를 지키고, 그밖에도 성적 터부를 지키며, 사치하지 않고, 일시적인 금욕을 한다. 이슬람교[54]에서 메카에 가려는 서원을 한 순례자는 신성한 영토의 경계들(메카와 메니나)에 들어서는 순간 아이람(*ihram*)이라고 부르는 특별한 상태에 들어간다. 그러나 옛날 관습에서는 그가 자기가 사는 곳을 떠나자마자 신성함, 즉 아이람에 들어갔다고 믿었다. 따라서 순례자는의 순례를 떠날 때부터 돌아올 때까지 일상생활을 하는 것이 아니라 전환기에 있는 것인데, 그것은 불교에서도 마찬가지다. 당연히 순례자는 순례를 떠날 때 분리의례를 하고, 성소(聖所)에 도착했을 때, 카바에 있는 피에르-누아르를 만진다든지 투석을 한다든지 하는 등 순례의 특별한 의례를 행한다. 그 다음에 성소와 분리되는 의례들을 행하고, 돌아와서는 가족적이고, 일상적이며, 사회적인 삶에 진입하는 의례들을 행한다. 자기 자신을 희생하거나 일반적인 희생의 특별한 형태로 간주되는 "헌신"에서도 같은 기제가 작동한다. "헌신"은 원칙상 입문의례에 속해 있는 것이다.[55]

통과의례들의 도식이 어느 정도 작용하는 다양한 경우들에 대한 이 최초의 논문을 절대적으로 완벽하게 기술할 수는 없지만, 그래도 나는 예식들 전반에 걸쳐서 어떤 자율성이 부차적인 체계로 나타나는 전환사례들을 지적하고 싶다. 이에 대한 예의 하나가 삶의 과정에서 만나는 수많은 예식들 가운데 거의 보편적인 관행이 운반(portage) 예식이다. 예식의 주체는 어느 정도 상당한 기간 동안 땅과 접촉하지 않아야 하는 것이다. 그는 다른 사람의 팔이나 가마를 타거나 말, 소, 마차를 타야 한다. 그렇지 않으면, 그는 고정되어 있거나 움직일 수 있는 매트에 있거나 발판, 높은 자리, 왕좌에 있기도 한다. 이 의례는 무엇인가를 성큼 뛰어넘거나 어떤 것 위에

---

54 cf. Rob. Smith, *Religion der Semiten*, 255-259. 그의 해석은 우리의 해석에 의하여 보충되어야 한다. 정통 이슬람교에 대해서는 Ciszewski, *loc. cit.*, 4쪽 이하.

55 cf. Daremberg & Saglio, *Dict. des antiq. gr. et rom.*, s,v, *devotio*, 자료들을 위해서는 Huvelin, *Les tables magiq. et le droit de rom*을 참조하시오.

앉아서 옮겨지는 의례와 때때로 합쳐지기도 하지만, 근본적으로 다른 의례이다. 그 의례를 구성하는 기본적인 생각은 그가 들쳐지거나 들어 올려져야 한다는 것이다. 그 의례의 목적은 보통 받아들이고 있듯이, 신성하게 여겨지는 땅을 오염시키지 않으려고 하거나 대지모(大地母)가 부정한 존재와 접촉하지 못하게 하려는 것이 아니다. 이 의례가 출생, 사춘기, 입문식, 결혼식, 즉위식, 성직 수임식, 장례식, 신성한 사람(왕이나 사제 등)의 이동 등에서 행해지고 있기 때문에 여기에서 더 일반적이고, 단순하며, 새로운 설명이 이루어져야 한다. 그래서 나는 그 의례를 하나의 전환의례로 간주하려고 생각한다. 그 순간 그 사람은 신성한 세계에 속해 있지도 않고, 세속적인 세계에 속해 있지도 않거나 두 세계에 동시에 있는 것이다. 그래서 그는 이 세계에서 다른 세계로 잘못 들어가서는 안 돼서, 홀로 있으며, 중간 지점에 있는 것이다. 하늘과 땅 사이에 있는 것이다. 그것은 죽은 사람이 영구차나 관속에 잠시 있으면서 삶과 진정한 죽음 사이에 있는 것과 같은 논리이다.

따라서 통과의례의 도식은 삶의 하나의 단계에서 다른 단계, 또는 하나의 사회적 상황에서 다른 상황으로의 이행과 관계되거나, 수월하게 하거나 조건 짓는 예식들 전체에서 찾아볼 수 있다. 그리고 사람들이 일반 사회 전체의 이익을 위해서 개인적으로나 사회적으로 사용하는 여러 가지 자율적 체계의 기반에서도 나타난다. 또한 우리는 이런 모든 예식 체계에서 그 형식들뿐만 아니라 뼈대에서도 평행되는 것을 찾아볼 수 있다. 이런 평행은 그들을 체계화하는 경향을 그 의례들에 적용시킨 이집트인들에 의해서 의식적으로 발달하였다. 사실 테베 시대의 이집트의 파라오 즉위식[56]과 파라오가 사제로서 행하는 신들에 대한 예배[57] 및 죽은 이를 죽은 자들의 세계와 신들의 세계에 가입시키려는 의례들 속에도 이와 똑같은 의례

---

56 cf. 위 136-137쪽을 참조하시오.

57 cf. A. Moret, *Du caractère religieux de la royauté pharaonique*, Paris, 1903, 209-233.

의 근본적인 요소들이 들어 있다.[58] 각각의 의례에서는 고정된 절차에 따라서 호루스와의 동일시가 나타나며, 다른 의례 체계에서는 마찬가지로 오시리스와의 동일시가 행해진다: 그것들은 1) 신에 대한 다른 예배 안에서[59], 2) 죽은 자들의 세계에 가입하는 다른 과정에서, 3) 태양이 매일 아침에 떠서 정상적인 경로를 이탈하지 않고, 서쪽에 져서 죽은 자들의 영역을 지나서 동쪽으로 복귀하게 하는 천체의 움직임과 관련된 의례들이다.[60] 모레(Moret)는 본질적으로 다른 이 두 의례에 대한 구별[61]을 하지 않은 듯한데, 그것은 아마 오시리스 의례의 근본적 주제인 "호루스의 해체"의 주제에 "오시리스의 해체"[62]가 겹쳐지기 때문일 것이다. 그런데 이 의례와 저 의례에서 중요한 것은 하나의 상태에서 다른 상태로 이행하는 것이고, 자세한 의례들(성화, 양육, 명명, "거룩한 방으로의 올라가기", 하나의 방이나 지역에서 다른 방이나 지역으로 이행, 옷을 받고 특별한 징표를 받기, 공동의 식사 등)은 우리가 했던 통과의례에 대한 연구에서 계속해서 나왔던 것들이다.

마지막으로, 삶의 다양한 시기와 관련된 일련의 통과의례 모두가 아주 짧은 시간에 하나, 하나 이루어지는 것을 볼 수 있는 경우도 있다. 그것은 어떤 사람이 죽었다고 생각되었다가 다시 돌아왔을 때인데, 그때 그는 그의 그 전의 지위에 있게 되기를 바란다. 그때는 출생, 아동기, 청년기 등 모든 의례들을 다시 해야 한다. 입문식을 다시 치르고, 그의 아내와 다시 결혼해야 하는 것이다(그리스, 인도 등). 이것은 현재의 이 체계화가 단순히 논리적인 구성만이 아니라 실제의 사실은 물론 인간의 내면에 내재한 경

---

58   A. Moret, *Le Rituel du culte divin journalier*, Paris, 1902, 95-100, 228-229.
59   A. Moret, *Du caractère religieux de la royauté pharaonique*, Paris, 1903, 150-167, 176-183, 232-233.
60   또한 Moret, *Culte divin*, 91과 *Roy. phar.*, 98을 참조하시오.
61   나는 이런 구분이 이미 이집트학자들에 의해서 제안 되었는지 알지 못하고, 언제 그렇게 갈라졌는지에 대해서도 알지 못한다.
62   세 번째 의례가 태양(레)의 의례이다.

향과 사회적 필연성에 부합되는 직접적이고, 가장 훌륭한 증거라는 사실을 보여준다.

제10장
결론

　여태까지 우리는 사람들이 그들의 삶의 중요한 모든 상황 속에서 거치는 예식적 주기들에 대한 검토를 빠르게나마 진행하였다. 이것은 광대한 조망을 거의 스케치한 것으로 앞으로 더 세밀한 것들이 신중하게 연구될 필요가 있다.

　우리는 한 개인이 동시적으로나 계속적으로 다양한 구획 속에 범주화되어 있으며, 다른 구획에 범주화되어 있는 개인들에 속하기 위하여 한 구획에서 다른 구획으로 넘어가려면 태어나는 날부터 죽는 날까지 종종 기능은 비슷하지만 여러 가지 다양한 형태의 예식들을 거행해야 한다는 것을 살펴보았다. 한 개인은 때로는 모든 집단들 앞에 혼자 마주 서고, 때로는 특정한 집단의 구성원으로 마주 서면서 다른 사람들과 분리된다. 기본적인 두 개의 커다란 구분은 남성은 이쪽에 있고, 여성은 저쪽에 있는 성별에 기반을 두고 있거나 세속적인 것은 이쪽에 있고, 신성한 것은 저쪽에 있는 주술적-종교적인 것에 기반을 두고 있다. 모든 사회는 이 두 가지 구분을 세계와 역사의 한쪽 끝에서 다른 쪽 끝까지 관통해서 지나간다. 그 다음에는 어떤 일반적인 사회만을 관통하는 특별한 집단들이 있는데, 그것들은 종교 집단, 토템 집단, 씨족, 카스트, 전문 계급 집단 등이다. 또한 모든 사회 내에는 연령 집단, 가족, 정치-행정적 집단, 한정된 지역 집단(지방, 촌락)이 있다. 살아 있는 사람들의 이런 복잡한 세계 옆에는 생전(生前) 세계와 사후(死後) 세계도 있다. 이것들은 삶의 상수(常數)이고, 여기에 임신, 질병, 위험, 여행 등 특별하거나 일시적인 사건들이 덧붙여진다. 그리고 똑같은 목적은 언제나 똑같은 형태의 활동들을 하게 한다. 개인들에게 있어서나 집단들에 있어서도 산다는 것은 끊임없이 해체되고, 재조직하며, 형태를 바꾸고, 죽고, 다시 태어나는 것이다. 그것은 움직이고 멈추며, 기다리고 쉬며, 다시 시작하고 그 다음에 다른 방식으로 움직이는 것이다. 그런 것들에는 언제나 넘어가야 하는 문지방들이 있다. 여름의 문지방이나 겨울의 문지방, 계절의 문지방과 해의 문지방, 달의 문지방이나 밤의 문지방이 있고, 태어나고, 청년기를 맞이하거나 성숙한 나이에 도달하는 문지방들이 있으며, 늙고, 죽는 문지방이 있고, 그것을 믿는 사람에게는 다른 삶으로 들어가는 문지방도 있을 수 있다.

　나는 우리가 여기에서 살펴보았던 여러 가지 예식들의 요소 사이의 전체적이거나 세부적인 유사성을 보고 놀라움을 느꼈던 제일 처음의 사람은 분명히 아니다. 하르트랜드, 휘스텔 드 쿨랑즈(Fustel de Coulange), 샘터(Samter) 등은 어떤 입문의례들과 결혼의례들의 유사성을 관찰하였고, 프레이저[1]는 사춘기 의례와 장례식 사이의 유사성을 보았으며, 키스체프스키[2]는 세례, 친교, 입양과 결혼의례들 사이의 유사성을 인식하였다. 디터리히[3]와 헤르츠[4]가 그 뒤를 이었던 딜즈(Diels)[5]는 출생, 입문식, 결혼식, 장례식의 예식들 사이의 유사성을 보았고, 헤르츠는 거기에 새로운 집을 위한 입주의례와 희생제의례를 덧붙였다.[6] 알비엘라의 고브레트[7]는 세례식

1　J. G. Frazer, *Golden Bough*, 2e éd., 204-207, 209, 210 이하, 418.
2　Ciszewski, *Künstliche Verwandschaft bei den Südslaven*, Leipzig, 1897, 1-4, 31, 36, 53, 54, 107-111, 114.
3　Dieterich, *Mutter Erde*, Leipzig, 1897, 56-57.
4　Diels, *Sibyllinische Blätter*, 48.
5　Hertz, *Contribution à l'étude d'une représentation collective de la mort*, Année sociologique, t. X (1907), 117, 126-127.
6　*Loc. cit.*, 104.
7　Goblet Alviella, *De quelque problèmes relatifs aux mystères d'Eleusis*, Rev. de l'Hist. des Religions, 1902, t. II, 340.

과 입문식의 유사성, 웹스터는 비밀 결사의 입문식과 샤만의 입무식[8] 사이의 유사성을 지적하였다.

그러나 장례식의 절차에 관심을 가졌고, 결혼으로부터 첫 아이의 출생까지의 기간[9]을 "잠정적인 상태"라고 부른 것을 암시하였고, 그것은 인도네시아(특히 보르네오)에서 죽은 자들의 "잠정적인 상태"와 일치한다고 주장했던 헤르츠를 제외하고, 크롤리[10]를 포함해서 다른 모든 학자들은 그 의례들의 자세한 부분에서 오직 유사성만 보았다. 그래서 하르트랜드는 공동의 식사(스미드에게 있어서 단체적인 희생), 피의 연맹, 수많은 다른 가입의례들을 여러 장(章)을 할애하여 살펴볼 정도로 흥미를 보였다. 마찬가지로 프레이저와 크롤리는 일시적인 격리 같은 어떤 분리의례들과 음식물 및 성적인 금기들은 수많은 예식들에서 행해지고 있음을 발견하였다. 또한 딜즈, 디터리히 및 고전적 종교들에 특별히 관심을 가진 이들은 그 종교들 속에서 소위 정화의례(도유와 목욕재계 등)의 중요성을 지적하였다. 어떤 특정한 의례, 예를 들어서 말하자면 피를 나누는 의례 등을 분리시켜서 연구하면 상황들이 겹쳐지기 때문에 유사성이 더 광범위하게 드러나는 것은 당연한 일이다.

정말 민속지적이고, 민속적으로 무장한 이들은 대부분의 민족들의 모든 종류의 예식들 속에는 동일한 의례들이 같은 목적을 가지고 행해진다는 사실을 발견하였다. 그래서 바스티안을 필두로 타일러, 앙드레, 프레이저 덕분에 수많은 일방적인 이론들이 파기되었다. 오늘날에는 그런 방향에 대한 관심은 결국 문화의 주기와 문명의 분위기를 결정한다는 견해로 되었다.

---

8   H. Webster, *Primitive secret societies*, New York, 1908, 176, 주 2.
9   *Loc. cit.*, 130, 주 5.
10   E. Crawley, *The Mystic Rose*, Londres, 1905. 크롤리는 결혼의례와 장례 의례, 그리고 결혼의례와 입문의례 사이의 정확한 유사성을 지적한다. 마지막 것에 대해서는 Reinach, *Cultes, mythes et religion*, I, 309를 참조하시오.

이 책을 쓰는 목적은 전혀 다르다. 우리가 흥미를 느끼는 것은 의례들을 자세하게 살펴보는 것이 아니라 의례들의 본질적인 의미와 그것들이 예식 전체에서 차지하는 상대적 위치, 즉 절차에 있다. 그래서 어떤 기술들은 분리의례들, 전환의례들, 가입의례들이 특정한 목적을 위해서 다른 의례들과 임시적으로는 물론 결정적으로 어떻게 자리 잡고 있는가 하는 것을 보여주기 위하여 다소 길어지기도 하였다. 그 자리는 출생의례냐 아니면 장례의례, 입문의례, 결혼의례냐 하는 것에 따라서 달라지지만, 세부적인 점에서만 그럴 뿐이다. 근본적인 배열은 언제나 동일하며, 형태의 복잡성의 배후에는 의도적으로 표현되든지, 아니면 단순히 암시에 의하든지 상관없이 전형적인 유형, 즉 통과의례의 유형은 언제나 되풀이 되면서 나타난다.

두 번째로 지적하고자 하고, 어느 누구도 일반성을 보지 못했던 듯한 사실은 전환(marge)의 존재인데, 그것은 어느 정도 자율성을 띠며, 수련 기간, 약혼식, 임신, 초상(初喪) 등에서 보인다. 이런 해석은 결혼식에 왜 그렇게 복잡한 예비 의례들이 있고, 그 절차들이 왜 존재하는지 이해하게 해준다.

마지막으로 나에게 중요하게 느껴진 세 번째 점은 사회적으로 여러 가지 지위를 거치는 것이 물질적인 "영역의 통과", 즉 어떤 마을이나 집으로 들어가고, 이 방에서 저 방으로 지나가거나 길과 광장을 가로질러 가는 것과 같다는 것이다. 그래서 연령, 계급 등이 이 단계에서 저 단계로 넘어가는 것은 매우 자주 의례적으로 기둥 아래를 지나가거나[11] "문들을 열고" 지나가는 것으로 나타난다. 그것이 "상징"인 것은 거의 없다. 반쯤만 문명화된 사회에서 통과는 실제로 영역의 통과이다. 사실, 문명화된 사회에서 일반 사회 조직과 특별한 집단들은 실제적으로 분리되어 있다. 어린아이

---

11 심지어 트럼불은 중국, 그리스, 히브리에서 여성과 문의 동일성에 대해서 지적하였다. Trumbull, *The Threshold covenant*, 252-257.

들은 어떤 나이까지는 여성들과 같이 살다가, 소년과 소녀가 되면 결혼한 사람들과 떨어져서 때때로 특별한 집이나 구역, 또는 특별한 크랄(kraal, 남아프리카의 촌락 공동체—역자 주)에서 산다. 결혼할 때도 배우자 가운데 한 사람이나 두 사람 모두 주거지를 바꾼다. 또한 전사들은 대장장이들을 방문하지 않고, 각 전문 계급들의 사람들은 때때로 할당된 거주지(souks)를 가지고 있다. 중세 시대에 유대인들은 초기 기독교인들이 궁벽한 지역에서 살았던 것처럼 그들만의 게토(ghetto)에서 격리되어 살았다. 씨족들 사이에서 영역의 분리는 매우 분명한 것이다.[12] 행진을 할 때 오스트레일리아 집단의 사람들은 특정한 지역에서 숙영을 한다.[13] 간단하게 말해서, 사회적 범주의 변화는 거주지의 변화를 의미하며, 그것은 다양한 형태의 통과의례에 의하여 나타난다.

나는 앞에서도 여러 번 말했듯이, 모든 출생, 입문의례들이 오직 통과의례라고 하거나 모든 민족들이 특정한 출생, 입문의례들을 발달시켜왔다고 주장하려고 하지 않는다. 특히 장례식은 사후 인간의 운명에 대한 지역적 신앙에 따라서 일차적으로 죽은 이의 영혼에 대한 방어적 과정들과 죽음의 전염에 대한 예방 규칙들로 구성되어 있다. 이런 경우 장례식은 전형적인 유형의 극히 일부분의 측면만 나타낸다. 그럼에도 불구하고 그런 결론에 대해서 신중하게 생각하는 것은 현명한 일이다. 왜냐하면 유형이 보다 세부적인 설명에서 분명히 나타난다고 할지라도 특정한 민족의 장례식에 대한 간단한 기술로는 나타나지 않을 수 있기 때문이다. 이와 마찬가지로 임신 중의 여성을 부정(不淨)하게 간주하지 않거나 분만 시 누구나 다 도와줄 수 있는 민족들에게 출산은 고통스럽기는 하지만 정상적이고, 일상적인 행위이다. 이런 경우 우리는 이 도식이 어린 시절의 의례로 옮겨지거

---

12 푸에블로 족의 촌락이나 다른 곳에서의 씨족의 분리에 대해서는 C. Mindeleff, *Localization of Tusayan clans, XIXth*. Ann. Rep. Bur. Ethnol., t. II, Wash, 1900, 635-653을 참조하시오,

13 Howitt, *Native tribes of South East Australia*, 773-777(숙영규칙).

나 때때로 약혼과 결혼의례에 포함되는 것을 알 수 있다.

　사실 적어도 어떤 민족들에게 구분은 우리가 지금 하고 있는 것이나 다른 대부분의 민족들에게 있거나 이 책의 여러 장들에 나타난 것과 반드시 일치하지는 않는다. 예를 들어서 말하자면, 토다 족에게 부모의 사춘기로부터 첫 번째 아이의 출생 때까지 전체를 이루는 예식의 주기(週期)가 있으며, 사춘기 이전의 의례, 사춘기의례, 결혼의례, 임신과 출산의례, 출생과 아동기 의례 등으로 나누는 것은 너무 자의적인 것이라고 말한 바 있다. 이렇게 성큼 건너뛰는 것은 다른 집단들에서도 나타나지만, 이 체계적인 연구는 결국 거기까지 가지 않는다. 통과의례의 도식이 이 경우 다른 관점에서 제시된다면, 그것은 존재하는 것이고, 분명히 정교하게 되기 때문이다.

　다른 일반적인 관찰도 있다. 그것으로부터 우리는 사회적 구획의 상대적 입장들이 변하고 있음을 안다. 그러나 그 분리들의 농도도 단순하고 직선적인 것으로부터 중립적이고 광범위한 지역으로까지 가면서 변한다. 그래서 우리는 각 민족에서 지그재그로 된 선의 상단(上段)은 국면(局面)을 나타내고, 하단(下段)은 중간 단계(段階)를 나타내는 도식처럼 그려볼 수 있을 것이다. 여기에서 양 끝은 때로는 점이 될 수도 있고, 때로는 어느 정도 긴 평평한 면이 될 수도 있다. 그래서 어떤 민족들에서는 약혼식이라고 할 만한 것이 없고, 단지 사전 합의에 의해서 끝날 무렵 같이 식사를 하고, 곧 결혼예식을 시작하는 경우도 있다. 이와 반면에 다른 민족들에서는 아주 어린 나이에 약혼이 이루어진 다음부터 젊은 배우자들이 공동의 삶으로 돌아올 때까지 비교적 자율적으로 이루어지는 일련의 단계들이 있는 경우도 있다.

　그 도식이 얼마나 복잡하든지 간에, 태어나면서부터 죽을 때까지 그것은 흔히 곧은 직선적 도식이다. 하지만 루쉐이(Lushei) 족처럼 어떤 민족들에서 도식은 순환적이다. 그래서 모든 사람들은 태어나면서부터 죽을 때까지, 그리고 죽을 때부터 태어날 때까지 하나의 끝이 없는 순환적 통과의례를 거치게 된다. 도식의 이 극단적인 순환적 형태는 불교에서 윤리적이고, 철학적인 의미를 차지하고 있으며, 니체로부터 영원회귀의 이론으로 심리학적 의미를 얻었다.

  마지막으로 어떤 민족들에서 사람이 겪는 일련의 이행(移行)은 우주적 변화나 행성의 변화 또는 달의 위상과 관계되기도 한다. 인간의 삶의 단계들을 동물과 식물의 삶의 단계들과 연결시키고, 전(前)-과학적 점술을 통하여 우주의 거대한 리듬과 연결시키는 것은 대단한 생각이 아닐 수 없다.

찾아보기

ㄱ

가봉 79
가입의례 46, 60, 62, 65, 99, 183, 185
갈라 162
건축의례 36, 37
격리 58, 62, 69, 70, 98, 103, 105, 107, 118, 212, 214
계절 200
고대 이집트 128
고대 인도 205
공동 식사 37, 46, 50, 190, 199
공물 35, 41, 49
관계 42-46, 54, 67, 92, 93, 102, 161, 163, 167, 183, 187, 201
교환 41-46, 48, 50, 52, 101, 138, 150, 151, 191, 193
그로쓰 142
그리스(고대) 31, 33, 208
금식 110, 113, 126, 176
기둥 33, 37, 42, 62, 178, 213

ㄴ

나바호 96
남부 아프리카 214
납치 109, 141, 142, 143, 144, 184
뉴기니 31, 192, 193, 195

ㄷ

다산 106, 136, 190, 200
다산의례 25, 48, 135, 136, 149
달 170, 201, 202, 203, 205
대부 94, 95, 100, 113, 119, 124
대지 29, 67, 106
도둑질 133, 141, 194
도유 179, 212
동부 아프리카 67, 69, 127, 154
동시적(다중의 의례) 159
두테 50, 65, 87, 88
디터리히 68, 112, 172
때리기 42, 53, 96, 194, 195

ㄹ

라그랑주 90
라퐁 154, 173
레나크(A. J. Reinach) 89, 173
레나크(S. Reinach) 19, 20, 22, 106, 108, 111-113, 189, 195, 201
로마 30, 52, 83
로앙고 29, 53
루쉐이 64, 182, 215

ㅁ

마나 17, 26, 48, 53, 102
마다가스카르 49, 51, 168, 193, 203
마사이 45, 102, 103, 104
마시다 58, 103, 115, 151, 152
마취 98
만단 183
맹세 44, 112, 204
멜라네시아 99, 100, 101, 108, 127, 132, 192
모로코 35, 65, 87, 115
모르드빈 162, 183
목걸이 130

무스카키 59, 174, 204
문지방 33, 34, 35, 38, 40, 54, 62, 67, 149, 152, 201, 211
물 112, 152, 162, 179, 182, 212
미사 114, 124, 198

ㅂ

바벰바 63
바쉬키르 138, 139
바이 132, 157, 158
반복(의례적) 148
방문 37, 47, 50, 64, 138, 145, 151, 157, 183, 199, 214
베일 44, 116, 162, 187-189
보굴 162, 170, 180
보상 137, 147
보티아 140, 141
보티악 51, 162, 183
보호의례 25, 57, 60
복수 48, 54, 180
봉톡-이고로 63
부글레 123
부정 19, 36, 58, 63, 65, 70, 86, 124, 190, 214
북미주 원주민 59, 79, 80

북아프리카 148
분리의례 24, 25, 32, 37, 45, 50, 52-54, 56, 62, 73, 88, 96, 100, 112, 120, 124, 130, 134, 141, 147, 149, 155, 161, 186, 188, 196, 200, 206, 212, 213
불가리아 60
브라만 26, 70, 118, 121-123
빌켄 18, 166, 168, 187
뿌리기 34, 42, 53, 61, 77, 79, 96, 98, 113, 115, 156, 171

ㅅ

사모아 66
사모예드 145
상해(신체의) 88, 90-92
새해 첫날 60, 200
샤만 85, 126, 169, 212
서부 아프리카 132, 151
선물 44, 46, 50, 52, 60, 61, 64, 71, 72, 119, 138, 140, 143, 147, 151, 154, 157
성(性) 26, 66, 125, 144
성물(聖物) 42, 44, 75, 96, 108, 128, 160, 198

성찬 45, 111-113, 190
성큼 뛰어넘기 149, 207
세례 60, 63, 69, 77, 79, 96, 97, 111, 113, 114, 124, 125, 153, 172, 180, 211, 212
소아시아 114
쇠퇴 82
수련 98, 115, 118, 119, 123, 128, 132, 155, 213
순례 45, 130, 204, 205, 206
스미드 187
스펜서 144
슬라브 43, 47, 52, 60, 61, 113, 138, 174
승리의례 34
시에나 155
신들 29, 73, 106, 110, 118, 126, 129, 132, 170, 208
신성한 것 16, 25, 29, 70, 106, 177, 210
신성한 영역 31, 191
씻다 34, 37, 59, 108, 149, 184

ㅇ

아랍인 37, 46, 82, 90, 143

아삼 35, 64, 182
아이누 47, 68, 160
알바니아 192
알제리 87
앗시리아-바빌로니아 35, 201
약탈혼 142, 144, 146, 149
에스키모 42, 127, 161, 201
여성의 교환(빌려주기) 48, 191
여행(의례적) 109
염소 45, 152, 154, 155, 162, 182, 194
영원회귀 182, 216
영혼 26, 66, 68, 69, 90, 109, 126, 127, 132, 152, 166, 168, 170-175, 178, 180, 181-84, 203, 214
예언(의례) 25
오스트레일리아 21, 42, 44, 47, 48, 49, 52, 54, 68, 75, 88, 89, 91, 93, 94, 96, 97, 102, 106, 107, 109, 123, 125, 126, 133, 151, 173, 182, 191, 194, 202, 204, 214
오스티악 148, 170, 180, 183
오지브웨 94
올덴버그 70, 174

옷 60, 69, 75, 77, 91, 100, 117, 123, 130, 149, 160, 169, 190, 208
와룬디 127
와자로모 45
왕 32, 49, 127-130
왕관 117, 128, 129, 186
우랄-알타이 126, 138
웨스터마크 40, 88, 141, 144, 158, 190
웨이야오 족 69, 104
웹스터 131
유대인 37, 54, 89, 161, 163, 192, 214
음식물의 금기 59, 99, 190, 206
이(치아) 46
이름 짓기 69, 70, 77, 78
인도네시아 49, 127, 166, 212
인형 169
일본 120
입회 95, 114
입회 의례 81, 95, 98, 152

ㅈ

자르다 66, 69, 72, 88, 149, 187

자살(자) 170, 181
재통합 의례 167
전쟁 202
전투 32, 182
전환 110, 112, 122, 124, 127, 128, 135, 159, 166, 167, 189, 200, 202, 205, 213
전환의례 24, 25, 53, 104, 114, 135, 165, 168, 202, 207, 213
절차 109, 113, 114, 116, 121, 127, 136, 137, 140, 161, 162, 163, 167, 168, 184, 205, 212, 213
접촉 21, 33, 41, 42, 46, 49, 79, 97, 121, 151, 185, 188, 206, 207
정화의례 25, 79, 88, 108, 114, 195, 212
제본스 40
주니 195
죽음과 재생 54, 177, 179, 202, 203, 204, 205
중개 41, 107
중국 29, 33, 34, 35, 44, 50, 52, 71, 75, 76, 85, 153, 160, 167, 199, 213
지나가다 16, 23, 31, 32, 35, 36, 73, 74, 213
징표 51, 63, 89, 173, 206, 208

ㅊ

채찍질 194, 195
첫 번째(로 하는 것) 7, 37, 60, 63, 67, 69, 85, 91, 112, 187, 196, 197, 198, 199
체레미쓰 153, 162, 180, 183
추모식 168, 180, 183, 184
추바쉬 161
추장 41, 45, 49, 78, 94, 101, 102, 105, 119, 127, 138, 167, 175
출구의례 37
출발의례 50, 51
출산 23-26, 43, 49, 56, 57-64, 69, 105, 110, 151, 203, 214, 215
츠위 68
침뱉기 46, 60, 116

ㅋ

카메룬 99, 198
칼 45, 66, 72, 73, 87, 108, 118,

174, 178, 195

켈트 173

코리악 193

코타 61

콘드 144, 146

콜롬비아(영국령) 119

콜 152, 172

콩고 62, 97, 98, 123, 195

콰키우틀 93

크롤리 19, 22, 40, 43, 44, 56, 89, 135, 144, 150, 190, 212

크루쿠 53

키제프스키 43

ㅌ

타일러 19

태양 59, 80, 152, 177, 178, 179, 202, 208

탯줄 44, 66, 67, 77, 83

터부 43, 99, 206

토다 족 57, 58, 63, 86, 104, 140, 168, 197, 215

토하기 149

퇴마 112

트럼불 32, 33

티롤 124, 201

티베트 35, 140

ㅍ

팔찌 71, 147, 150, 152, 154, 186

푸카르 109

프레이저 17, 19, 20, 40, 50, 56, 79, 106, 110, 128, 131, 190, 193, 195, 199-203, 211, 212

프로베니우스 86

피 32, 33, 42-45, 52, 89, 111, 151, 152, 202, 212

피난권 46, 53

피우다(담배) 42, 94, 98

ㅎ

하베 128, 130, 161, 166

하이다 175, 176, 179

허리띠 123, 149, 150, 186

헌신 117, 205, 206

헤레로 159, 160

헤르츠 184, 212

환생 53, 68, 69, 166, 172, 181,

182, 183, 203, 204

후파 163

희생제 32, 34, 35, 36, 42, 45, 50, 62, 70, 75, 100, 108, 111, 114, 123, 126, 152, 161, 188, 198, 199, 205, 211